주민자치 제도와 민주주의 혁신

김찬동

2023년도 대한민국학술원 선정
교육부 우수학술도서

충남대학교출판문화원

주민자치 제도와 민주주의 혁신

지은이 김찬동
1판 1쇄 2022년 11월 30일 1판 2쇄 2023년 9월 22일
발행인 이진숙
펴낸곳 충남대학교출판문화원
주소 대전광역시 유성구 대학로 99
전화 042-821-6045
홈페이지 http://www.cnupress.co.kr E-mail cnupress@cnu.ac.kr

ISBN 979-11-6503-184-8 93350
정가 15,000원

이 연구는 충남대학교 학술연구비에 의해 지원되었음.

서문

한국의 주민자치가 길을 잃고 있다. 어디로 가야할지, 어떤 선택을 하고 어떤 적용을 해야 할지에 대한 선택에서 방황하고 있는 것이다.

주민자치가 처음 논의될 때는 한국의 민주화를 발전시키고 풀뿌리 민주주의를 경험하게 하며, 주민들의 생활문제를 자율적으로 해결할 수 있는 제도를 만들어 주어야 한다는 선한 의지를 가지고 시작되었다.

그런데, 주민자치를 도입하는 주도력을 관료제가 가지고 추진하면서, 제대로 된 주민자치가 아니라 행정참여제도에 불과한 것이라는 비판을 받게 된다. 즉 주민자치센터를 만들어서 주민들이 자치적으로 운영하게 하고, 이를 위한 조직으로서 주민자치위원회를 만들었던 것이다.

지금 생각해 보면, 문제는 시민사회의 주민들이 공공문제를 스스로 결정하고 처리할 수 있는 제도적 틀을 만들어 주었어야 하는데, 행정사무공간의 일부를 내어주면서 '주민자치'를 하라고 하니 '자치가 행정에 세 들어 사는 형세'가 되었던 것이다. 즉 자치와 행정은 서로 대등하게 그 역할을 분담하여야 할 수평적인 관계여야 하는 것인데, 일방적으로 자치가 행정에 의존하는 틀에서 주민자치를 시작하게 하였다는데 문제의 근원이 있는 것이다.

이 문제의 근원을 탈출할 수 있는 기회가 한번 있었다. 그것은 주민자치위원회를 주민자치회로 전환하기 위해 3가지의 주민자치 모형을 제시하였던 때이다. 이 때 주민자치의 모형으로서 주민 조직형이나 통합형이 시범실시 되었다고 하면, 그나마 주민자치가 길을 찾아 갈 수 있었을지도 모른다.

그렇지만, 주민자치정책을 주도한 관료제적 사고방식은 협력형만을 고집

함으로써, 여전히 자치를 행정의 경계안에서만 활동할 수 있도록 그 활동반경을 제약하였던 것이다. 그리하여, 주민자치회의 시범실시는 전국적으로 지난 5년간 확대되었지만, 여전히 행정사무를 위탁받거나 행정사업을 주민들이 참여하여 대행하는 것에 불과한 것이라는 비판을 받고 있다. 주민이 스스로의 재원을 가지고 주민들의 문제를 해결하기 위한 의사결정기구를 구성하여 그에 따라 집행해 나갈 수 있는 자치의 틀을 구비하지 못한 것이다.

또 이러한 주민자치회의 시범실시사업을 특별법에 따라서 시범사업으로 하는 것이 아니라, 하나의 주민자치제도로서 운영할 수 있도록 지방자치법에 조문화하자는 주장이 있었고, 이것이 지방자치법 전부개정(안)에는 포함되어 있었다.

그러나 이것도 국회의 입법 심의과정에서 주민자치제도가 특정 정당의 정치세력화 할 위험이 있다는 비판을 야당으로부터 받으면서 지방자치법전부개정 법률에서 제외되게 된다. 그리고 주민자치만을 위한 법제화를 별도로 하기로 약속하면서, 다양한 주민자치제도의 법제화안이 등장하였던 것이다.

이리하여, 주민자치를 법제화하자는 논의가 활발하여, 입법과정에 들어가 있으나, 주민자치가 특정 정당에 이용당하여, 정치세력화 될 위험에 있다는 비판을 받으면서, 여전히 엉거주춤하고 있는 것이다. 또 주민자치가 공산화로 가는 길목이라는 주장도 나타나면서, 주민자치를 하지 않아야 하는 것인가 하는 생각을 하는 사람도 나타나고 있다.

그렇다면 과연 주민자치가 무엇인데 이렇게 다양한 관점에서 다양한 이해관계를 가지고 주장들이 충돌하고 있는 것인가?

주민자치는 개념적으로는 자기입법과 자기통제를 주민들이 할 수 있어야 한다. 주민들이 자기입법을 위해서는 입법기구로서 지방의회나 공동의회가 있어야 하고, 자기통제를 위해서는 사무조직이나 사무인력이 있어야 할 것이다.

또 주민자치는 공동체자치와 공유체자치 그리고 공공체자치로 구분하여 살펴볼 필요가 있다. 논리적으로 보면, 먼저 공동체가 형성되고, 공유체가 구성되면, 이 범위를 넘을 때, 공공체를 구성하는 것이다. 자치를 보충성의 원칙에 따라서 구성한다고 할 때, 기초에 공동체가 있고, 다음에 공유체가 있으며, 최종적으로 공공체를 구성한다고 해야 할 것이다[1].

이 점에서 여기서는 먼저 공동체자치부터 살펴보도록 한다. 즉 주민들이 주권자로서 자치를 한다는 것은 먼저 공동체를 구성하여 상호 호혜성과 유대감을 가질 수 있는 이웃들의 모임이 구성되어야 한다. 공동체의 가장 기본 단위로서는 가정을 들 수 있고, 두세 가정 혹은 대여섯 가정이 하나의 공동체를 구성할 수 있을 것이다. 이것은 혈연일 수도 있고, 지연일 수도 있으며, 다른 어떤 특정한 이유로 하나의 유대감을 가지고 상호 호혜적인 관계를 형성할 때 성립한다.

둘째는 이러한 공동체들이 일정한 구역공간에서 함께 생활하면서 삶을 공유하게 될 때, 공유서비스가 필요하게 된다. 이를 근린공유서비스라고 할 수 있고 그 대표적인 것으로서 아파트단지의 공유서비스를 들 수 있다. 아파트단지 안에서는 엘리베이트 관리나 복도청소, 방범과 경비, 조경, 주차장관리, 쓰레기재활용 분별 등의 공유서비스가 있고, 수도나 전기, 가스, 난방 등의 공공서비스도 필요하게 된다.

---

1) 알투지우스도 상위단위의 권위는 하위단위에서 나온다고 보고, 공직담당자는 하위단위에서 선출되어야 한다고 주장하였음. 상위단위의 구성은 하위단위의 자기지배의 연속이고, 자기지배의 연속제로서 대표기관을 구성하면 정치체제가 안정될 것이라고 함. 이는 보충성의 원칙에 입각하여 사회영역을 구성하는 것임.

문제는 이러한 공유서비스를 공동 관리할 수 있는 조직이 필요하고, 그 조직의 운영을 위해서는 구성원들이 부담하는 관리비를 징수하고, 이를 관리하며, 관리조직에 대한 의사결정체가 필요하다는 것이다. 또 이러한 자치관리의 시스템의 구조와 운영방식을 규정하는 정관을 만들고, 그러한 정관을 구성원 전체의 총의로서 합의하고 의결하는 생활민주주의가 필요하다는 것이다. 여기서는 민주주의의 운영방식이란 점에서는 타운미팅형의 민주주의로서 총회형 민주주의 방식으로 이루어지게 될 것이다.

셋째는 공공체자치가 이루어지게 되는데, 이것은 자치구역의 주민들이 주권자로서 선거를 통하여 대의자를 선출함으로써, 지방정부를 구성하게 하는 주민자치이다. 공공체자치는 공유구역공간에서 공유서비스의 공급역량을 넘는 공공서비스에 대해서 강제적인 세금에 의하여 재원이 마련되고, 정부에 의하여 공권력을 가지고 서비스가 공급되거나 사회질서가 유지되는 것이다.

이처럼 주민자치란 개념이 현실 속에서 구현될 때는 그 관할구역에 따라서 구성원들이 소비하게 되는 서비스가 구분되게 되는데, 그것은 근린구역의 공유서비스인가 지방정부구역의 공공서비스인가로 나눌 수 있을 것이다. 또 후자의 경우는 일정한 정도의 국가 공권력에 의하여 제공되는 공공서비스이고, 그것은 세금에 의하여 지방정부가 구성되고 운영되게 된다.

여기서 시민사회영역과 정부공공영역으로 구분하여 분류하여 볼 필요가 있는데, 시민사회 영역은 공동체자치와 공유체 자치에서 시민성에 의한 자치가 이루어져야 할 것이고, 정부공공영역에서는 공공체 자치로 볼수 있고, 공공체 자치는 지방정부에 의한 지방자치행정과 국가의 중앙정부에 의한 국가자치행정으로 구분하여 볼 수 있을 것이다.

여기서 자치의 본질을 회복하기 위해서는 시민사회영역이 정부공공영역을 형성하기도 하고, 시장경제영역을 활동공간으로 이용할 수 있는 주도성과 능동성을 가지고 있어야 한다. 만일 시민사회영역이 이러한 주도성과 능동성이 약화되어 정부공공영역으로부터 통제를 받거나, 시장경제영역의 개인주의에 빠져버리게 되면, 시민사회영역에 의한 자치의 본질이 침해받게 된다는 것이다. 루소의 사회계약론[2]이나 로크의 시민 정부론은 시민사회영역이 정부공공영역을 사회계약에 의하여 형성하는 권리를 가지고 있기에, 정부공공영역에 문제가 있을 경우에는 이를 해체하는 권리도 가지고 있다는 것이다. 토크빌의 경우도 시민사회영역에서 자치를 하고 있는 것은 정부공공영역에 대한 학교의 기능을 하는 것이라고 하여 시민사회영역의 능동성과 주도성을 강조하였다.

시민사회영역 속에서 자치권을 가지고 자치관리를 할 수 있는 역량과 인재가 길러져야 하고, 이것이 가능할 수 있는 제도가 구비되어 있어야 한다. 이러한 제도로서 토크빌의 타운십[3]이라든지 제퍼슨의 미니공화국[4], 툴민

---

2) 루소는 사람이 자유롭고 고독한 존재로 태어나지만, 생존하기 위해서 집단생활 즉 정치체제가 불가피하다고 하면서 사회계약을 맺는다고 함. 각 사람은 자신의 의사와 일치하는 공동체에 자기의 권리를 스스로 양도하는 사회계약을 맺고, 그 결과로 탄생하는 것이 공동체의 일반의사(general will)이라고 정의하였음. 개인이 일반의사에 따르는 것이 자기의사에 따르는 것이며, 개인은 자연상태보다 더 자유로울 수 있다고 함.

3) 뉴잉글랜드의 타운은 인구 2천에서 3천명정도로서 프랑스의 코뮨과 캉통의 중간쯤이라고 함. 타운집회에서 다수의 공공업무를 수행하는 행정위원(the selectmen)을 매년 선출하고, 이들은 타운집회에서 가결된 모든 업무를 수행하도록 위임받음. 타운집회에서 타운관리도 선출하는데, 과세사정관, 징세관, 보안관, 서기, 교육위원, 도로감독관, 교구위원회, 소방관, 도량형검사관 등이 그것이다. 19개의 관직이 있다고 함. 토크빌은 미국의 민주주의가 발전한 이유로서 프랑스와 비교하여 3가지를 들고 있는데, 그 중에 하나가 지방자치제도로서의 타운십이었음. 이외에 변호사회 같은 전문인단체가 자발적으로 조직화되어 있는 것이라든지, 청교도 교회와 같은 종교적 성향이라고 함. 타운십은 자연적인 시민사회가 형성되는 것의 표현이고, 로크의 자연 상태가 현실로 나타난 것이라고 함.

4) 제퍼슨이 저술한 '버지니아에 대한 기록'에서 언급한 것으로 '모든 시민이 참여하고

스미스의 패리시(parish), 아리스토텔레스의 폴리스(polis)와 같은 것이 있어야 하고, 이러한 자치 제도를 바탕으로 알투지우스의 보충성의 원칙과 연방주의와 같은 원칙이 설계되어 있어야 할 것이다.

이러한 제도 기반이 없이 시민사회영역이 정부공공영역에 대해서 자치권을 이양해 달라고 요구한다든지, 대의민주주의 제도만으로 한국의 민주주의를 혁신하여 선진화하거나 풀뿌리로 심화하는 것은 어렵다고 할 것이다. 이미 대의민주주의 제도는 엘리트화 되고, 정당지배에 갇혀서 시민사회영역 유권자들의 참여의 양을 확대하거나, 참여의 질을 높여나가는데 한계를 드러내고 있기 때문이다.

한국이 민주주의를 혁신하여 풀뿌리 민주주의로 심화시키는 것이 21세기 한국사회의 시대적 과제이다. 그 이유는 한국 행정은 국가에 의한 중앙집권적이고 서울 경기 인천 지역을 중심으로 한 수도권이 비수도권의 인구와 자원을 블랙홀처럼 빨아들이고 있기 때문이다. 지방은 쇠퇴와 소멸의 위기에 직면하고 있어, 이 문제를 해결할 수 있는 길은 근린자치제도를 새롭게 설계하고 보충성의 원칙에 따라 상향적(bottom-up) 광역자치행정 시스템이 구축되어, 국가의 중앙정부의 권한과 조직, 세원을 메가 리전(mega-region) 단위에서 분권화 시키는 것이다. 주민주권에 입각한 새로운 지방자치가 시작되도록 해야 하는 것이고, 이것이 2022년 5월 10일부터 시작되는 윤석열 정부에 기대되는 자치분권정책이다. 이러한 자치분권 제도의 새

행동할 수 있는 규모인 워드가 카운티 행정의 일을 경감할 뿐만 아니라 더 잘 수행할 수 있게 하고, 모든 시민들이 공직을 담당하게 하여, 개인이 가장 근접해 있고 관심 있는 정부에 참여하여 일하게 함으로써, 국가의 독립과 공화국의 헌법에 대한 애착을 느끼게 할 것이다'고 하여, 워드를 가장 이상적인 정부로 제시하고 있음. 워드는 주민과 관련된 모든 사안을 담당하는데, 구빈, 도로, 경찰, 경미한 사건에 대한 사법권, 민병대 운영, 교육, 법관과 경찰관의 선거 등까지 담당하는 가장 능동적이고 생동감 있는 정부를 의미함. 알투지우스의 보충성의 원칙에 부합함.

로운 설계에 따라 메가 리전 차원에서 균형발전이 추구되어야 하는 것이지, 시군구 차원의 균형발전은 규범적이고 이상적인 그림에 불과하다. 그리고 메가 리전(mega region) 차원에서 지역발전과 주민자치가 풀뿌리에 활성화될 수 있는 책무도 맡겨져야 한다. 메가 리전 별로 다양한 지역혁신 전략과 풀뿌리 근린자치 정책이 수립되어야 할 것이다.

이 책은 한국의 주민자치 제도가 길을 잃어 가고 있는 상황에서 어떻게 돌파구를 마련할 수 있을까에 대한 다양한 모색의 시작품들이다. 따라서 여기서 제시하는 것이 한국의 주민자치제도가 나아가야 할 목표라고 할 수는 없다. 그러나 일관된 문제의식과 방향성은 주민주권에 입각한 한국의 지방자치제도를 어떻게 새롭게 하여, 지방자치의 본질을 회복할 수 있게 할 것인가라는 점이다. 단체자치 패러다임으로 짜여 졌던 지방자치를 주민자치 패러다임으로 새롭게 짜야 한다는 것이다. 주민자치 패러다임은 주민들의 생활문제를 직접 결정하고 집행할 수 있는 풀뿌리 자치정부(self- government)의 형성이 있어야 한다는 것이다. 그것에 대한 역사적 선례들로서 미국의 타운정부, 워드정부를 들 수 있고, 이들은 주권재민의 원칙에 입각하여, 주민들의 생활과 관련된 모든 공공 사무에 자주적이고 능동적으로 참여한다. 이것이 가능하도록 풀뿌리 자치정부는 그 운영과 관련된 권한을 주민들에게 나누어주어서, 주민들이 근린정부의 공무를 담당하도록 하여 주민들의 공공성이 발휘될 수 있도록 제도설계를 한다는 것이다. 여기서 자치의 자주성이 나오는 것이고, 타운과 같은 근린정부 자체가 독립국가와 같은 본질을 공유하고 있는 것이다. 그렇다고 해서 주와 같은 국가와 협력하지 않는 것은 아니다. 주에서 부과한 세금도 타운정부의 타운 징세관이 주의 세금을 거두어 주는 것이므로, 타운이 주에 그 관리들을 빌려주는 것이다[5].

이 책에서 모색한 21세기 한국 주민자치의 나아갈 방향은 읍면동 계층의 민주화 혹은 민주주의를 통한 주민자치 근린정부의 도입이다. 도시지역은 아파트단지를 중심으로 공유생활서비스 자치관리를 위한 공동체 자치가 가능한 시스템으로 아파트입주자의 공동생활 자치 플랫폼을 민주적으로 활성화하는 것이다. 농촌지역은 마을자치와 리(里) 총회를 통한 주민자치 시스템을 기반으로 하여 읍 면 계층에 근린의회를 형성하도록 하고, 군자치를 읍면자치로 전환하는 것이다. 군 계층은 도 계층이나 메가 리전 계층의 행정구로서의 기능으로 축소하는 것이다. 이러한 제안도 미래 주민자치 시스템에 대한 설계도에 대한 하나의 대안이고, 이 대안에 대한 현실 적합성은 다양한 관점에서 검토되고, 변화가 필요할 수 있다. 그러나 이 책을 통해서 한국의 주민자치를 혁신하고, 한국의 민주주의를 풀뿌리로 심화시키는 혁신에 대한 제언을 시도하고 있다는 점에서 작은 의미가 있을 것이라고 생각한다. 이 책이 21세기 한국의 주민자치를 혁신하여 한국의 민주주의 제도의 선진화에 기여할 수 있기를 기대해 본다.

2022년 4월

봄날 충남대 연구실에서 메타세콰이어 숲을 바라보면서

한국의 자치행정 인재를 길러내기를 소망하는 김 찬 동

5) 토크빌은 프랑스의 경우, 중앙정부가 정부 관리를 지방에 파견하여 세금을 거두는 것이기에 아메리카와 차이가 있는 것이고 이것이 미국을 민주주의로 만드는 것이라고 함(토크빌, 2020:126). 즉 세금을 가결하고 부과하는 것은 주이지만, 징수하는 것은 타운이고, 학교의 설립을 의무화하는 것은 주이지만, 돈을 내고 감독하는 것은 타운이라고 함.

목차

제1장

주민자치회의 새로운 모델 설계
: 행정복지센터 기능분석을 중심으로

I. 문제제기

민주화라 함은 국민(주민)이 주인이 되는 것이다. 무엇의 주인이 되는 것인가? 국가권력의 주인이 국민(주민)이 되는 것이다. 이 문제는 정체(politeia)의 문제이다. 즉 정체가 왕정은 왕이 주인인 것이고 귀족정은 귀족이 국가(공동체)권력의 주인이 되는 것이다. 민주정은 시민이 국가권력의 주인이 되는 것이다.

또 한국사회의 민주화는 1987년을 기점으로 이야기하는 경우가 많다. 대통령을 국민일반이 직접 선거를 통하여 선출할 수 있는 것을 민주화 혁명이라고 한 것이다, 여기서 민주화, 즉 국민(주민)이 국가권력의 주인이 된다는 것은 대통령의 선출을 국민이 직접 선거를 통하여 선출할 수 있는 제도를 도입하는 것을 의미하였다.

제헌국회의 구성은 전국민이 선거로 국회의원들을 선출하여, 구성하였고, 국가(중앙정부)차원의 국민의 대표가 입법부를 구성하였을 때였다. 제1공화국 제헌국회에서는 대통령의 선출도 국민의 대의자들의 모임인 국회에서 하였던 것이다. 그러면 이때는 민주화가 안된 것이었던가?

대통령을 선출하는 선거권을 국민에게 돌려주는 것이 민주화였듯이, 1991년 지방자치단체의 지방의회의 의원을 선출하는 권한을 부여하는 것을 지방자치의 부활이라고 하고, 이것도 민주화의 진전이라고 할 수 있다. 혹자는 지방자치단체장의 선거를 주민이 직접 선출하는 것을 지방자치의 원년으로 삼는 경우도 있다. 왜냐하면, 지방의회의 선거만을 직선으로 하고, 단체장은 중앙정부의 임명직이었던 것은 지방자치단체 차원에서는 온전한 지방자치가 도입된 것이라고 할 수 없다는 관점에서 지방자치의 원년은 1995년이라는 것이다.

어찌 되었던 지방자치제도의 부활로 인하여, 지방자치단체 계층에서는 단체장과 지방의원들이 주민을 바라보고 지방행정을 하게 되었고, 상위정부의 임명권자의 눈치를 보지 않고 지역주민들의 생활문제를 해결하고 주민들의 삶의 문제를 우선하여 지방자치단체를 운영하게 된 것이다. 지난 30년동안 한국의 지방자치는 여러 가지의 제약들과 한계도 있지만, 지방행정의 방향이 주민우선의 행정관리와 지역발전을 위한 책임성 있는 리더십을 가질 수 있게 된 것이다.

그래서 민원행정의 속도나 친절도가 매우 높아졌고, 민원인들과의 소통을 원활히 하기 위하여, 콜센터, 현장시장실, 온라인 토론방, 원탁회의, 청책회의 등 다양한 방식의 주민과의 소통제도들이 도입되었다. 또 지역의 주민생활의 소소한 문제들 중에서 공공성을 가지는 문제들을 해결하는데, 주민들이 직접 참여하여 의사결정하거나, 주민들의 다양한 필요와 의견을 듣기 위한 참여형 도시계획들도 확산되어, 지방자치에 대한 주민들의 만족도가 높아졌으며, 지역의 특성을 살린 축제나 마을만들기 사업 등을 통해, 지역의 삶이 보다 나아지는 성과를 거두고 있다고 할 것이다.

그런데, 읍면동 계층은 어떤가? 읍면동 계층에는 아직 지방자치가 도입된 것이 아니기에, 앞에서의 민주화에 대한 개념논의를 가지고 비추어 보면, 민주화가 이루어지지 않은 것이라고 할 수 있다. 읍면동의 민주화를 위해서는 읍면동에 지방의회를 구성하여, 주민이 투표에 의하여 선출하거나, 읍면동장을 직접 주민이 직선하여야 읍면동 계층에서의 민주화라고 할 수 있을 것이다.

한편, 민주화의 개념까지는 아니더라도, 읍면동 계층의 행정에 대한 참여(participation)를 신장시키기 위한 노력들이 진전되어 왔던 것은 사실이다. 대표적인 것인 2000년부터 도입된 주민자치센터와 주민자치위원회의 설치, 2013년부터 실시된 주민자치회의 시범실시, 주민참여예산제도의 도입, 마을공동체 만들기 사업, 찾아가는 동주민센터(찾동) 사업 등은 행정사무에 대한 주민들의 참여를 신장시켰고, 주민참여를 위한 씨앗만들기 사업으로서 주민참여의 역량을 신장시켜왔던 것이다.

그러면, 이러한 행정사무에 대한 주민참여의 신장은 한국의 지방자치를 성숙시키는데 기여하였는가? 지방자치를 바라보는 관점에 따라서 풀뿌리의 주민참여를 확대하였다는 평가가 있는 반면, 여전히 행정사무와 행정사업에 대한 의존으로 진정한 주민자치에 입각한 지방자치 제도로 보기는 어렵다는 관점도 있다.

여기서는 읍면동계층에 대한 현재의 법제도적 위상과 지방자치에 대한 두가지의 관점인 단체자치와 주민자치, 그리고 현실적으로 현장에서의 제도선택과 제도경로에 대해서 이론적으로 검토해 보고, 3장에서는 현재의 행정복지센터의 현황과 실태를 살펴보면서, 행정과 자치의 관계에 대해 서울형 주민자치를 사례로 하여 검토해 보려한다.

이를 바탕으로 읍면동계층의 민주화를 위해서는 새로운 모델로서, 주민조직형 혹은 통합형의 기관구성을 가지는 주민자치 모형의 도입을 검토하고, 이떤 모형을 선택할지는 읍면동의 현장에서 자치리더들과 주민들이 함께 숙의(delibration)하고 제도 선택(choice)을 해야 할 결정(decision making)의 문제이다.

Ⅱ. 읍면동사무소 행정복지센터와 주민자치회의 관계에 대한 검토

1. 지방자치계층의 역할분담과 지방자치법상의 읍면동사무소

한국의 지방자치계층은 2가지이다. 하나는 시군구계층과 광역시도 계층이다. 물론 지방자치법에는 계층이란 개념을 직접 언급하고 있지는 않다. 지방자치단체의 종류로서 지방자치법 제2조에서는 두가지 종류로 구분하고 있다. 하나는 '특별시, 광역시, 특별자치시, 도, 특별자치도'이고 다른 하나는 '시 군 구'이다. 그리고 구 중에서 특별시와 광역시의 관할 구역안에 있는 구는 자치구라고 하고, 자치구의 자치권과 범위는 시 군과 달리할 수 있다고 하고 있다(법제2조2).

그리고 지방자치단체로는 '특정한 목적을 수행하기 위하여 필요하면 따로 특별지방자치단체'를 설치할 수 있도록 규정하고 있고, 이의 설치 운영에 대해서는 대통령령으로 정한다고 하고 있다. 그러나 현재는 이에 대한 대통령령은 없고, 2022년부터 시행되는 지방자치법에서는 지방자치법 12장에서 정하도록 하고 있다. 즉 지방자치법 전부개정을 하면서 특별지방자치단체에 대한 규정을 신설한 것이다.

다음으로 지방자치단체를 '법인[6]'으로 한다는 부분이다(법제3조). 지방

6) 법인은 자연인에 의하여 목적달성이 어려운 사업을 수행하기 위하여 사람의 결합이나 특정한 재산에 대하여 자연인과 마찬가지로 법률관계의 주체로서의 지위를 인정하는 것임. 법인에는 공법인과 사법인, 영리법인과 비영리법인, 사단법인과 재단법인, 내국인법인과 외국인법인 등으로 분류됨. 법인의 설립에는 준칙주의, 허가주의, 특허주의, 인가주의, 강제주의 등이고, 자유설립주의는 채택되고 있지 않음. 또 법인은 법인을 규율하는 정관의 작성과 주된 사무소에 대한 설립등기를 함으로써 성립되고, 해산과 청산을 통해 청산됨. 법인에는 의사결정기관으로서 사원총회, 대표/집행기관으로서 이사, 감사기관으로서 감사가 있음. 사원총회는 사단법인에는 필수기관이고 재단법인에는 없음. 감사는 임의기관이지만, 필수기관으로 규정되는 경우도 있음(공익법인의 설립 운영에 관한 법률 제9조, 정부투자기관관리기본법제9조, 상법 제389, 390조).

자치를 지방정부로 하여, 중앙정부와 역할분담에 의한 지방자치를 하는 수평적 정부간 관계가 아니라, 지방자치를 '단체'로 하고, '법인'으로 한다는 것은 법적인 인격을 부여한다는 의미는 있지만, '정부[7]'로서의 조직이나 권한을 가지지는 않는다는 의미로 해석되고, 정부는 국가의 중앙정부만이 존재한다는 의미로 해석된다. 다시 말해 지방자치를 하지만, 정부로서 하는 것은 아니고, 법인으로서만 한다는 의미로 이해된다.

그렇다면, 지방자치단체를 이렇게 '단체' 혹은 '법인'으로서만 하여 '정부'로 하고 있지 않으면서 지방자치법 제1조의 목적 조항을 달성할 수 있는 것인가? 지방자치법 제1조를 보면, '지방자치단체의 종류와 운영에 관한 사항을 정하고, 국가와 지방자치단체사이의 기본적인 관계를 정함으로써, 지방자치행정을 민주적이고 능률적으로 수행하고, 지방을 균형있게 발전시키며, 대한민국을 민주적으로 발전시키려는 목적'을 가지고 있다고 한다.

또 지방자치법 전부개정으로 2022년 1월 13일부터 적용되는 지방자치법 제1조에서도 '지방자치단체의 종류와 조직 및 운영, 주민의 지방자치행정 참여에 관한 사항과 국가와 지방자치단체 사이의 기본적인 관계를 정함으로써, 지방자치행정을 민주적이고 능률적으로 수행하고, 지방을 균형있게 발전시키며, 대한민국을 민주적을 발전시키려는 것을 목적'으로 하고 있다고 하고 있다

다시 말해, 지방자치법은 한국의 '민주적 발전'을 목적으로 하고 있는데, 현재의 지방자치로서 민주적 발전을 하고 있는가하면, 역주행하는 측면도 있음을 재정자립도의 추이나 국고보조금의 추이를 가지고 설명하는 경우도 있다.

그렇다면, 현재의 지방자치법의 제도설계로서는 지방자치를 민주적으로 발전시키기가 어렵다는 것이고, 어디서부터 한국의 지방자치를 새롭게 재설계(redesign)해야 할 것인가라는 과제가 남는다.

---

7) 정부는 입법, 사법, 행정의 삼권을 포함하는 통치기구를 말함. 협의로는 삼권분립에 의하여, 행정을 맡아보는 기관을 의미하기도 하고, 중앙정부 행정부의 각 부처를 의미하기도 함.

지방자치법 제3조의 지방자치단체의 관할에 관한 규정을 보면, 읍면동에 대한 규정이 나오고, 지방자치단체인 군에는 읍면을 두고, 시와 구에는 동을 읍면에는 리를 둔다는 규정이 나온다. 즉 여기서 행정계층에 대한 언급으로 볼 수 있고, 한국의 지방행정의 계층은 광역시도-시군구-읍면(동)-리로 4계층을 이루고 있음을 알 수 있다.

그러면서 지방자치법 제7조에는 시 읍의 설치기준을 두고 있는데, 시는 인구 5만이상이어야 하고, 읍은 도시의 형태를 갖추고 인구 2만이상이 되어야 한다고 한다.

여기서 의문을 제기하게 되는 것은 지방자치법은 지방자치단체에 대한 설치와 운영에 대한 규정인데, 군과 구에 대한 설치기준에 대한 규정을 두기 보다는 '시와 읍'에 대한 설치규정을 두고 있는데, 이것은 지방자치의 실질적인 단위가 시와 읍이라는 복선이 깔려 있는 것은 아닐까? 한국의 지방자치법이 벤치마킹하였다는 일본의 지방자치에서는 시정촌의 기초지방자치로 하고 있고, 정촌은 한국의 읍면에 해당한다.

이렇게 된 배경에는 한국의 지방자치제도를 설계할 때, 지방행정운영의 효율성을 우선적인 가치로 하면서, 지방자치의 규모를 큰 규모로 설계하였고, 1961년이전에는 시읍면자치였던 것을 시군자치로 제도 변경을 하면서, 지방행정의 단위 규모가 커진 것이라고 할 수 있다. 그러면서 당시 지방자치단체의 설치기준은 여전히 시와 읍을 남겨둔 조항으로 이해된다.

그렇다면, 21세기 지방자치 2.0의 시대에 지방자치를 주민주권의 구현과 주민자치의 패러다임에 입각하여 주민의 삶을 바꾸는 지방자치가 될 수 있도록 하기 위해서는 시와 읍의 지방자치로 자치단위의 기본을 새롭게 설계할 필요가 있다.

그리고 문제는 시군구의 행정사무에 대해서는 지방자치법 제9조 2항에서 6영역 57사무에 대해서 열거하고 있다는 점이다. 그리고 지방자치법 제10조에서는 시도의 사무와 시군구의 사무에 대한 배분기준을 제시하고 있고, 지방자치법 제11조에서는 국가사무를 제시하고, 지방자치단체는 국가사무를 처리할 수 없도록 하고 있다. 즉 읍면에 대한 자치규정이 결여되어 있다.

〈표1〉 행정사무의 구분과 근거법 및 기준

행정사무	근거법	기준	비고
국가사무	지방자치법 제11조	국가존립필요사무 전국통일적 처리요하는 사무 전국적 규모의 사무 전국적으로 기준을 통일하고 조정할 사무 고도기술을 요하는 검사시험연구, 지방자치단체의 기술과 재정능력으로 감당하기어려운 사무	
시도사무	지방자치법 제10조	광역적사무 시도단위 동일기준처리될 성질사무 통일성유지사무 국가-시군구 연락조정사무	지방자치단체의 사무예시[8](지방자치법제9조2항), 단서조항있음(법률에 다른 규정있을땐 무시[9])
시군구사무	지방자치법 제10조	시도처리하는 사무를 제외한 사무[10]	

즉 한국의 지방자치법은 국가사무, 시도사무, 시군구 사무에 대한 분류를 해 두고 있고, 자치분권특별법 제9조 2항에서는 보충성의 원칙에 따라서 처리할 수 있도록 규정하고 있다[11].

그런데 문제는 정작 지방자치법 시행령 제8조에는 지방자치단체의 종류별 사무라고 하는 조항이 있고, 여기에는 별표1을 제시하면서 시도의 사무와 시군구의 사무를 구분하고 있다. 읍면동의 사무는 규정하고 있지 않다.

---

8) 지방자치단체의 사무로서 예시하고 있으나, 지방자치법 시행령 제8조 별표1에서는 구체적으로 시도사무와 시군구 사무를 명확히 구분하여 열거하고 있음. 따라서 사무배분에 대한 디테일은 지방자치법 시행령 별표에 가야 실무적으로 확인할 수 있는 것임.

9) 지방자치사무배분이 개별법률에 의하여 지방자치사무 예시에 해당해도 국가사무화될 수 있는 근거조항으로 지방자치의 독소조항이라고 할만함.

10) 이 기준은 시도사무를 우선배정하고, 시도사무에 해당하지 않는 것을 시군구사무로 한다는 것이어서 가장 기초적인 지방자치단체에 우선적으로 자치사무를 배분한다는 보충성의 원칙에 반하는 기준으로 볼 수 있음

11) 자치분권법 제9조 2항에서는 '국가는 제1항에 따라 사무를 배분하는 경우, 지역주민생활과 밀접한 관련이 있는 사무는 원칙적으로 시군 및 자치구의 사무로, 시군구가 처리하기 어려운 사무는 특별시, 광역시, 특별자치시, 도 및 특별자치도의 사무로, 시도가 처리하기 어려운 사무는 국가의 사무로 각각 배분하여야 한다'고 규정하고 있음. 제9조1항은 사무중복금지의 원칙을 규정하고 있음.

그런데, 별표1을 보면, 읍면동의 사무에 해당하는 것을 시군구의 사무로 배분하고 있는 것을 다수 발견할 수 있다. 즉 사회복지 관련하여 '주민복지상담'(구분2-가-3)), '생활보호대상자 조사선정'(구분2-다-1) 등이고, 주민자치 관련해서는 '읍면동사무소의 주민자치센터 설치운영'(구분2-타)을 발견할 수 있다.

〈표2〉 지방자치단체의 종류별 사무(제8조관련) 사례

구분	시도사무	시군구사무
2. 주민의 복지증진에 관한 사무 타. 읍면동사무소의 주민자치센터설치 운영에 관한 사무	읍면동사무소의 주민자치센터 설치 운영지원	읍면동사무소의 주민자치센터 설치운영

출처: 지방자치법 시행령 제8조 별표1

요컨대, 읍면동에는 자치사무가 배분되어 있지 않고, 시군구나 시도의 사무 혹은 국가사무를 위임받아서 처리하는 하부행정기관인 것이다.

지방자치법에서 하부행정기관으로서 읍면동에대한 규정은 지방자치법 117조 이하에 규정하고 있다. 읍면동장에는 일반직 지방공무원을 보하게 되어 있고, 시군구청장이 임명하도록 되어 있다.

그리고 하부행정기관의 장으로서의 읍면동장의 직무권한은 시군구청장의 지휘 감독을 받아 소관 국가사무와 지방자치단체의 사무를 맡아서 처리하고 소속직원을 지휘감독하도록 하고 있다(지방자치법119조).

여기까지 한국의 지방자치법을 가지고 자치계층의 역할분담 혹은 사무배분을 보면, 읍면동은 자치계층이 아니다. 시군구나 시도의 자치사무 혹은 국가사무를 위임받아서 처리하는 행정계층이다. 또 주민자치센터는 시군구의 행정사무에 해당하는 것이고, 이를 지원하는 것은 시도의 사무로 구분되어 있다는 점이다.

2. 주민자치회의 3모델과 읍면동계층의 민주화

읍면동은 행정계층이고 자치계층이 아니다. 자치계층이 아닌데, 주민들의 자치가 가능할 것인가? 주민자치에 해당한다고 하는 '주민자치센터설치와 운영'은 시군구의 행정사무에 해당하는 것이고, 여기에 주민이 주민자치위원회를 구성하여 운영하는 것은 자치가 아니라 '행정참여'라고 해야 할 것이다.

그렇다면, 여기서 행정과 행정참여, 그리고 자치에 대한 명확한 개념구분이 필요하다. 즉 이 개념구분이 명확히 되어 있지 않으니, 행정참여를 '주민자치' 위원회라고 부르는 용어정의의 오류를 일으키고 있는 것이다.

그러면 자치는 주민들이 어떻게 하는 것일까? 이에 대한 모델 유형을 제시한 것이 2012년 심익섭(2012)의 '주민자치회의 제도화 방안과 발전방향에 관한 연구'이다. 여기서 주민자치를 위한 새로운 개념으로서 주민자치회를 제시하였다.

즉 한국의 지방자치가 단체자치에 몰입하면서 나타나는 문제점을 해결하기 위해서, 주민자치의 실질화를 통해서 해결해야 한다고 하였다. 그리고 지방행정체제개편추진위원회에서 제시한 3가지의 모형으로서 협력형, 통합형, 주민조직형을 1년간의 시범실시를 통해서 가장 바람직한 모델을 도출할 것을 제안하였다(심익섭, 2012).

그러면서, 협력형은 현재의 주민자치센터모형과 큰 차이가 없어 주민만족 차원에서 약하다고 하고 있고, 읍면동행정이 철수하고 주민자치위원회가 주도하는 주민조직형이 가장 이상적인 주민자치이나 실현가능성이 희박하다는 점을 지적하고 있다. 그러면서, 심익섭(2012)은 이 둘의 장점을 모은 중간수준의 통합형이 바람직하다고 판단한다고 하면서, 이에 대한 선택도 주민이 결정하도록 해야 한다는 것을 제시하고 있다.

여기서 주민자치의 3가지 모형을 살펴보면서, 행정과 자치와의 관계에 대해서 구체적으로 살펴보고, 읍면동계층의 민주화는 최소한 통합형이 되어야 하고, 가장 좋은 읍면동계층의 민주화는 주민조직형이라는 점을 살펴보고자 한다.

다음은 주민자치회의 3가지 모형이다.

〈표3 〉 주민자치회의 3가지 모델

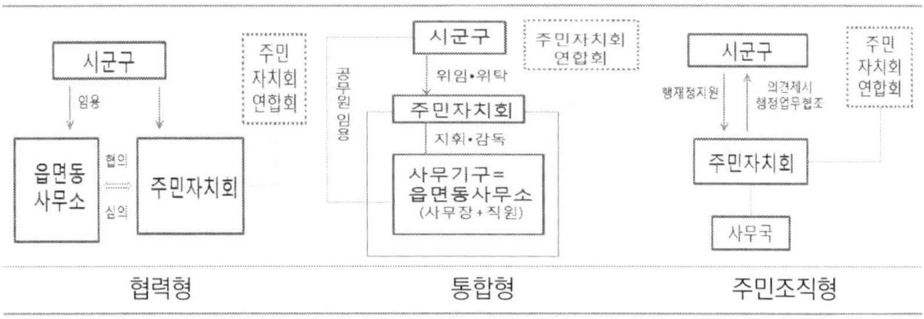

출처: 김찬동(2015:111)

여기서 읍면동계층이 민주화되기 위해서는 주민자치회가 주민들의 선거나 주민총회에서 선출되어 대표성을 확보해야 한다. 즉 주민들의 대표에 의해서 읍면동 계층이 읍면동의 자치사무를 입법하고 집행하는 책임을 질 수 있어야 한다.

두가지의 길이 있다. 하나는 읍면동 사무소를 그대로 두고 주민자치회를 주민직선으로 선출하여 근린의회로서 위상과 권한을 부여하는 것이고, 다른 하나는 읍면동 사무소를 폐지하여, 주민들이 총회를 통해 집행위원회를 구성하고, 주민총회에서 주민 전체가 의사결정권을 가지는 것이다.

그런데, 협력형은 읍면동사무소가 그대로 있는 상태에서 주민자치회를 의제적 대표성을 가지고 구성한다고 해도 이것은 읍면동의 행정사무에 대하여 '행정참여'하는 위상에 불과한 것이다.

결과적으로 한국의 주민자치회의 시범실시는 협력형만을 실시하고, 이것을 전국적으로 시행하고 있기에, 결국 읍면동계층의 행정사무에 대한 행정참여만 확대된 것이지, 읍면동계층에 주민자치가 도입되었거나, 읍면동계층의 민주화가 이루어진 것은 아니다. 이것이 가능하려면, 주민을 바라보는 관점이 바뀌어야 한다. 주민은 행정에 참여만 하는 참여자가 아니라, 읍면동 계층의 근린정부에 대한 주권자로서의 보는 관점을 가져야 한다. 주민이 주권자가 되면, 읍면동 계층에도 자치단체는 물론이고, 자치정부를 구성할 수 있는 주권이 있는 것이다. 주민이 읍면동의회를 만들 수 있고, 읍면동계층의 통치에 필요한 법률을 만들 수 있으며, 읍면동세를 징수하고 집행할 수 있는 집행력도 갖출 수 있는 것이다.

3. 읍면동 행정개혁과 민주화개혁의 경로선택

읍면동 행정은 종합행정기관으로서 그 지역사회의 발전에 필요한 여러 가지 시책을 종합적으로 세울 수 있어야 한다. 그러나 한국에서 읍면동 행정은 시군구행정이 종합행정기관[12]이 되어 있고, 읍면동행정은 하부행정기관으로서 특정부분행정만을 담당하는 특별행정기관화되어 있는 셈이다. 즉 시군구 자치사무 중에서 극히 일부에 해당하는 민원사무와 복지사무를 담당하는 지역거점의 특별행정기관에 불과한 것이다.

언제부터 이렇게 되었는가? 가깝게는 김대중 정부의 읍면동 축소로 인하여, 지역에서의 종합행정기능을 담당하던 조직이 민원과 복지사무만 일부 담당하는 '한정된 특별행정기관화'된 셈이다.

멀리는 읍면자치체가 폐지되고 군자치제가 도입되면서 주민들의 자치역량 자체가 무너지기 시작한 것은 아닌가 한다. 즉 읍면자치에서 군자치가 되면서 자치구역이 확대되고 주민구성이 다양화되면서 동일목적 단체에 대한 공동연대 의식이 희박해지게 되고, 이로 인해, 주민들의 지방행정에 대한 관심도가 저하되고, 각 읍면의 개별성이 인정되지 않는 획일적 시책으로 인해, 읍면행정의 장점이 사라지게 되었던 것은 아닌가 한다.

또 군자치로 인하여, 읍면행정은 물량적인 실적에만 치우치게 됨으로써, 주민들의 자주, 자조, 협동정신을 소홀히 하게 되어, 자율적인 사업추진이 되지 못하게 된 것이다.

군 자치로 인하여 지역개발사업이 주민들의 공동연대의식하에 자조와 협

---

12) 김태웅(1971), 읍면동행정의 혁신방안: 읍면행정혁신의 요체는 무엇인가: 도지사의 관점에서. 지방행정 20(216호), 1971.10에서 참조 인용.

동정신을 바탕으로 자조 자발적인 노력과 부담으로 추진하는 것을 기본으로 삼아온 것이 무너지게 되었다는 것이다.

이렇게 됨으로써, 읍면동행정에 대한 주민의 참여와 관심이 낮아지게 되었고, 일부 읍면동 지역의 지민(志民)들이 지역문제에 방관적이게 되었고, 소구역을 단위로 하는 전통적 애향심이 식어가게 되었다는 것이다.

그래서 이러한 읍면행정의 문제를 해결하기 위해서는 첫째, 주민과의 대화와 설득을 기초로 하는 대화행정을 구현하는 풀뿌리 있는 읍면행정을 수행해야 하고 실질적인 대화행정을 구현하기 위해서는 마을리더(혹은 부락지도자)[13]들을 발굴 육성해야 한다.

둘째, 읍면동 주민의 공동 연대의식을 고양시킬 수 있는 노력이 있어야 한다. 그것이 서울시 등에서는 마을공동체 만들기 사업으로 표현되었지만, 사업으로 할 수 있는 공동체가 있을 것이고, 취미나 여가, 스포츠 혹은 보람있는 공익 혹은 공유 활동을 통하여 공동체를 만들 수 있을 것이다. 주민자치센터의 문화 여가 프로그램은 이러한 공동체를 만들기 위한 노력의 일환으로 볼 수도 있다.

그리고 이들 공동체들이 소구역에서의 지역개발사업을 자력개발사업으로 할 수 있도록 하고, 그에 대한 부분을 공공이 포상하는 자력개발상(가칭)으로 표창하거나 최근 도입하고 있는 사회성과보상사업(SIB[14])과 같이 시민사회에서 자력투자를 하면서 자치적인 지역사회문제해결을 지원하는 것이다.

셋째, 읍면동의 봉사행정체제를 구축하는 것이다. 읍면동은 지역시민사회의 자치적 운영을 가능하도록 지원하는 행정기능으로 전환하고, 통리(혹

---

13) 부락지도자는 주민대다수와 영합할 수 있는 정신적 지주인 동시에 모든 지역활동을 선도해 나가는 위치에 있는 사람으로서, 지도자의 주민에 대한 영향력은 이질다양한 주민의사를 통일시키는데 결정적인 작용을 하고, 주민의 의사를 실질적으로 대변할 수 있는 잠재적인 지도자의 발굴과 육성에도 관심을 가지는 사람이다.

14) social impact bond로서 민간이 먼저 사업에 대한 투자를 하고, 그 성과에 따라 사후 정부예산집행을 하는 것으로서 민관협치의 실현사업으로 최근 실시하고 있는 곳으로, 부여의 치매예방SIB사업이 있음. 이는 경도인지장애자 300명에 대해서 개인별 그룹별 프로그램을 운영하여 치매의 진전을 예방하고, 이 사업의 성과를 평가하여, 행안부의 정부예산을 투입하게 되는 것이다. 미간의 투자로서는 행복나눔재단(SK텔리콤 출연) 등이 5억원을 선투자하였다고 함.

은 아파트단지구역 혹은 블록구역단위)별로 지역문제를 스스로 자치할 수 있는 시스템과 소통하고, 연계하여, 행정의 기능과 자치의 기능을 명확히 구분하면서, 진정한 거버넌스(governance)를 구축한 민관협치가 가능하게 하여야 한다.

현재의 읍면동행정과 주민자치회의 관계는 수직적 행정지원관계라고 해야 할 것이다. 주민자치회가 주민총회나 주민참여예산, 마을계획수립, 주민세환원, 주민자치회사무국 간사 등의 구조적 시스템을 구축하여 자치로서의 얼개를 구축하고 있지만, 이 모든 과정이 행정의 지원으로 이루어지고 있고, 그 파이프가 되는 것이 주민자치지원단(혹은 동자치지원관)이라고 하는 관설민영 조직이라고 하는 것이어서, 결국 행정사무로서 상위정부의 행정통제와 감사를 받는 구조란 것이다.

이 미로를 빠져나오려면, 지역시민사회가 스스로 자력으로 지역문제를 풀어나갈 수 있는 시스템이 구축되어 있어야 하고, 이를 주민자치를 위한 시스템이라고 할 수 있을 것이다. 그리고 이것이 민주공화정의 가치와 이상을 실현할 수 있을 때, 한국의 민주주의는 성장하고 진전할 수 있을 것이다.

요컨대 읍면동 행정을 민주화하기 위해서는 먼저 행정과 자치의 영역을 명확히 구분하는 것에서부터 시작해야 할 것이다. 현재처럼 읍면동행정의 주민센터(동사무소, 시군구의 하부행정기관, 국가의 하부행정기관)를 그대로 두고서 민주화할 것이냐 읍면동행정의 주민센터를 폐지하고 읍면동의 민주화를 할 것이냐의 제도경로의 선택이 우선되어야 한다.

〈표4〉 읍면동 민주화를 위한 제도경로

<table>
<tr><th>1단계</th><th colspan="3">행정과 자치의 영역을 구분</th></tr>
<tr><td>2단계</td><td>읍면동행정의 주민센터를 그대로 두는 경로</td><td colspan="2">읍면동행정의 주민센터를 폐지하는 경로</td></tr>
<tr><td>3단계</td><td>읍면동 행정계층에 참여를 강화하고 활성화</td><td>읍면을 자치계층화</td><td>도시지역에 아파트단지의 자치관리시스템에 민주공화정적 활성화</td></tr>
<tr><td>4단계</td><td colspan="2">자치시스템은 리단위에서</td><td>자치시스템을 블록구역단위에도 구축</td></tr>
</table>

그리하여, 전자를 택하는 경우에는 결국 읍면동계층의 민주화는 읍면동 이하의 계층에서 '자치' 시스템에 대한 논의를 해야 하는 것이고, 읍면동계층에서는 '(행정)참여'의 수준과 내용을 보다 강화하고 활성화하는 혁신이 필요한 것이다. 이러한 행정참여의 활성화를 통한 민주화는 현재의 주민자치회의 시범실시 혹은 서울형 주민자치회를 통하여 어느 정도 구현할 수 있을 것이다. 단 이 경우는 '자치'란 용어를 사용하지 말고, '주민참여'라고 하는 용어를 사용해야 할 것이다.

후자를 택하는 경우라고 하면, 읍면의 경우는 읍면자치계층화하는 제도경로[15]를 택하게 될 것이고, 도시지역의 동의 경우에는 동주민센터를 폐지하고 그 기능을 자치구로 통합할 수 있을 것이다. 이 경우 도시지역의 경우는 아파트단지구역단위의 자치관리시스템에 투명성과 공개성, 민주성과 공공성을 가지도록 해야 할 것이고, 블록구역(도로와 도로로 구성되는 일정한 자치관리단위)에서도 공유생활서비스에 대한 자치관리시스템이 구축되도록 해야 할 것이다. 그리고 이들 구역단위의 자치에서는 주민총회를 통한 거주자대표선정과 관리주체의 임명, 관리규약의 입법, 구역단위 계획입안과 의결 등이 이루어지도록 하여, 직접민주주의에 의한 구역단위 관리의 자치를 주민들이 경험하도록 해야 할 것이다.

이 과정에서 주민들간에 서로 소통하고, 대화하고 토론하면서 지역문제와 지역발전을 위한 혁신적인 아이디어가 도출되어야 하고, 주민들간에 호혜성과 상호유대감을 형성할 수 있도록 해야 할 것이다. 이러한 지역거주공간에서의 시민자치가 이루어질 수 있도록 교육하고, 인재를 발굴하고, 리더를 육성하는 노력을 지역대학의 자원을 활용하여 이루어낼 수 있어야 할 것이다.

다음 장에서는 현실적인 읍면동 행정의 조직분석을 통하여 그 기능을 살펴보고자 한다. 이를 통해 읍면동 계층의 민주화를 위한 구체적인 설계안을

15) 이 경우 군자치계층에 대한 제도를 개혁하는 것이 필요하고, 군계층은 도의 하부행정구로서의 역할과 읍면자치의 상위 자치연합으로서의 역할을 겸하는 것이 될 것임. 이 경우는 행정위원회제로서 그 위원의 구성을 도지사 추천2인과 읍면자치연합 추천2인, 행정안전부 추천1인으로 하여, 5인으로 구성할 수 있을 것임.

탐색해 보고자 한다.

Ⅲ. 행정복지센터의 기능분석

1. 행정복지센터의 현황분석

행정복지센터의 기능은 크게 2가지로 구분된다. 하나는 자치민원과 관련된 기능이고 다른 하나는 복지지원과 관련된 것이다. 또 어떤 시군구에서는 허가안전에 관련된 기능을 추가하기도 한다.

자치민원기능으로서는 자치민원과를 두고, 주민자치팀과 행정민원팀으로 조직을 구성하고 있다[16]. 주민자치팀은 주민자치 자생단체 활동육성지원, 자율청결봉사대 관리, 민방위 등의 사무를 담당하고, 행정민원팀은 전입, 주민등록, 인감, 민원접수, 제증명, 가족관계 등을 담당한다.

또 복지지원기능으로서는 복지지원과를 두고, 복지상담팀과 복지조사관리팀, 맞춤형복지팀으로 구성된다. 복지상담팀은 지역자원 조사발굴관리 연계, 민관서비스 연계, 장애인전용주차관리, 제증명 발급 등 동복지민원을

〈표5〉 행정복지센터의 조직도(의정부시 흥선동을 사례로)

기능	과	팀	팀원 수
자치민원기능	자치민원과	주민자치팀 민원행정팀	6 6
복지지원기능	복지지원과	복지행정팀 복지조사관리팀 보건복지팀	6 8 4
안전허가기능	허가안전과	안전관리팀 허가지원팀 주차관리팀 도시미관팀	2 4 8 3

16) 의정부시 동주민센터의 사례를 가지고 설명함

사무로 하고 있고, 복지조사관리팀에서는 통합조사, 통합관리(기초생활보장, 기초연금, 장애인복지, 차상위 본인부담경감, 우선돌봄 차상위), 한부모가족 조사관리 등의 사무를 담당한다.

이외에 안전허가기능으로서는 허가안전과를 두고, 안전관리팀, 허가지원팀, 주차관리팀, 도시미관팀으로 구성된다. 안전관리팀은 소하천청소, 풍수해보험가입, 무더위쉼터관리, 자연재해 피해보상, 안전신문고, 국가안전대진단, 특정관리대상시설, 다중이용시설 어린이 놀이시설 안전관리, 재난훈련, 안전점검의날 행사 소규모 편익사업, 공공수역배출금지단속을 사무로 하고 있다.

다음으로, 허가지원팀은 건축허가신고(6층이하 2,000㎡이하), 건축물사용승인, 건축물철거멸실, 기존건축물증축(연면적의 10분의 3미만), 건축물대장관리, 하자보증증권, 공동주택행위허가신고, 개발행위허가준공(토지형질변경은 10,000㎡미만), 불법개발행위 단속, 자동차 전문정비업등록, 도로점용굴착 지하수 개발신고, 등록신고업(노래방, PC방, 영화업, 비디오물제작업, 출판, 인쇄사)등의 사무이다.

주차관리팀은 불법주정차단속, 사용자 자동차 차고지와 밤샘주차단속, 불법노점상 단속 등의 사무이다.

도시미관팀은 무단투기단속, 음식류폐기물 배출신고, 광고물 허가신고, 안전점검 허가취소, 불법유동광고물 시민수거보상제운영, 옥외광고사업 신규변경등록, 불법 주정차단속, 사업용자동차 차고지의 밤샘주차단속, 불법노점상단속 등의 사무이다.

이와같이 행정복지센터의 기능은 민원업무와 복지업무를 넘어서 도시공간관리에 해당하는 업무까지 확장되고 있는 것을 알 수 있다.

그리고 시청재이관사무라는 것도 있는데, 이것은 2016년 동사무 중 전문성 및 광역성이 필요한 업무와 인허가시 본청과 연계된 업무를 시청으로 재이관하였다는 것이다. 이에 해당하는 업무로서는 개발제한구역 불법행위단속, 일반지역불법 건축물 단속, 보안등 관리, 무인민원발급기 설치, 실외체육시설, 도로명 주소, 이륜자동차 도내이전과 폐지신고, 안전문화진흥시책이다.

여기서 확인할 수 있는 것은 시의 사무와 동의 행정복지센터의 사무를 어떻게 분담시키는가에 대한 부분이다. 즉 어떤 업무는 시의 사무를 동의 사무로 이양하는 것이 있는가 하면, 광역성과 전문성이 높은 사무는 시의 사무로 재이양하는 것이다.

한편, 권역형 복지허브화 정책을 사용하는 경우도 있다. 의정부시와 같이 3개에서 5개의 동주민센터를 권역으로 묶고 그 중심이 되는 동(행정복지센터)에 인력과 기능을 확대하여, 복지, 청소, 고용, 안전관리, 인허가 등 총 190종의 주민생활과 밀접한 현장업무를 처리하게 하는 것이다.

이러한 권역형 복지허브화를 위해서, 기존의 읍면동기능에다가 복지나 주민밀착형 인허가 기능을 시청에서 읍면동으로 대폭 위임하는 사무배분을 하는 것이다.

의정부시의 경우에는 4개의 권역형 복지허브가 있는데, 홍선권역 , 송산권역, 호권권역, 신곡권역이 그것이다. 각 권역 행정복지센터는 3-4개의 동을 관할 하고 시 본청의 인력과 기능을 현장중심인 동으로 이관하는 것이다. 이를 통해, 노인이나 장애인, 자영업자들이 보다 신속하게 권역형 복지허브동에서 서비스를 받을 수 있도록 한 것이다.

〈표6〉 복지허브권역과 관할동의 사례

복지허브권역	관할구역	관할동
홍선권역	의정부1동, 가능1동, 홍선동(가능2동+가능3동), 녹양동	홍선동 주민센터
송산권역	송산1동, 송산2동, 송산3동, 자금동	송산3동
호원권역	의정부2동, 호원1동, 호원2동	호원2동
신곡권역	장암동, 신곡1동, 신곡2동	신곡1동

의정부시의 경우는 2016년 1월부터 책임동제 시범실시를 하였고, 12월에 행정자치부로부터 권역형 복지허브화 승인통보를 받고, 2017년부터 4개권역에서 업무를 개시하였다. 이를 통해, 민원처리기간이 단축되어, 신속한 인허가 업무가 가능해 졌고, 시청방문처리하던 민원[17]을 가까운 행정복

지센터에서 해결할 수 있게 된 것이다. 또 사회복지공무원이 도움이 필요한 주민을 직접 찾아가서 상담하는 것이 가능해졌고, 일일현장순찰을 통해 청소, 불법 광고 등 시민불편사항을 선제적 해결할 수 있게 된다.

다음으로 행정복지센터의 조직과 인력현황을 보면, 하나의 복지허브권역 관할동인 흥선동의 경우를 보면, 동장1, 과장 3, 팀장9명, 팀원47명으로 구성되어 있다[18].

한편, 권역형 복지허브가 아닌 일반 동주민센터의 조직은 보다 간결하여, 행정민원과 사회복지민원을 담당하는 것이고 이것이 권역형 복지허브를 만들어 책임동제를 도입하지 않은 행정복지센터의 기능이다.

즉 이 경우에는 동장의 밑에 3개의 팀으로 구성되어 있고, 민원행정팀, 복지행정팀, 보건복지팀으로 구성되어 있다. 행정민원팀의 업무는 세무제증명, 주민등록일반, 인감, 외국인업무, 농정업무, 취학아동업무, 어디서나민원(팩스민원), 가족관계등록부, 하나로 민원(민원24관련) 등이다. 업무처리방식에서 방문민원으로 하는 것은 주민등록일반, 인감, 외국인업무, 농정업무, 취학아동관리, 출생사망신고이고 나머지는 민원24, 대법원전자가족관계등록시스템의 온라인상에서 처리할 수 있다.

사회복지민원으로서는 기초생활수급 및 차상위관리, 보훈 및 노인복지, 한부모 영유아 청소년 복지, 장애인복지, 저소득주민복지 등의 업무를 처리한다. 이중에서 방문민원으로 처리하느 것은 기초생활수급 및 차상위관리와 보훈 및 노인복지업무, 저소득 주민복지이고, 그 외는 복지로나 문화누리카드 등으로 온라인상에서 처리한다.

동주민센터의 조직과 인력을 보면, 동장1, 팀장 3, 팀원21(민원행정12, 복지행정5, 보건복지4) 명으로 구성되어 있다.

---

17) 주로 건축, 통신판매, 도로점용, 굴착, 광고물, 노래연습장 인허가 등의 사무임

18) 주민자치팀 6명, 민원행정팀6명, 복지행정팀 6명, 복지조사관리팀 8명, 보건복지팀 4명, 안전관리팀 2명, 허가지원팀 4명, 주차관리팀 8명, 도시미관팀 3명으로 구성되어 있음

〈표7〉 동주민센터의 조직과 인력(의정부1동의 사례)

	팀	팀원
동장	민원행정팀	12
	복지행정팀	5
	보건복지팀	4

2. 행정복지센터의 경로변천 : 서울시의 사례

행정복지센터의 기원은 읍면동 사무소였다. 2007년에 읍면동 사무소를 주민센터로 이름을 바꾼 것이었고, 다시 10년만에 행정복지센터로 명칭을 변경하였다. 이로써 지역사회의 복지허브로서의 기능을 하게 되었다.

이렇게 명칭을 바꾸게 된 것은 행정안전부와 보건복지부가 협력하여 정한 것이고, 2016년 33개의 선도 읍면동을 행정복지센터(약칭으로 행복센터)로 전환하고, 2016년말 700개를 개편하고, 2018년말 전국 3500개의 주민센터를 행정복지센터로 바꾸었다.

행정복지센터에는 복지업무를 전담하는 맞춤형 복지팀 3명이 배치됨으로써, 읍면동 주민센터당 평균 4명인 복지담당자의 수가 7-8명으로 증가하게 되었다.

이렇게 조직증편을 하게 된 것은 읍면동 주민센터가 주로 민원인의 방문민원을 처리하였지만, 행정복지센터를 통하여, 찾아가는 복지를 제공하기 위해서였다. 그래서 찾아가는 복지상담과 개인 맞춤형 통합서비스로 주민의 복지체감도를 높이기 위한 것이었다.

증원하는 인력을 시군구의 인력을 재배치하거나 새로 선발하는 사회복지 인력에서 충원하는데, 2014년에서 2017년 사이에 총 6천명을 증원하였다.

한편, 중앙정부에서 추진한 행정복지센터의 원형이 되었던 것은 서울시의 찾아가는 동주민센터 즉 '찾동'이라고 해야 할 것이다. 찾동은 동주민센터에 복지플래너(사회복지직 공무원)과 방문간호사(간호직 공무원)을 배치하여, 주민들의 삶의 복지 사각지대를 해소한다는 정책목표를 가지고 추진된 사업이다.

서울시는 2015년 7월에 전국최초로 13개구 80개동에서 시작하여, 만 4년만에 서울시 25개구 424개의 동에 확대되어 전면실시 되게 된 사업이다. 4단계를 거쳐서 확대되었는데, 1단계에서 80개동, 2단계에서 238개동, 3단계에서 342개동, 4단계에서 408개동까지 확대되었고, 최종 424개의 동에 모두 실시하게 된 것은 2019년 7월 18일이었다.

〈표8〉 서울시의 찾동사업전개

1단계	2015.7-2016.6	13개구 80개동
2단계	2016.7-2017.6	18개구 283개동
3단계	2017.7-2018.4	24개구 342개동
4단계	2018.4-	25개구 408개동
최종	2019.7.18	25개구 424개동

2015년에서 2018년까지 총 2,788명의 신규인력을 충원하였다. 이 중에 복지공무원이 2,219명, 방문간호사가 489명, 마을사업전문가가 80명가 증원되었다. 또 사업시행하는 동주민센터에는 공간개선사업비와 업무지원차량을 동별로 1대씩 지원하였다.

이로써, 서울시는 찾동사업을 통해, 민원행정을 주로 하였던 동주민센터의 기능을 지역주민을 찾아가서 복지서비스와 보건서비스를 제공하고, 주민참여를 촉진하는 기능을 강화하였던 것이다. 즉 동당 6.5명의 인력을 확충하여, 복지사각지대를 발굴하고, 모든 시민을 위한 보편방문서비스를 제공하며, 주민의 지역참여활동을 확대하도록 한 것이다.

구체적으로 찾동의 성과를 보면, 첫째, 동 주민센터의 평균인력이 16명에서 22명으로 증가하였고, 기존에 2개의 팀(행정1, 복지1)을 3개의 팀(행정1, 복지2 또는 행정1 마을1 복지1)으로 확대되어, 안정적이고 지속적인 추진을 위한 조직기반을 구축하였다.

둘째, 동단위 지역복지를 책임지는 공공의 역할이 강화되었는데, 현장방문이 57회에서 152회로 2.7배 증가하였고, 방문건강관리서비스의 등록관리율이 59.2%로 증가하였다. 또 돌봄의 위기가구 발굴도 2017년도 498건에서 2018년에는 3,182건으로 전년대비 6.4배 증가하였었다.

셋째 지역공공의제에 대한 주민참여의 기회가 확대되어, 복지활동 주민조직 1,440개 25,593명이 참여하였고, 2016년에서 2018년사이에 마을활동 소모임이 2,074건 14,095명으로 확대되었다. 또 서울형 주민자치회가 2017년에 4개구 26개동이 전환하는 등 2018년까지 15개구 81개동에서 전환을 완료하였다.

이리하여, 찾아가는 동주민센터 사업은 동주민센터의 기능을 전면적으로 전환하여, 지역주민과 공공이 함께 만들어가 가는 골목단위의 협치현장이 되었다.

또 2018년 12월 서울시 민선7기에는 찾아가는 동주민센터 기본계획을 수립하여, 찾동 2.0 마스터 플랜 발표를 통해, 찾동 정책의 발전방향을 제시하기도 하였다.

찾동 2.0에서는 새로운 사업으로 공공서비스를 강화하고 주민관계망을 촘촘하게 하였다. 골목에서 이웃과 만나는 찾아가는 골목회의를 개최하고, 어려운 시민을 발견하면, 동 주민센터에 연락하는 시민찾동이가 활동한다. 또 돌봄서비스로서 돌볼 SOS센터도 운영하고, 갑작스런 위기를 지원하는 긴급복지제도를 강화한다.

동 주민센터 홈페이지에 골목회의 제안코너를 통하여, 골목회의를 신청할 수 있게 하고, 서울시민카드 앱을 통하여, 시민찾동이 가입신청도 받는다.

또 동단위 생활의제에 대한 정책, 예산에 주민이 실질적인 결정권한을 가지도록 주민자치기구인 서울형 주민자치회도 2022년까지 424개 동에 전면 실시하려고 하였다[19].

요컨대, 서울시의 찾동 사례는 공공의 손길만으로 해결하기 어려운 지역사회의 문제를 해결하기 위해 주민과 함께 결정하고, 함께 추진하는 협치의 모델을 만들려는 시도였다. 관과 민이 서로 함께 협치할 수 있는 공간으로서 동주민센터를 거점으로 삼은 것이다.

---

19) 서울시 자치행정국 2019.7.18. 새소식에서 인용

3. 주민자치센터의 기능분석

주민자치센터는 주민자치회에서 운영하는 문화센터 프로그램이라고 할 수 있고 물리적으로는 이러한 프로그램을 운영하는 건물을 의미하기도 한다. 실제로 주민자치센터의 설치 및 운영에 관한 조례에서도 주민자치센터란 일정한 조직을 의미하는 것이라고 보다는 '주민이 이용할 수 있도록 읍면동에 설치된 각종 문화 복지 편익시설과 프로그램'을 총칭하는 것으로 되어 있다[20].

또 주민자치센터의 운영원칙을 보면, '주민의 복리증진과 지역공동체 형성촉진' '주민참여의 보장 및 자치활동의 조장' '읍면동별 자율적 운영유도' '건전한 육성 및 발전을 위한 행재정 지원' '정치적 이용 목적의 배제'라고 되어 있다. 이를 정리해 보면, 지역공동체 형성을 위하여 행재정적 지원을 통해서 운영한다는 것으로 이해되고, 행정사무로서 운영한다는 것을 알 수 있다. 자치조직의 운영이 아닌데, '자치'라는 개념을 사용하고 있어, 주민자치에 대한 개념혼란을 불러 일으킬 소지가 있다. 오히려 '주민공동체센터'라고 하면 더 정확한 표현이 아니었을까 한다

아무튼 조례에 근거하여 주민자치센터의 기능을 살려보기 위해서, 조례 제5조의 기능을 보면, 5가지의 기능을 제시하고 있다. 주민자치기능, 문화여가기능, 지역복지기능, 주민편익기능, 시민교육기능이 그것인데, 여기서도 문제가 되는 것은 주민자치기능을 살펴보자.

즉 주민자치기능으로서 '지역문제 토론, 건의 등 주민자치기능'이라고 되어 있는데, 이것은 자치를 위한 기초적인 활동인 것이지, 자치기능이라고까지 할 것은 아니라고 할 것이다. 자치란 용어를 사용하려면, 자기입법과 자기통제를 통하여 지역문제를 스스로 해결하는 것이라고 할 때, 이를 수행할 수 있는 조직으로서 구성원 모두가 참여하는 총회조직이나 구성원들이 선거를 통해 선출한 대의조직으로서 근린의회가 있어야 할 것이고, 그 공동체의 문제를 규율하는 정관을 두고, 그 정관에 따라서 그 정관의 실행을 담보

20) 경주시 주민자치센터 설치 및 운영조례 참조

할 수 있는 집행조직을 두고 운영하여야 할 것이다. 즉 최소한의 입법체와 집행체를 가지고 있어야 '자치'라고 할 것이다. 물론 이것이 법인으로 되어 있어야 할 것이고, 정부가 되기 위해서는 어떻게 해야 할 것인가에 대한 논의가 필요하다[21].

〈표9〉 주민자치센터의 5가지 기능

기능	내용
주민자치[22]	지역문제 토론, 건의, (마을환경가꾸기, 자율방재활동[23]) (자원봉사활동[24])
문화여가	지역문화행사, 취미교실, 생활체육
지역복지	건강증진, 마을문고, 청소년공부방
주민편익	회의장, 알뜰매장, 생활정보제공
시민교육	평생교육, 교양강좌, 청소년교실

여기서 주민자치기능에 포함된 것은 지방자치법상의 자치사무와는 그 내용이나 종류에서 현격히 차이가 나는 것을 알 수 있다. 즉 지방자치법상에서 '자치사무'는 법제 9조에서 규정하고 있는데, '구역, 조직, 행정관리 등에 관한 사무' '주민의 복지증진에 관한 사무' '농림 상공업 등 산업진흥에 관한 사무' '지역개발과 주민의 생활환경시설의 설치 관리에 관한 사무' '교육 체육 문화 예술의 진흥에 관한 사무' '지역민방위 및 지역소방에 관한 사무'로 6가지 기능을 명시하고 있다.

지방자치법상의 자치기능으로 보면, 주민자치센터의 자치기능은 아주

---

21) 현재의 한국의 지방자치법에서는 정부를 인정하고 있지 않고, 자치단체로서만 법인격을 부여하고 있음. 정부가 되기 위해서는 국가를 중앙정부와 지방정부로 나누어서 지방정부의 구성에 대한 요건을 헌법이나 법률로서 규정해야 할 것이다. 예를 들어 지방정부는 현재의 헌법에서 입법권을 국회가 독점하고 있는 것에 대해서, 지방정부도 법률을 제정할 수 있는 헌법적 위상을 부여하는 것이 필요할 수 있음.

22) 강릉시 주민자치센터 설치 및 운영조례를 보면, 주민자치기능에 '지역문제토론'만이 아니라 '마을환경가꾸기' '자율방재활동'이 포함되어 있는 것을 볼 수 있음. 또 거제시 주민자치센터 설치 및 운영조례에서는 '자원봉사활동'이 추가되어 있기도 함.

23) 강릉시의 경우

24) 거제시의 경우

한정적으로 사용하고 있는 것을 알 수 있다. 차이는 광역시도와 시군구의 자치기능과 읍면동의 주민자치센터의 '자치기능'이 어떻게 다르고, 역할분담이 어떻게 되어 있는가이다.

주민자치센터의 자치기능은 '공론장의 활동'으로 볼 수 있고, 주민자치에서 자기입법이 주민주권자들에 의하여 이루어지기 위해서는 가장 기초적으로 진행되어야 하는 활동이다. 문제는 지역문제의 토론과 건의를 누가 어떻게 할 것인가이며, 일부 주민들이 모여서 토론하고 건의하는 것으로 '자치'라고 할 수 있는가라는 점이다

최소한 주민총의를 모으기 위해서는 그 지역에 거주하는 주민들이 총회를 통해서 모이거나, 안건화된 이슈에 대해서 주민들이 선택할 수 있는 공식적 기회가 마련되어야 할 것이다. 이러한 세세한 방법론에 대한 고려가 없이 주민자치센터에 일부의 주민들이 토론하는 것으로서 그 지역의 공론이라고 하기는 어려운 것이다.

즉 주민자치센터의 주민자치기능이 제대로 기능하기 위해서는 행정사무로 주민에게 시설이나 프로그램을 제공하는 것이 아니라, 지역사회의 주민들이 주권자로서 그 지역의 문제를 공론화하고, 그 지역의 자치를 위한 집행체를 스스로 구성할 수 있는 제도적 시스템이 구비되어 있어야 하고, 그 시스템에 주민들이 참여하고 그 참여를 활성화할 수 있는 조직 혹은 리더십이 확보되어 있어야 할 것이다.

다음으로 조례7조에서 자치센터의 시설 및 프로그램의 운영은 위원회의 심의를 거쳐서 읍면동장이 한다고 되어 있고, 위원회의 기능을 제16조를 보면, 심의하는 기능임을 알 수 있다. 즉 위원회는 '자치센터의 시설 등 설치 및 운영에 관한 사항' '주민의 문화 복지 편익증진에 관한 사항' '주민의 자치활동 강화에 관한 사항' '지역공동체 형성에 관한 사항' 등이라고 되어 있다. 의결기능이 아니라 심의기능에 한정되어 있다.

이것은 지방자치법상의 지방의회의 권한으로서 지방자치법 제39조의 지방의회의 의결사항을 보면, '조례의 제정 개정 및 폐지' '예산의 심의 확정' '결산의 승인' '사용료 수수료 분담금 지방세 또는 가입금의 부과와 징수' '기금의 설치운용' '재산의 취득 처분' '공공시설의 설치 처분' '예산외의 의

무부담이나 권리의 포기' '청원의 수리와 처리' '외국 지방자치단체와의 교류협력에 관한 사항' 등으로 되어 있다.

이렇게 보면, 지방의회가 지방자치의 핵심기관으로서 가지는 권한과 주민자치센터의 주민자치위원회가 가지는 기능은 현격한 차이가 나는 것을 알 수 있다. 즉 읍면동의 주민자치는 '자치'가 아니라는 것을 알 수 있다.

그렇다면, 과연 한국에서 주민자치를 읍면동 계층에서 어떻게 해야 하고, 그 전제조건은 무엇이어야 하는가에 대한 분석과 숙의가 필요하게 되는 것이다. 즉, 읍면동의 주민자치를 위해 어떤 기능을 부여하고 어떤 권한을 부여해야 '자치'가 되는가에 대한 논의가 필요한 것이다.

다음은 주민자치 중에서도 가장 선도적인 모델이라고 할 수 있는 서울형 주민자치의 기능을 분석해 보면서 이 문제를 논의해 보자.

4. 서울형 주민자치회의 기능분석

서울형 주민자치회는 주민들의 생활의제에 대한 예산과 예산을 결정하는데 주민들이 실질적인 결정권한을 가질 수 있도록 권한위임과 주민참여를 보장하는 주민대표조직을 지향한 것이라고 한다. 그리고 이를 통해 풀뿌리 주민자치가 이루어지는 기틀을 마련하기 위한 제도로서의 의미를 부여한 것이다.

서울형 주민자치회의 구조를 보면, 주민자치회는 위원과 사무국, 그리고 분과와 주민총회로 구성되어 있다. 주민자치회 위원은 50명내외이고, 위원의 선정방식은 주민자치학교 이수뒤에 추첨으로 선정한다. 또 위원구성은 40대이하 15%이고, 특정성이 60%미만이어야 한다.

서울형 주민자치회의 권한은 행정사무 수탁권과 협의권, 동정평가, 자치계획 수립, 서울시 참여예산 사업선정권을 가지고 있어 주민자치위원회 제도와는 그 권한이 대폭 증가한 것이다. 그리고 서울형 주민자치회는 주민총회를 연1회 개최한다는 것도 주민자치위원회제도와 가장 대별되는 부분이다. 또 분과구성에서도 주민 누구나 참여한다는 부분도 주민자치위원회제도와 대별되는 것이다. 이외에도 지원체계에서 자치구 마을자치센터를 두고, 동자치지원관이 지원하도록 제도를 만든 부분도 주민자치위원회 제도와 차이나는 부분이다. 이를 정리하면 다음과 같다.

〈표10〉 주민자치위원회와 서울형 주민자치회 시범사업 비교

내용	주민자치위원회	서울형 주민자치회 시범사업
명칭	주민자치위원회	주민자치회
위원인원	25명	50명내외
선정방식	선정위원회 선정	주민자치학교 이수 뒤 추첨
위원구성 비율	비율없음	40대이하 15% 특정성 60%미만
위촉	동장	구청장
권한	자치회관운영 동행정협의권한	행정사무 위탁권, 협의권 동정평가 자치계획 수립 서울시 참여예산 사업선정권
주민총회	없음	연1회 개최
분과구성	위원으로 구성	주민누구나 참여
지원체계	없음	자치구 마을자치센터(주민자치사업단, 동자치지원관)

〈표11〉 서울형 주민자치회 연도별 도입계획

<table>
<tr><th>시행단계</th><th>2017</th><th>2018</th><th>2019</th><th>2020</th><th>2021</th><th>2022</th></tr>
<tr><td>1단계(4개구: 금천 도봉 성동 성북)</td><td colspan="2">26개 시범동</td><td colspan="2">46개동 시행확대</td><td colspan="2">6개동(모든 동 확대)</td></tr>
<tr><td>2단계(11개구: 강동 강서 관악 노원 동대문 동작 마포 서대문 양천 은평 종로)</td><td></td><td colspan="2">55개 시범동</td><td colspan="3">188개 (모든 동 확대)</td></tr>
<tr><td>3단계(5개구)</td><td></td><td></td><td colspan="2">25개 시범동</td><td colspan="2">77개 (모든 동 확대)</td></tr>
<tr><td>4단계(5개구)</td><td></td><td></td><td></td><td colspan="2">25개 시범동</td><td>98개동</td></tr>
<tr><td>합계</td><td>26</td><td>81</td><td>126</td><td>284</td><td>351</td><td>424</td></tr>
</table>

다음은 서울형 주민자치회의 도입계획을 보면 〈표11〉과 같다. 즉, 서울형 주민자치회는 2017년부터 26개의 시범동이 도입되었고, 2018년에 81개의 시범동이 되입되었다. 그리고 다시 2019년에 126개의 시범동이 도입되었으며, 2020년에는 284개의 시범동이 추가되었다.

서울형 주민자치회는 2015년 찾동 사업을 하면서 복지서비스가 골목에 스며들기 위해서는 주민자치 활성화가 필요하다는 인식에서 동주민센터와 행정안전부가 추진하기 시작한 새로운 주민참여 조직인 주민자치회를 연계하여 새로운 하이브리드 조직으로서의 제도혁신을 한 것이다.

찾아가는 동주민센터에 주민결정권을 부여하는 권한이양을 통해 주민들이 마을 문제해결에 의견을 내고 실행하는 활동을 하는 주민자치의 가능성을 구현해 보려고 한 것이다. 이러한 구상에 마을계획단 운영을 찾동 사업에 결합시킨 것이다.

서울형 주민자치는 주민 누구나 참여할 수 있도록 하고 주민대표성을 갖추기 위해, 선출과정에 공정성을 부여하려고 한 것이다. 즉 50명의 주민자치회를 구성하는 과정에서의 공정성과 다양성을 확보하려 하였다.

주민 누구나 참여할 수 있도록 하기 위해서 6시간의 주민자치학교의 교육을 이수하면, 추첨으로 주민자치위원을 선출하도록 하였다. 또 주민대표성을 구비하기 위해 성별, 연령별 할당을 통해서 다양한 사람이 참여할 수 있도록 했다. 특정 성 비율이 60%를 넘지 않도록 해야 한다거나, 40대이하가 15%가 되어야 한다는 조건을 부여한 것이다.

또 주민은 위원이 아니더라도 관심있는 분과에 참여할 수 있도록 했고, 주민총회제도를 도입하여 주민 누구나 참여하여 자치계획을 최종 결정할 수 있도록 한 것이다.

또 서울형 주민자치회는 자치계획을 실행할 수 있는 재정적 지원도 확대하였다. 주민자치회에 서울시와 자치구의 주민참여예산 동 사업선정권을 부여한 것이다. 2019년(3년차)에는 26개 시범동에 주민세 개인균등분에 해당하는 예산을 주고, 동마다 7천만원에서 2천만원까지 평균 3800만원의 예산을 지원하였다.

한편, 서울형 주민자치회는 주민이 결정하고 행정이 지원하는 방식을 구현하기 위하여 행정의 담당부서와 민간의 주민자치사업단을 두도록 하였다. 행정의 담당부서로서는 시에 자치행정과와 지역공동체담당관 조직을 설치하고, 자치구에는 자치과 혹은 마을과를 두며, 동에는 주민자치팀을 둔다. 이 조직들은 예산교부와 행정지원, 주민자치회 사업 모니터링을 하도록 한다.

서울시는 주민자치사업단으로서 마을공동체 종합지원센터에서 민관협력지원과 사업설계를 하도록 하였고, 자치구 주민자치사업단의 역할은 마을지원센터와 동자치지원관을 두고, 주민자치회 활동을 촉진하고, 역량강화를 돕는 것이다. 그리고 서울시에서 이들 자치구 마을지원센터의 인건비와 사업비, 주민자치회 간사 활동비 50%를 지원하도록 하였다.

여기서 주민자치회 간사 활동비를 예산으로 지원하도록 한 것은 주민자치회가 자치회관이나 커뮤니티 공간을 운영하고 보조금 형태의 예산을 다루려면, 재원과 사람을 구비한 사무국이 반드시 있어야 한다는 필요 때문이다. 시범기간 동안은 서울시가 마을자치센터의 인건비와 사업비를 지원하지만, 시범기간 이후에는 자치회관 운영 수익 등으로 사무국을 경영하여야 하는 것이다.

이외에도 서울형 주민자치회는 참여예산제도 운영을 위하여 매년 7월까지는 주민총회를 거쳐서 자치계획을 제출하여야 한다. 의제를 발굴하고, 2-3달내에 주민총회를 통한 의사결정을 추진하는 것은 주민자치위원들이 자원봉사로서 처리하기에는 힘든 경우들이 많다고 한다.

또 주민자치사업단의 민간 사업자 선정이나 자치지원관 채용이 용이하지 않은 경우도 있고, 주민자치지원관과 주민자치위원들간의 역할갈등이 나타나는 경우도 있다.

요컨대 서울형 주민자치회는 주민참여와 의사결정권이 결합된 '실질적 주민자치의 형상'을 가지고 있다고 할 수 있다. 그런데 이를 온전한 주민자치라고 하기 어려운 것은 주민자치회가 가진 의사결정권이 행정사무가 위임된 것이기에, 궁극적으로는 행정의 감사와 통제를 받을 수밖에 없다는 점이다. 진정한 자치가 되려면, 주민으로부터 권한이 나와야 하고, 주민에 의하여 권한이 행사되어야 하며, 주민이 책임을 질 수 있는 권한과 재원의 순환구조를 가지고 있어야 할 것이다.

Ⅳ. 주민자치회의 신모델 검토

1. 주민조직형

주민자치의 신모델은 2장에서 제시한 것처럼, 읍면동 계층에서 행정과 자치의 구분을 명확히 하는 것이 우선이다. 즉 읍면동을 행정계층으로 그대로 둘 것인지와 자치계층으로 전환하여, 민주화를 할 것인가의 구분이 필요하다는 것이다. 현재처럼 읍면동을 국가와 지방자치단체의 하부행정기관으로 둔 상태에서는 '참여'에 불과하고 '자치'라고 하기는 어렵기 때문이다.

따라서 주민자치의 신모델은 읍면동계층을 현재와 같이 그대로 둔 상태라고 하면, 행정기관이 존재하지 않는 계층에서 그 가능성을 찾아야 할 것이고, 그것은 도시지역의 동지역에서는 아파트단지구역이나 블록구역일 것이고, 농촌지역은 리계층이라고 할 것이다.

도시지역의 아파트단지구역에서는 이미 공동주택관리법을 통해 자치관리시스템이 제도화되어 있는데 개인재산과 공유재산의 관리를 위한 자치시스템을 만든 것이어서 소유자를 중심으로 자치시스템이 만들어져 있다는 점이 한계라고 할 수 있다. 이 점에서는 국토교통부에서 관리하는 정책이어서 공동주택관리를 위한 정책목적을 가진 것이지만, 이 속에 자치관리시스템이 들어와 있다는 것이 놀랍다고 할 것이다. 그럼에도 불구하고, 이 시스템이 주민자치의 관점에서 볼 때, '거주자주민'이라기 보다는 '소유자주민'을 중심으로 제도설계가 되어 있다는 것은 개선되어야 할 부분이다. 이러한 현상이 발생한 것은 주민자치를 중앙정부차원의 국정과제로 보지 않고, 국토교통부라는 부처차원에서 제도를 설계하였기 때문에 나타난 한계일 것이다.

이 문제를 해결하기 위해서는 주민자치와 아파트단지 공동주택관리를 따로 따로 다루어서 정책을 수립할 것이 아니라, 아파트단지구역을 어떻게

'거주자 주민'이 자치하게 할 것인가라는 관점에서 제도설계가 이루어지고, 기존의 제도를 개선하고, 혁신하여 '시민사회의 주민자치'를 어떻게 할 것인가에 대한 공론화가 이루어져야 할 것이다. 즉 부처할거주의를 넘어 국정차원에서 주민주권에 입각한 근린자치를 어떻게 할 것인가라는 관점에서 이 문제를 풀어야 할 것이다

이런 문제의식을 가지고 볼 때, 주민자치의 제도 유형 중에서 주민조직형을 아파트단지구역이나 블록구역별로 도입하는 것을 검토해 볼 필요가 있다. 주민조직형은 주민자치를 주민들이 주권자로서 자신이 거주하는 다차원의 계층에 대한 자치정부를 구성할 수 있는 가능성을 제시한다.

즉 주민자치를 주민들이 직접 조직하는 것인데, 이를 통해서 풀뿌리 민주주의를 조직화할 수 있는 것이고, 이러한 시민사회의 자치시스템이 구비되어야 비로서 상향적(bottom-up) 지방자치가 시작되는 것이고, 이들의 연대를 통하여, 상위 자치정부를 조직해 나갈 수 있게 되는 것이다. 물론 이러한 상향적 조직화는 국가로부터 내려오는 하향적(top-down) 단체자치와 어느 계층에서 만나게 될 것이고, 그 접점 계층에서의 '자치행정'과 '주민자치'의 연계를 어떻게 제도설계 할 것인가의 문제가 있을 것이다. 미국의 카운티정부의 경우는 주정부로부터 내려오는 하향적 자치행정과 풀뿌리 자치정부로부터 올라가는 상향적 주민자치가 만나는 접점을 설계하는데 참고가 될 수 있을 것이다.

주민조직형은 주민들이 총회를 통해서 공동체를 형성하고, 그 공동체의 운영을 위하여 주민들은 주민자치세를 내고, 그 공동체를 이끌어갈 리더들의 모임(그것은 집행위원회 형태일 수도 있고, 대의제 형태일 수도 있음. 혹은 이사회의 형태일수도 있음)이 있으며, 공동체 전체를 규율하는 정관(혹은 규약)을 제정하고, 그 정관을 실행하는 사무조직을 운영하게 하는 것이다. 그 사무조직은 공동체의 규모에 따라서 사무인력을 채용하여 공동체의 사무운영을 담당하게 할 것이다.

이것은 도시지역의 아파트단지구역이나 블록구역의 자치에 적용할 수 있을 것이고, 농촌지역에서는 리단위의 자치에 적용할 수 있을 것이다.

2. 통합형

통합형은 현재의 읍면(동)계층을 그대로 둔 상태에서 하부행정기관으로 되어 있는 것을 자치단체화하는 것이다. 이것은 광역시도와 시군구가 중앙정부의 하부 행정기관으로 되어 있는 것을 1991년에 지방의회를 구성하여 자치단체화하였던 모델을 읍면(동) 계층에도 그대로 적용하는 것이다. 이점에서 읍면 계층의 자치계층화는 그렇게 어려운 개혁이 아닐 수 있다.

즉 읍면의회를 일정한 시점을 기준으로 선거를 통해서 구성하면 되는 것이다. 단 이 경우 기존의 정당의 개입이나 관여로부터 중립적인 선거가 되어야 한다. 그렇지만, 읍면의회의 경우는 읍면계층의 근린지역정치체로서 기능할 수 있는 것이고, 정당정치의 비민주성과 당파성과 양극대립을 견제할 수 있는 시민사회의 새로운 토대가 되어야 할 것이다.

이 경우 읍면장의 임명권은 현재의 시군구청장이 아니라, 읍면의회에서 임명할 수 있어야 하고, 이렇게 되면, 의회-시티매니저 형의 지방정부 기관구성이 될 것이다. 이 경우, 시티매니저에 해당하는 동장은 동자치행정에 대한 전문가를 공채할 수 있어야 할 것이다. 또 이러한 동행정의 전문가를 스카웃 할 수 있는 채용시장도 만들어져야 하고, 이러한 인력을 육성하는 '자치대학원'도 확대되어야 할 것이다.

이 경우 문제점은 여전히 읍면행정사무가 기관위임사무가 대부분인 상태가 되어서는 읍면의회의 기능이 다시 제약되어, 읍면계층이 자치가 되었다고 하기 어려운 상태가 될 위험성도 있다. 즉 여전히 단체자치의 확대가 아니냐는 문제제기가 생길 수 있다.

이 문제를 해결하기 위해서는 읍면자치사무를 위한 자치권을 어느 정도 부여하고, 어떤 읍면 자치서비스를 공급하게 할 것인가에 대한 정부간 역할분담(즉 중앙정부와 지방정부, 지방정부 중에서도 광역시도자치단체와 시군구자치단체와 읍면자치 간의 역할분담)을 명확히 하고 이를 위한 지방자치법의 재개정과 헌법개정까지 필요할 수 있다.

이러한 문제가 발생하는 것은 지난 30여년간의 지방자치제도 운영의 한계와 과제를 아직도 제대로 풀어내지 못하고 있기에, 이와 유사한 형태로의 자치제도의 읍면계층으로의 확산만으로서는 한국의 '주민자치' 실질화의 문제를 풀어내기 어려울 수도 있다는 점이다.

물론 시군구 계층에서의 구역규모보다는 읍면계층으로의 자치계층의 확대는 구역규모를 근린화하고, 선진국의 자치규모로 조정한다는 의미는 있다고 할 것이다. 이 경우, 자치계층이 3층화되게 되므로, 도시화로 인하여 자치계층을 2층화 혹은 단층화의 추세가 있는 것을 제도설계에 반영하여 획일적으로 3층화만 할 것이 아니라 도시화의 정도에 따라서 2층화 혹은 단층화의 자치제도로의 유연성 있는 제도선택과 제도개혁을 할 수 있는 여지를 만들어 두어야 할 것이다.

통합형의 주민자치 제도 설계는 읍면계층에 읍면의회를 구성하고, 읍면동장을 읍면의회의 임명 혹은 읍면의회의장이 겸임하게 하는 제도선택의 여지가 열려 있다. 이에 대해서는 시범운영을 통하여 성공사례를 만들어 내고, 그 사례분석을 통하여 읍면주민들이 제도선택을 주민투표로 할 수 있도록 해야 할 것이다.

3. 협력형의 민주화개혁방향

협력형은 읍면동 주민센터를 그대로 둔 상태에서 민주화개혁을 하는 것으로서, 이는 참여를 확대하고 참여를 실질화하는 과정의 개혁을 지속해 나가는 것이다. 서울형 주민자치와 같이 상당한 정도의 참여권한이 행정으로부터 부여되어 있고, 다양한 영역의 참여제도를 융복합하여, 주민자치회를 제도설계하고 있기에, 상당한 정도의 참여민주주의가 도입되어 있다고 할 것이다.

그러나, 이러한 서울형 주민자치회의 경우 그 내부운영구조를 보면, 자치라고 보기에는 여전히 행정예산의존이라고 하는 한계를 벗어나고 있지 못하다. 물론 시민사회의 자치역량이 어느 정도 형성되는 기간동안의 지원제도라고는 하지만, 이런 구조를 자치라고 하기는 어려운 것이다.

협력형은 행정이 가진 권한을 주민자치회에 이양하여 주어서, 주민들이 행정사무 권한을 가지고 예산사업을 운영하는 과정에 참여하는 참여의 행복을 가질 수는 있지만, 그러한 참여결정에 대한 '책임'에 대해서는 여전히 행정의 몫이란 점이다. 즉 자기부담에 의한 자치재원에 대한 의사결정이라면 하지 않을 결정도 행정자원에 대한 참여로서 결정하는 것이기에 무책임한 결정을 할 가능성도 있는 것이다. 이렇게 되면, 행정자원이 과도하게 집행되게 될 것이고, 점점 행정이 시민사회로부터 더 많은 세금을 징수하게 될 것이다. 큰 정부가 되는 것이다.

시민사회의 입장에서는 시민사회가 자치적으로 할 수 있는 것은 시민사회가 우선하여 자원을 사용하고, 시민사회만으로서 해결하기 어려운 문제에 대해서 국가와 정부에 세금을 내고 이것을 대행해 줄 것을 위탁하는 것이라고 하면, 정부는 가능한 작은 정부가 좋은 정부인 것이다.

물론 지역간의 격차나 시민사회가 자율적으로 처리하기 어려운 공공문제에 대한 국가와 정부의 역할이 점차 커지고 있는 것이 사실이다. 그렇지만, 시민사회가 스스로 자치할 수 있는 최소한의 영역까지 포기하고, 모든 공공서비스 혹은 공유서비스를 행정이 해주기를 바라고, 행정의 자원에 의존하는 구조는 결국 시민사회의 자치력과 자생력을 형성할 수 있는 기회와 가능성을 상실하게 할 것이다.

한국사회에서 민관협치나 거버넌스의 논의를 20여년이상 해오고 있지만, 그러한 논의의 알맹이를 들여다 보면, 결국 행정사무이고, 행정의 자원을 끌고와서 민간이라는 포장을 하고 있는 것에 불과한 것이 아닌가 하는 생각을 들게 한다. 그 원인은 시민사회가 스스로 자치할 수 있는 토대로서의 시스템이 구축되어 있지 않기 때문이다. 결과적으로 행정에 대한 참여밖에 할 수 없게 된 것이다.

Arnstein의 참여8단계설에서 주민통제(citizen control) 가 행정을 통제할 수 있는 정도의 참여수준을 말하고, 협력형을 통하여 이러한 단계까지 갈 수 있는가가 협력형의 민주화개혁의 과제과 될 것이다.

또 실질적 참여의 단계에 해당하는 권한이양(delegated power)이나 협동관계(partnership)에 이르기 위해서도 시민사회의 주민자치 시스템이 있어야지, 주민자치 시스템이 없이 참여제도의 확대와 심화 그리고 연계만으로 가능할 것인가는 숙의의 과제이기도 하다.

V. 결론

한국의 주민자치는 지난 20여년간의 제도시행을 하였지만, 오히려 그 길을 잃고 방황하고 있다. 그 이유는 주민자치에 대한 개념에 대한 이해가 달랐기 때문이다. 즉 주민자치를 주민들이 스스로 다스리는 것이니 임의단체로 하고, 행정사무에 참여하는 것으로 이해하였기 때문이다.

그리고 이러한 주민자치의 한계를 인식하고, 10년이 지나서 새로운 주민자치로서 주민자치회의 모형을 3가지 하였지만, 한가지만을 시범실시하고, 나머지 2가지 모형에 대해서는 시범실시도 하지 않고, 협력형만으로 일방향의 질주를 해 왔던 것도 역시 주민자치에 대한 이해가 제대로 되지 않았기 때문이다.

그러는 와중에 서울형 주민자치회 라는 사업이 등장하게 되었는데, 주민총회와 주민세환급, 마을계획수립, 주민참여예산제 등의 제도결합과 제도융복합을 통해 상당히 진전된 주민자치제도를 디자인한 것으로 보여졌다. 그런데 그 내용 구조를 자세히 살펴보면, 행정과 자치와의 관계란 관점으로 볼 때, 다시 자치가 행정에 의존하고, 예속된 구조는 여전한 것으로 보인다. 즉 단체자치란 패러다임의 미로에서 빠져나오지 못한 것이다.

한국의 지방자치제도에서 단체자치란 미로를 어떻게 빠져나와서 주민자치란 독립문을 통과할 수 있을까? 자치분권 2.0의 시대를 개막하였다고 하고, 주민주권의 구현을 위한 지방자치법의 전부개정도 30년만에 이루었다고 하는데, 과연 한국의 주민자치는 새롭게 구현될 수 있을 것인가? 이것이 우리에게 남겨진 과제이고, 이 과제를 어떻게 풀어나가야 할 것인가?

현재 국회에는 주민자치 기본법(안)이 대여섯 개 발안되어 있고, 이에 대한 심의를 하고 있는데, 정당간의 합의를 이루어내기는 쉽지 않은 듯 하다. 주민자치회가 특정 정당의 정치적 이익을 위하여 이용당할 위험에 처해 있어, 주민자치제도 자체를 부정하는 현상도 나타나고 있다.

한국의 민주주의와 민주공화정의 헌법가치를 구현하기 위해서는 풀뿌리 민주주의의 제도설계가 필요하다. 시민사회의 공공성과 자치성을 함양하여, 국가사회와 시장경제영역을 견제하고 균형을 잡아줄 수 있어야 할 것이다. 문제는 시민사회 자체가 사라져가고 있고, 국가사회의 정당에 포획되어져 가고 있으며, 시장경제의 양극화로 인하여 시민사회의 공동체성이 위협받고 있는 것이다.

이러한 위기를 풀어낼 수 있는 것은 시민사회의 주민자치 역량을 길러내어야 하는데, 시민사회의 중심적 기관의 하나인 대학사회가 이 일에 참여하고 리더십을 발휘해야 하는 것은 아닌가 한다.

참고문헌

김병준. 2011. 지방자치론. 법문사.

김순은. 2020. 우리나라의 지방자치와 지방분권: 자치분권으로 가는 길. 조명문화사.

김주원 외. 2019. 한국주민자치이론과 실제. 대영문화사.

김찬동. 2015. 주민자치의 이해. 충남대학교출판문화원.

김찬동. 2017. 주민자치제도의 재설계. 궁미디어.

김찬동. 2019. 주민자치정책론. 충남대학교출판문화원.

남재걸 외. 2013. 생활자치합시다: 생활자치의 이론과 실제. 대영문화사.

심익섭. 2012. 주민자치회의 제도화방안과 발전방향에 관한 연구. 지방행정연구 26(4), pp.57-84. 한국지방행정연구원.

안광현 김필두 박철. 2018. 주민의 자치: 지방자치와 주민자치. 도서출판 소망.

이달곤. 2004. 지방정부론. 박영사.

이승종. 2014. 지방자치론: 정치와 정책. 박영사.

이승종 김혜정. 2015. 시민참여론. 박영사.
육동일. 2017. 한국지방자치행정론. 충남대학교출판문화원.
월간주민자치(한국자치학회) 각 월호.

제2장

읍면동 계층의 자치분권 혁신

: 주민주권실현과 읍면동 자치

I. 문제제기

자치분권운동은 국가와 시민사회와의 관계를 새롭게 변화시켜 보려는 노력이라고 할 수 있다. 지난 20여년간의 자치분권운동은 문재인정부에 들어오면서, 지방분권형 개헌안이나 주민주권구현을 위한 자치분권종합계획을 통과시켰고, 지방자치법의 전부개정을 32년만에 통과시키는 열매를 거두었다고 볼 수도 있다.

그러나 한편으로는 이런 방식과 내용의 자치분권운동을 앞으로 20년을 더 지속한다고 해서, 한국사회의 시민사회의 자치역량과 공공성을 국가로부터 확보할 수 있을까에 대해서 의문을 가지게 되기도 한다. 2013년부터 주민자치를 읍면동계층에서 새롭게 추진하여 근린자치를 통한 생활자치서비스를 공급하려는 시도는 2020년 12월의 지방자치법 전부개정에서 조문이 삭제되는 수모를 당하였다.

주민자치에 대한 오해와 정당정치에 의한 합의 미형성, 시민사회의 주민자치에 대한 양분된 진영논리 등으로 인하여, 6개의 법률안이 현재 국회에 제출되어 있지만, 과연 금년중으로 주민자치제도에 대한 합의가 가능할 것인가에 대한 의문을 가지게 된다.

20여년전에도 자치분권운동을 통하여 국가로부터 시민사회를 분리해내려는 단계의 노력을 하였다고 하는데(김성국, 1992:165;노진철 강승구, 2005:14)), 현재의 주민자치회에 관한 논의도 여전히 시민사회가 국가로부터 미분화되어 있다는 비판을 받고 있는 것이다. 언제쯤이나 우리 한국사회는 '분리된 시민사회의 독자성 추구 단계'로 나아갈 수 있는 것일까?

지방분권운동은 시민단체들이 중심이 되어, 지방의 경제와 문화, 교육을 중앙집중화로부터 탈피시키기 위해, 국가에 대한 적극적인 견제와 비판으로 시작한 시민운동이었다(노진철 강승구: 2005:14). 2000년부터 진보세력과 보수세력이 협력하면서, 지방의 경제성장과 정치발전의 가능성을 여는 지역혁신을 도모한 것이었고, 지방자치를 위협하는 중앙정부와 중앙정치권의 중앙집권주의에 대한 저항운동이었다.

지방분권운동은 2001년 3월에 320개의 지방시민단체들이 참여하여 '지방자치헌장'을 선포하였고, 9월에는 전국의 지역지식인 2,757명이 참여한 '지방분권 실현을 위한 전국지역지식인 선언'을 통하여 지방분권운동을 보수와 진보를 넘어서 연대하였다.

2002년 4월에는 지방분권운동 대구경북본부가 창립되어, 전국적으로 지방분권운동본부가 연이어 결성되었고, 9월 춘천선언에서는 지방분권과 지역균형발전을 동시 추진하기로 결의하기도 하였다(김병준, 2002:13).

그리고 11월에 조직된 '지역균형발전과 민주적 지방자치를 위한 지방분권국민운동'이 창립되었고, 창립선언문에서 지방시민단체들이 연대결성을 통해, 중앙정부 주도의 자원배분에 의한 하향식 균형발전에 저항하여, 지방정부 주도의 자치역량 증진에 의한 상향식 균형발전을 추구하고자 하였다. 그리고 이를 위해 지방분권 10대의제도 제시하였고, 지방자치의 실질적인 실현을 위한 사회개혁프로그램으로서 지방살리기 3대 입법안 제정을 촉구하기도 하였다.

이러한 자치분권운동의 노력을 2003년 노무현정부의 정부혁신지방분권위원회로 이어졌고, 7월에는 참여정부의 지방분권 추진로드맵으로 이어진다.

결과적으로 자치분권운동은 국가와 시민사회의 역학관계를 변화시키는데 기여하였고, 국가주도의 불균등발전전략에 입각한 압축적 근대화가 불러온 지역불균형과 중앙집권적 권위주의 체제를 바꾸는데 일조를 하였다고 볼 수 있다.

여기서 다시 한번 국가와 시민사회와의 관계가 정말 변화되었는가를 살펴보려는 소재로서 읍면동의 주민자치 개혁을 검토해 보려 한다. 과연 현재의 주민자치회 입법논의는 국가로부터 시민사회가 분리되어 있는가에 대한 검토를 바탕으로 분리된 시민사회의 독자성과 자치역량에 기반한 제도설계 논의를 어떻게 해나가야 할 것인가에 대한 것이다. 자치분권 2.0 시대의 개막이라고 하는 주민주권구현은 시민사회에 대한 국가의 신뢰와 분리된 시민사회가 국가로부터의 독자성의 확보하려는 제도구축 노력없이는 어려운 것일 수 있다는 점을 확인해 보고자 한다.

Ⅱ. 자치분권2.0과 주민주권실현

1. 지방자치법 전부개정과 자치분권 2.0 시대

자치분권 2,0 시대가 개막되었다고 하는 것은 주민주권구현과 관련이 깊다. 지방자치 1.0은 지방자치권이 국가로부터 전래되었다고 하는 국가전래설에서 논의하는 지방자치이야기라고 한다면, 자치분권 2.0은 지방자치란 시민사회에서 고유한 것으로 자치권이 고유하다는 고유권설에 입각한 자치이야기로 볼 수 있다.

2020년 12월의 지방자치법 전부개정은 바로 한국의 지방자치이야기에서 주민주권구현에 입각한 지방자치가 시작된다는 의미에서 지방자치의 새로운 패러다임의 신호를 알리는 것이라고 할 수 있다.

헌법에서는 주권재민이라고 하여 헌법제 1조 2항에서 대한민국의 주권은 국민에게 있고 모든 권력은 국민으로부터 나온다라고 규정하고 있다. 그리고 대한민국의 국민의 요건은 법률로 정한다고 제2조에서 규정하고 있다. 또 헌법 제2장에서 국민의 권리와 의무에 대해서 제10조부터 제39조까지 다양한 권리에 대해서 규정하고 있다.

자치권과 관련된 것만 살펴보면, 제10조에서 모든 국민은 인간으로서의 존엄과 가치를 가지며, 행복을 추구할 권리를 가진다. 제14조 모든 국민은 거주 이전의 자유를 가진다. 제24조에서 모든 국민은 법률이 정하는 바에 의하여 선거권을 가진다. 제25조 모든 국민은 법률이 정하는 바에 의하여 공무담임권을 가진다. 제34조에서 모든 국민은 인간다운 생활을 할 권리를 가진다.

즉, 국민이 주권자로서 행복추구를 위하여 폴리스(polis)의 정치에 참여하는 것이 인간의 행복이라고 한다면, 자치에 참여하는 권리가 헌법에서 보장하고 있다고 볼 수 있다. 또 국민에게 거주이전의 자유가 있으므로, 서울시에 거주하다가 대전시에 거주하는 자유가 있고, 국민으로서 서울시의 주민이다가 대전시의 주민으로서 국민의 권리를 가지고 있는 것이다. 또 헌법에서 선거권을 권리로서 보장하고 있으므로, 국민으로서의 주민은 자신이 거주하는 곳의 지방자치 선거권을 가진다. 그 거주하는 공간이 시군구일 경우에는 물론이고 읍면동인 경우에도 법률로서 정한다고 하면, 선거권을 가질 수 있는 것이다[25].

한편, 국민주권에서 국민은 국가의 주인이라고 하는 사상이지만, 국민은 오랫동안 주인이기보다는 피지배인에 불과하였다고 한다. 즉 국민학교와 같이 국가에 충성하는 선량한 사람을 교육하는 기관으로 인식하였는데, 이는 국가주의와 중앙집권시스템에 익숙한 탓이다(김순은, 2019). 또 국민의 경우는 대의제에 익숙하여, 일단 대표자를 선출하고 나면 더 이상 이들의 활동에 무관심한 경우가 많아, 주인-대리인 관계에서 대리인들의 일탈이 발생하기도 한다. 바로 여기서 대의제 민주주의의 한계가 나타나고, 엘리트

25) 즉 지방자치법의 재개정으로 읍면동을 자치계층으로 규정한다면, 읍면동의 의회나 읍면동장의 선거권을 가질 수 있다.

대의자들로 인해, 민주주의가 후퇴하는 현상이 발생하는 것이다.

이에 비해, 주민 혹은 시민이라고 해도 좋을 듯 한데, 주민은 상대적으로 직접 참여하는 주권자라는 의미가 있다. 즉 주민투표, 주민소환, 주민발안, 주민감사청구, 주민소송, 주민참여예산 등의 직접 참정제도는 직접민주주의와 관련성이 깊다(김순은, 2019).

여기서 국민과 주민의 비교표를 보면 다음과 같다.

〈표1〉 국민주권과 주민주권의 비교

비교항목	국민의 시대	주민의 시대
권원	국민주권	주민주권
지위	국가의 주인	지역의 주인
국가형태	집권주의(국가주의)	분권주의(지방주의), 공동체주의
정치적 가치	민주주의(대의 민주주의)	풀뿌리 민주주의(직접민주정)
특징	이념(국가의 운영)정치	생활정치
대상	체제, 사회적 가치	일상의 삶, 공공서비스
참여의 형태	간접참여	직접참여
생활의 비중	낮음	높음
관심의 비중	높음	낮음
폐단	수도권 집중	지역이기주의, 지역불균형

출처: 김순은(2019).

문제는 이번 지방자치법 전부개정이 과연 이러한 주민의 시대를 열고, 문재인정부의 공약이나 자치분권종합계획에서 제시하였던 '주민주권구현'이 이루어졌는가를 보면, 상당히 거리가 있음을 알 수 있다. 즉 지방자치법 전부개정 제1조에서 개정되기 전의 지방자치법과 비교하여 보면, '주민의 지방자치행정 참여에 관한 사항' 이 추가되었는데[26], 이것은 '주민 참여

26) 전부개정되기 전의 지방자치법 제1조에서는 '이 법은 지방자치단체의 종류와 조직 및 운영에 관한 사항을 정하고, 국가와 지방자치단체 사이의 기본적인 관계를 정함으로써, 지방자치행정을 민주적이고 능률적으로 수행하고, 지방을 균형있게 발전시키며, 대한민국을 민주적으로 발전시키려는 것을 목적으로 한다'고 하고 있다. 여기서 주민이라든가 주민자치라는 개념을 찾아보기 어렵고, 단체자치 패러다임의

(residents's participation)'에 대한 것이지 주민자치(residents's self-government)에 대한 것은 아니라는 점이다.

또 원래 지방자치법 전부개정(안)에 포함되어 있었던 주민자치회 규정도 완전 삭제됨으로써, 현재의 지방자치법 전부개정이 과연 주민주권을 구현하려던 문재인정부의 자치분권정책을 구현하고 있는 것인가에 대해서는 의문이 크다.

2. 주민주권(시민주권)과 읍면동계층 자치화

주민주권논의가 활성화되기 시작한 것은 정당에 의한 이념정치가 아니라, 시민들의 생활정치를 통하여 풀뿌리 민주주의를 경험하고 역량을 함양하지 않으면, 한국의 민주주의 성숙은 기대하기 어렵다는 절박한 시대적 인식에서 논의가 활성화된 것이다.

물론, 20세기 전반에 걸쳐 대의민주주의의 한계를 직면하면서, 공동체 민주주의나 숙의민주주의의 논의가 대안으로 제시되면서, 직접민주주의와 참여민주주의를 어떻게 현실의 제도속에서 구현할 수 있을까에 대한 노력이 있어왔다.

주민주권을 구현하는 노력의 열매가 2018년의 헌법개정안에서 나타나게 된 것이다. 즉 단체자치의 패러다임에서 자치분권개혁을 20여년간 지속해 왔지만, 헌법구조를 근본적으로 변화시키지 않고서는 한국의 자치분권개혁은 어렵다는 인식하에 국회 헌법개정특별위원회의 개헌안이나 문재인 대통령의 헌법개헌안이 제시되었던 것이다.

두 가지의 헌법개정안에서 공통적으로 제시된 것 중에 하나가 분권국가를 지향한다는 것이다. 국가와 지방정부간의 권한을 나누어서 상호 견제와 균형이 이루어지도록 하는 국가시스템을 지향한다는 것이다. 이것은 프랑스 헌법 제1조에서도 '프랑스는 비종교적, 민주적, 사회적 불가분적 공화국

지방자치법이라고 하는 비판을 받아 온 것이다. 이번에 전부개정된 지방자치법 제1조에서는 '주민의 지방자치행정 참여에 관한 사항'이 추가된 것을 알 수 있다.

으로서 지방분권으로 이루어진다'고 하여, 헌법적 차원에서 지방분권을 명문화하였던 것처럼, 한국 헌법에서도 '대한민국은 지방분권국가이다'라고 명문화한 것이다. 여기서 분권국가라 함은 행정권의 분권만이 아니라, 지방을 통치권의 주체로 격상시켜, 지방자치를 실질적으로 이루고자 하는 의지를 담고 있었던 것이다.

이어서, 헌법개정안에서는 '주민의 자치권'을 헌법조문으로 명시함으로써, 주민주권을 헌법적 차원에서 규정한 것이다. 즉 국회 헌법개정특별위원회 자문위원회 개헌안에서는 제117조에서 '주민은 그 지방사무에 대해 자치권을 가진다. 주민은 자치권을 직접 또는 지방정부의 기관을 통하여 행사한다' '정부간 사무배분과 수행은 보충성의 원칙을 따른다'고 함으로써, 주민주권의 행사방식이 총회방식(직접)이나 지방정부의 기관을 통하여(간접, 대의) 행사할 수 있는 다양성을 제시하고 있다.

또 대통령 개헌안에서는 제121조에 '지방정부의 자치권은 주민으로부터 나온다 주민은 지방정부를 조직하고 운영하는데 참여할 권리를 가진다' '국가와 지방정부간, 지방정부 상호간 사무의 배분은 주민에게 가까운 지방정부가 우선한다는 원칙에 따라 법률로 정한다' '지방정부의 종류 등 지방정부에 관한 주요 사항은 법률로 정한다'고 함으로써, 주민주권을 헌법적으로 명시하고 있고, 주민이 근린정부를 조직하고 운영하는데 참여할 권리를 가지도록 하고 있다.

즉 주민주권의 의미하는 바는 법률로 정함에 따라서는 읍면동의 근린정부를 조직하고 구성할 수 있는 헌법적 권리를 명시하고 있는 셈이다.

다시 말해, 헌법개정안이 통과되었다고 한다면, 주민주권에 입각한 주민자치권이 헌법적 가치가 되었을 것이고, 이에 근거하여 읍면동계층의 주민자치가 실현될 수 있었을 것이다. 그러나 현실은 2018년의 헌법개정안은 국회의 문턱을 넘지 못하고, 폐기되고 말았다. 즉 읍면동 자치계층화의 노력은 현재의 헌법으로서는 용이하지 않을 수 있고, 헌법개정을 통해, 자치분권적 헌정질서를 만들어내어야 할 문제일 수도 있다.

3. 근린자치정부를 통한 단체자치패러다임의 대전환

지방자치와 주민참여는 매우 다른 개념이다. 지방자치(self-government)로서 주민이 구역안에서 지방정부를 구성하여 자치권을 가지는 것을 의미한다. 즉 지방자치의 4요소로서, 주민, 구역, 지방정부, 자치권이 있어야 하는 것이다.

반면, 주민참여(residential participation)는 지방정부의 주민으로서 시민의 참여를 의미하는 것으로서 시민의 지역거주성을 보다 강조한 개념으로 볼 수 있다. 시민참여의 경우에 정치참여(political participation)을 통상적으로 의미하는 것이지만, 한국의 경우, 행정참여를 시민참여라고 하고, 정치참여의 경우는 선거참여라고 구분하는 것이 논의를 명확히 구분할 수 있을 듯하다.

즉 한국에서 사용되는 주민참여의 대부분의 논의는 주민참여예산에서 드러나듯이 행정과정에 참여하는 것으로서, 정치참여와는 구분되고 있다. 정치참여라고 할 수 있는 주민소환이나 주민투표 등은 매우 제한적으로 조건을 까다롭게 하여, 선거로 선출된 대의자들을 주민이 통제(citizen control)하거나 시민관여(citizen involvement)하는 것이 용이하지 않도록 되어 있다.

여기서 본 고의 논의의 대상이 되는 주민자치란 개념은 매우 애매모호한 개념임을 알 수 있다, 즉 지방자치도 아니고, 주민참여도 아닌 그 중간적인 영역의 개념으로서 '주민+자치'를 혼용함으로써, 어느 쪽에 방점을 두는가에 따라서 논자들의 논의를 혼란시키게 된다는 점이다. 즉 주민자치에서 자치에 방점을 두는 논자들은 자치의 기본요소인 '자치정부'를 구성하여야 한다고 주장하게 되고, 주민에 방점을 주는 논자들은 주민들이 행정과정에 참여하는 권리를 가지면 되는 것이고 단체자치에 참여가 가능한 공간과 기회를 지방자치단체가 열어줄 것을 요구하고, 그것이 가능한 행재정적 지원을 해 줄 것을 요구하게 된다는 점이다.

그러나, 자치에 방점을 두는 논자들은 후자의 경우, 참여에 불과한 것이고, 자치가 아님을 주장하게 되면서, 주민자치는 그 길을 잃어버리게 된다.

즉 현재 한국의 주민자치회 시범실시와 전면실시를 위한 법제화 논의는 바로 주민자치가 어느 쪽에 방점을 두고 제도설계가 되어야 하는가에 대한 혼란이라고 할 것이다.

〈표2〉 주민자치 개념의 애매성

지방자치		주민참여
자치정부 자치권 주민 구역	주민자치 (주민참여+ 지방자치)	실질적 참여 형식적 참여 비참여

즉 한국에서 주민자치위원회나 주민자치회 시범실시 논의는 기본적으로 읍면동이라고 하는 행정계층을 전제하면서, 이 행정과정에 주민들이 참여하는 하나의 제도와 사업이었던 것이다. 이 점에서 주민자치위원회든 주민자치회 시범실시든 그 명칭이 어떠하든 그 본질적 요체는 '주민참여'에 불과한 것이다.

문제는 이러한 주민참여에 불과한 것에 '자치'란 개념을 덧 붙임으로써, 실질적인 지방자치 논의를 혼돈시켜서, 정작 제대로 된 자치논의를 하려고 할 때 방해물 혹은 연막탄과 같은 역할을 해서, 제대로 된 지방자치로 나아갈 길을 막게 된다는 점이다.

주민주권에 입각한 지방자치는 주민의 생활공공서비스의 공급에 필요한 지방정부를 자유롭게 구성할 수 있는 권리를 가질 수 있어야 한다. 이 점에서 근린생활공간에 해당하는 읍면동이나 통리이든 혹은 아파트단지이든 주민들이 근린자치정부를 구성할 수 있는 자치권이 부여되어 있어야 한다. 그리고 그 자치의 방식도 총회방식이든 대의제 방식이든 주민들이 자기입법을 통하여 선택할 수 있어야 할 것이다.

이처럼 주민들이 자신의 근린생활영역에서 자치정부를 구성할 수 있는 권리를 가질 때, 주민주권에 입각한 민주공화정이 가능할 것이고, 그 이상의 계층에 대한 자치방식은 협의방식이든 연합정부 방식이든 혹은 도시화의 진전으로 인하여 통합이나 합병방식이든 자치적으로 선택하고 결정할 수 있어야 할 것이다. 이것이 보충성의 원칙에 입각한 자치계층을 상향적으로 구성하는 것이다. 이렇게 될 때 주민자치 패러다임에 입각한 지방자치가 구현될 수 있을 것이다.

문제는 이러한 근린자치정부를 구성할 수 있는 자치권을 국가가 헌법을 통하여 '분권'해 줄 수 있는가이다. 이것이 가능하기 위해서는 중앙정부가 생활자치나 광역자치에 대한 권한과 예산, 조직과 인력을 분권분산시킬 수 있어야 하고, 이것은 '분권정책'의 논의에 해당한다.

분권정책은 중앙정부와 지방정부의 관계에 대한 것으로서 별도의 논의가 되어야 하는 것이지, 이것을 주민자치나 지방자치논의에 덧붙여 논의할 것은 아니다. 이 점에서 자치분권정책은 매우 혼란을 자초하는 개념이다. 즉 이것은 자치정책과 분권정책이라고 하는 전혀 이질적인 정책을 한 단어로 연결시켜 둠으로써, 자치정책도 제대로 길을 찾지 못하게 하고, 결과적으로 분권정책도 길을 잃게 만드는 것이다[27].

요컨대 주민주권이 제대로 구현되기 위해서는 주민자치의 개념을 지방자치의 관점에서 방점을 두고 논의를 전개시켜야 길을 잃어버리지 않을 수 있다. 지방자치는 주민주권구현이란 푯대를 다시 향해야 한다.

이러한 논의를 위해 이하에서는 읍면동 계층의 현재 법제와 그 현황이 어떤가를 다시 한번 살펴보고, 읍면동계층에서 주민참여의 노력만으로서는 더 이상 한국의 민주주의 성숙이나 지방자치의 발전을 기할 수 없다는 점을 확인해 보고자 한다.

27) 유사한 논의로서 자치분권정책과 균형발전정책을 하나의 정책으로 혼합시킴으로써, 그 어느쪽의 정책도 제대로 된 길을 잃어버리게 만든 사례와 유사하다.

Ⅲ. 읍면동계층의 제도현황과 변화

1. 읍면동계층의 법제도

한국의 읍면동계층은 지방자치단체의 종류에 포함되지 않는다. 즉 지방자치법 제2조를 보면, 지방자치단체의 종류로서는 '1특별시 광역시 특별자치시 도 특별자치도 2 시 군 구' 로 되어 있다. 또 3항에서 지방자치단체 외에 특정한 목적을 수행하기 위하여 필요하면, 따로 특별지방자치단체를 설치할 수 있도록 하고 있다. 따라서 읍면동은 현재의 지방자치법에 의하면 지방자치단체가 아니다.

지방자치단체는 법인격을 가지고, 특별시와 광역시 특별자치시 도 특별자치도는 '정부의 직할(直轄)' 로 둔다고 하고 있다. 여기서 직할(direct control)의 의미가 중간에 다른 기구나 조직을 통하지 않고 직접 관할한다는 의미하고 할 때, '자치단체'라는 개념에 정부의 직할조직으로 한다는 것이 의아하게 생각되는 부분이다.

제3조 3항에서 읍면동에 대한 규정이 나오는데, 군에는 읍면을 두고, 시와 구(자치구를 포함)에는 동을, 읍면에는 리를 둔다고 되어 있다. 여기서 확인할 수 있는 것은 비도시지역인 농촌지역에서는 '읍면'을 두고, 도시지역에는 '동'을 두고 있는 것을 알 수 있다. 즉 한국의 지방자치법은 도시지역의 구역과 농촌지역의 구역을 구별하고 있다.

지방자치법 제7조2항을 보면, '리의 구역은 자연 촌락을 기준으로 하되, 그 명칭과 구역은 종전과 같이 하고, 명칭과 구역을 변경하거나 리를 폐지하거나 설치하거나 나누거나 합칠 때에는 그 지방자치단체의 조례로 정한다'고 하며 리의 구역은 자연촌락을 기준으로 하는 것을 알 수 있다.

또 제7조 3항과 4항에서 '행정면'과 '행정동'의 개념을 소개하고 있다. 즉 인구감소 등 행정여건 변화로 인하여 필요한 경우, 그 지방자치단체의 조례로 정하는 바에 따라 2개 이상의 면을 하나의 면으로 운영하는 행정운영상 면(이하 행정면)을 따로 둘 수 있다고 하고 있다. 또 동 리에서는 행정능률과 주민의 편의를 위하여 그 지방자치단체의 조례로 정하는 바에 따라 하나의 동 리를 2개이상의 동리로 운영하거나 2개이상의 동리를 하나의 동리로 운영하는 등 행정운영상 동(이하 행정동) 리(이하 행정리)를 따로 둘 수 있다고 하고 있다.

여기서 행정동과 행정리의 설치는 '행정운영상의 효율과 주민의 편의를 위하여'라고 되어 있어, '주민주권의 구현을 위한 풀뿌리 민주주의를 위하여'와 같은 목적은 결여되어 있음을 알 수 있다. 즉 지방자치법의 제1조 목적규정에서 이 법이 '지방자치행정을 민주적이고 능률적으로 수행하고' '대한민국을 민주적으로 발전시키려는 것을 목적으로' 한다고 되어 있을 정도로 능률성보다 민주성을 앞세우고 있지만, 실제의 법률조문에서는 효율성이 더 중요한 기준으로 하여 제도설계가 되고 있는 것을 확인할 수 있다.

또 제7조 5항에는 '행정동에는 그 지방자치단체의 조례로 정하는 바에 따라 통 등 하부조직을 둘 수 있다'고 하고 있고, 행정리도 그 지방자치단체의 조례로 정하는 바에 따라 '하부조직'을 둘 수 있다고 규정하고 있다. 행정의 목적을 위한 하부조직을 통과 같은 하부행정조직을 설치할 수 있도록 규정하고 있다.

다시 말해, 행정조직이 이렇게 계층의 뿌리를 따라 계층적으로 설치될수록, 주민자치의 영역은 배제되고 그 토대를 잃어버릴 위험성이 있다는 점을 확인할 필요가 있다.

또 제9조에서 사무소의 소재지란 조항에서 '지방자치단체의 사무소 소재지와 자치구가 아닌 구 및 읍면동의 사무소의 소재지는 종전과 같이 하고, 이를 변경하거나 새로 설정하려면 지방자치단체의 조례로 정한다. 이 경우 면 동은 행정면 행정동을 말한다'고 규정하고 있다. 여기서 주목할 것은 지방자치단체의 소재지에는 지방의회가 설치되어 주민들의 대표성을 확보할 수 있는 제도적 장치가 있지만, 행정조직의 사무소가 설치되는 읍면동에는 주민들의 대표성을 확보할 수 있는 제도적 장치가 없다는 점이다. 이 문제를 해결하기 위하여 주민참여 조직인 '주민자치위원회' 나 '주민자치회 시범실시'를 위한 제도가 도입되었지만, 여전히 주민대표성을 확보하고 있다고 하긴 어렵고, 이로 인하여 여전히 행정의 '직할(直轄)'을 받는 문제점이 지속되는 것이다.

한국의 지방자치법이 특이한 것은 제 10조이다. 즉 제 10조는 '시 읍의 설치기준'이다. 한국의 지방행정시스템에서 시-군-구 가 같은 계층에 속하는 구역인데, 시와 읍의 설치기준이 하나의 조문에 나타난다는 것은 뭔가 사연이 있을 것이다.

즉 1항에서 '시는 그 대부분이 도시의 형태를 갖추고 인구 5만이상이 되어야 한다' 고 하여, 도시의 형태를 구비하고 인구 5만이상이 되어야 시를 설치한다는 것이다. 그리고 제3항을 보면, 읍은 '그 대부분이 도시의 형태를 갖추고 인구 2만이상이 되어야 한다 다만 다음 각호의 어느 하나에 해당하면 인구 2만 미만인 경우에도 읍으로 할 수 있다' 고 하면서, 군사무소 소재지의 면, 읍이 없는 도농복합형태의 시에서 그 시에 있는 면 중 1개 면이라고 되어 있다.

여기서 한국의 지방자치법 제 10조가 상정하는 지방자치단체는 사실 '시와 읍'이어야 하였을 것이란 추정이 가능하다. 만일 지방자치단체가 시군구로 하기로 하였다면, 시와 군의 설치기준에 대한 기준을 규정하였어야 할 것이다.

과연 이에 대한 연혁을 찾아보면, 1949년의 지방자치법을 보면, 제2조에서 지방자치단체의 종류로서 시읍면을 규정하고 있는 것을 알 수 있다. 즉 '본 법에서 지방자치단체라 함은 대별하여 좌의 2종을 말한다 1 도와 서울특별시 2 시, 읍, 면' 이라고 되어 있는 것이다. 그리고 제3조에서 지방자치단체는 법인으로 하고, 지방자치단체는 그 지방의 공공사무와 법령에 의하여 그 단체에 소속된 사무를 처리한다'고 규정하고 있다.

그렇다면, 언제 한국의 지방자치단체가 시읍면자치에서 시군구로 변경되었는가? 그것은 1988년 지방자치법에서 부터이다. 즉 1973년의 지방자치법에서도 여전히 시읍면 자치가 규정되어 있다가, 지방자치가 부활하게 되는 1988년에 비로서 지방자치법 제2조(지방자치단체의 종류)에서 '지방자치단체는 대별하여 다음의 2종으로 한다 1 특별시와 직할시 및 도 2 시와 군 및 구'로 되어 있는 것이다.

왜 이렇게 되었을까? 지방자치법의 제1조 목적규정에 변경이 생긴 것을 알 수 있다. 즉 1949년의 지방자치법 제 1조를 보면 '본 법은 지방의 행정을 국가의 감독하에 지방주민의 자치로 행하게 함으로써, 대한민국의 민주적 발전을 기함을 목적으로 한다'고 되어 있어, '주민자치'를 하게 함으로써, 국가의 민주적 발전을 기한다고 되어 있다.

그런데, 1988년의 지방자치법의 제1조 목적조항을 보면, '이 법은 지방자치단체의 종류와 그 조직 및 운영에 관한 사항을 정하고, 국가와 지방자치단체와의 기본적 관계를 정함으로써, 지방자치행정의 민주성과 능률성을 도모하며, 지방자치단체의 건전한 발전을 기함을 목적으로 한다'고 되어 있다. 즉 1987년의 민주화이후 헌법이 개정되어, 국민이 대통령을 직선으로 선출하는 대통령 직선제가 국정차원에서 도입될 정도로 민주주의가 발전하였다고 하는 시기에 정작 지방자치법에서는 오히려 '주민자치' 목적 규정이 빠지고, 지방자치단체의 건전한 발전이라고 하는 '단체자치'를 위한 법률로 변질된 것이다.

지방자치법 제 13조를 보면, 지방자치단체의 사무범위가 나오는데, 예시적 포괄주의라고 하여, 지방자치단체인 경우에 지방자치단체가 처리하는 사무를 7개 영역으로 예시하고 있는 것이다. 즉 지방자치단체가 아닌 읍면동의 경우에는 자치사무를 처리할 수 없고, 시군구의 사무를 위임받아 처리하는 것이다.

또 지방자치법 제 37조에서 지방자치단체에 주민의 대의기관인 의회를 둔다고 되어 있기에, 지방자치단체가 아닌 읍면동에는 대의기관인 의회를 둘 수도 없는 것이다. 지방의회의원의 경우에는 보통, 평등, 직접, 비밀 선거로 선출하도록 되어 있고, 의원들에게는 의정활동비가 지급된다(법제40조). 또 지방의회의 권한으로서 법제 47조에서 '조례의 제정 개정 및 폐지, 예산의 심의확정, 결산의 승인, 기금의 설치 운용, 공공시설의 설치 처분 등의 사항을 의결하도록 되어 있는 것이다.

다시 말해, 읍면동은 현재의 지방자치법으로서는 이러한 의회를 설치하여 권한을 가지는 의결을 할 수 없는 것이다.

2. 읍면동 계층의 현황

한국의 읍면동은 3,401개이다. 읍은 230개이고, 면은 1,182개이며, 동은 2,079개이다. 동의 숫자가 읍면보다 많은 것은 한국의 지방행정시스템에서 도시화의 비율이 매우 높아졌다는 것을 의미한다.

읍면동이라고 하지만, 그 인구규모를 보면, 편차가 큼을 알 수 있다. 즉 읍의 평균인구는 21,863명이고 동의 경우는 20,259명이어서 평균 2만명 대임을 알 수 있고, 면의 경우는 3,958명으로 읍면의 20%정도의 인구규모에 해당하는 것을 알 수 있다.

또 읍면동 각각의 동일명칭의 규모도 편차가 매우 큼을 알 수 있다. 읍의 경우, 양산시 물금읍의 경우는 118,579명인 반면, 영월군 상동읍의 경우는 1,114명임을 알 수 있다. 즉 지방자치법상으로는 인구 2만명 이상이 해당하는 곳을 읍으로 한다고 하였는데, 현재의 읍이 천명에 불과하다는 것은 인구유출과 인구감소의 결과로 볼 수 있다.

다음으로 동의 경우도 부천시 신중동의 경우는 130,619명으로서 10만명이 넘는 규모의 동이 있는가 하면, 강동구 둔촌1동의 경우는 268명에 불과하다[28]. 또 면의 경우도 순천시 해룡면이 54,056명인 반면, 철원군 근북면의 경우는 111명에 불과하다.

〈표3〉 한국의 읍면동 단위 인구 규모

	수	평균	최대		최소	
읍	230	21,863	양산시물금읍	118,579	영월군상동읍	1,114
면	1,182	3,958	순천시해룡면	54,056	철원군 근북면	111
동	2,079	20,259	부천시 신중동	130,619	강동구 둔촌1동	268
읍면동	3,491	14,852				

출처: 행정안전부(2020). 행정안전통계연감(2019.12.31.)참고

28) 둔촌1동의 경우 인구수가 이렇게 적은 것은 둔촌주공 아파트 재건축과 관련이 있는 것으로 보임.

인구규모만을 기준으로 보면, 한국의 읍면동의 평균 인구이 14,852명은 선진국의 지방자치정부의 규모에 비해서도 큰 편이라고 할 수 있다. 즉 프랑스의 기초자치정부(Communes)가 36,658개로서 평균 1,797명이고, 독일의 경우 11,313개의 기초자치정부(Gemeinden)가 있어, 7,140명이다. 미국의 경우도 35,886개의 기초자치정부[29](municipality와 township)가 있어, 평균 8,746명정도로 볼 수 있다.

요컨대, 한국에서 읍면동은 행정의 하부조직으로 되어 있지만, 지방자치 선진국의 경우, 읍면동 규모의 경우는 기초자치정부로서 지방자치계층으로 되어 있는 것을 알 수 있다.

3. 읍면동 계층의 관치성과 자치성의 충돌[30]

읍면동 계층에서 관치(官治)성과 자치(自治)성이 서로 충돌하고 있으면 결과적으로 관치가 지배적이게 된다. 왜냐하면, 관치는 예산과 법률적 권한을 가지고 있어 자치영역의 지배하고 통제할 수 있기 때문이다.

이 경우에는 시민사회가 자치다운 자치를 경험하지 못할 뿐만 아니라, 자치라는 이름은 가지고 있으나 실제로는 행정관료제에 '참여'하는 수준에 그칠 가능성이 크다. 즉 형식적 참여에 그치거나 심지어 명목적 참여에 불과할 수도 있다(김병준, 2011:610-613).

Arnstein이 말하는 실질적 참여로서 주민통제(citizen control)나 권한위임(delegated power), 동반자(parterndership)단계의 참여는 어려운 것이다. 실질적 참여의 가장 낮은 단계인 동반자단계가 되기 위해서는 시민사회의 공동체나 자치체가 있어 행정영역과 대등한 위상과 역할을 수행할 수

29) 학교구(school district)와 특별구(special district)를 제외한 숫자임. 학교구사 1만2천여개, 특별구가 3만8천여개가 있음

30) 이하의 자료는 김찬동(2020) 풀뿌리민주주의 활성화를 위한 정책제도설계: 주민자치정책의 정책실패의 근원을 탐색하면서. 한국정책학회 동계학술대회 발표자료 재인용함

있는 자치역량이 있어야 할 것이다.

만일 시민사회영역에서 이러한 공동체의 자치나 자치체의 자치시스템이 구비되어 있지 않다면, 지방정부는 물론이고 중앙정부 영역과의 동반자 관계로서의 협치(governance)는 불가능한 것이다.

이러한 관점에서 한국의 읍면동계층에 설치되었던 주민자치위원회라는 것은 '주민자치'라는 이름을 가지고 있으나, 실제로는 읍면동 자치센터의 취미 여가 프로그램 운영을 위한 주민참여 장치에 불과하였다.

실제로 주민자치위원회는 읍면동의 '자치센터'의 운영에 관한 사항을 심의하거나 결정하기 위해서 읍면동에 둔 것이다[31]. 위원회의 심의기능으로서는 1 자치센터의 시설 등 설치 운영에 관한 사항 2 주민의 문화복지 편익증진에 관한 사항 3 주민의 자치활동 강화에 관한 사항 4 지역공동체 형성에 관한 사항 5 기타 지치센터의 운영 등에 관하여 필요한 사항이라고 되어 있다.

즉 주민자치위원회는 자치센터의 운영을 위한 '운영위원회'에 불과한 것인데, 그렇다면 자치센터는 과연 무엇인가?

주민자치센터는 주민편의와 복리증진을 도목하고 주민자치기능을 강화하여 지역공동체 형성에 기여하도록 하기 위하여 동에 설치된 각종 문화복지 편익시설과 프로그램을 총칭한다고 한다[32]. 즉 주민자치센터는 '시설과 프로그램'에 불과하다.

그리고 이 주민자치센터는 동 행정복지센터에 설치하는 것을 원칙으로 하고 있고, 필요한 경우 당해 동의 관할구역안에 있는 다른 시설 및 공간을 활용할 수 있도록 하고 있다[33]. 이어서 주민자치센터의 기능을 예시하면 다음 표와 같다고 한다.

그런데 이것은 지방자치단체의 자치기능과 대별되는데, 6개영역 57개의 자치행정사무에 비하면 조족의 혈에 불과한 정도의 사무임을 알 수 있다.

---

31) 대전광역시동구주민자치센터 설치 및 운영조례 제15조(2019.7.1.) 참조

32) 상기조례 제1,2조 참조

33) 상기조례 제4조 참조

〈표4〉 주민자치센터의 기능

기능	예시
주민자치기능	지역문제 토론, 마을환경가꾸기, 자율방재활동 등
문화여가기능	지역문화 행사, 전시회, 생활체육 등
지역복지기능	건강증진, 마을문고, 청소년공부방 등
주민편익기능	회의장, 알뜰매장, 생활정보제공 등
시민교육기능	평생교육, 교양강좌, 청소년교실 등
지역사회진흥기능	내집앞 청소하기, 불우이웃돕기, 청소년지도 등

출처: 대전광역시 동구 주민자치센터 설치 및 운영조례(2019.7.1.) 제5조 참조

〈표5〉 지방자치단체의 자치행정사무

영역	개수
1 지방자치단체의 구역 조직 행정관리 등에 관한 사무	11
2 주민의 복지증진에 관한 사무	10
3 농림 수산 상공업 등 산업진흥에 관한 사무	14
4 지역개발과 주민의 생활환경시설의 설치 관리에 관한 사무	15
5 교육 체육 문화 예술의 진흥에 관한 사무	5
6 지역민방위 및 지역소방에 관한 사무	2

출처: 전부개정 지방자치법 제9조 참조

지방자치단체의 기능 중에서 2번째 영역인 주민의 복리증진에 관한 사무만 보더라도 가 주민복지에 관한 사업, 나 사회복지시설의 설치 운영 및 관리, 다 생활이 어려운 자의 보호 및 지원, 라 노인 아동 장애인 청소년 및 여성의 보호와 복지증진, 마 공공보건의료기관의 설립 운영, 바 감염병과 그 밖의 질병의 예방과 방역, 사 묘지 화장장 및 봉안당의 운영 관리, 아 공중접객업소의 위생을 개선하기 위한 지도, 자 청소 생활폐기물의 수거 및 처리, 차 지방공기업의 설치 및 운영으로 되어 있어 주민자치센터의 지역복지기능이 건강증진, 마을문고, 청소년 공부방 등으로 그치고 있는 것과 대별된다.

자치라 함은 전권한성을 가지고 읍면동 계층의 근린생활과 관련하여 주

민이 주권자로서 근린생활문제를 논의하고 의제를 형성하고, 의사결정하면서 집행할 수 있는 근린정부를 구성할 수 있어야 한다. 미국의 타운십(township)정부나 프랑스의 코뮨정부, 영국의 패리쉬의회(parish council), 독일의 게마인데정부와 같이 근린정부(neighborhood government)로서의 법적 지위를 가지고 있어야 할 것이다.

요컨대 한국의 주민자치위원회는 자치가 아닌 것을 자치라고 하고 있는 셈이다. 주민자치위원회는 주민자치센터에 부속된 것이고, 주민자치센터는 동장의 행정사무에 속한다[34]. 결과적으로 주민자치(住民自治)는 동장관치(洞長官治)로 변질되어 왜곡되어 버린 것을 알 수 있다. 주민자치위원회 제도의 이런 문제점을 탈피하기 위하여 주민자치회 시범실시를 2010년부터 제도설계를 하였고, 2012년 주민자치회 3가지의 모형이 나왔고, 2013년부터 주민자치회의 시범실시를 하기 시작하였던 것이다.

Ⅳ. 읍면동자치제도부활을 위한 근린자치제도도입방안

1. 생활자치관리공간의 자치제도설계

아무리 좋은 제도가 있다고 해도, 그 제도를 현장에서 적용하여 그 제도의 열매를 보는 것은 쉽지 않은 일이다. 주민자치제도가 한국의 민주주의 성숙과 자치분권발전에 결정적으로 중요한 과제라는 것에는 공감하는 것이지만, 현재의 지방자치의 계층제도과 권한배분구조에 지각 변동을 일으키는 혁신은 쉽지 않은 것일 수 있다.

---

34) 조례제 7조 2항에 의하면, 동장은 위원회의 의견을 들어, 소속공무원, 위원회의 위원 또는 자원봉사자로 하여금 자치센터 운영에 관한 사무를 전담 또는 분담하여 수행하게 할 수 있다고 하여, 동장의 권한에 자치센터운영사무가 있는 것을 알 수 있다. 1항에서도 자치센터의 시설 및 프로그램 운영은 위원회의 심의를 거쳐 '동장이 한다' 로 되어 있어, 자치센터의 운영은 동장의 행정권한임을 조례는 명시하고 있다. 이 점에서 주민자치위원회는 동장의 심의기구에 불과하다.

한국의 지방자치제도가 1991년 부활한 이후, 통제집권적 구조를 완화시키려고 자치분권개혁을 20여년 이상 지속해 왔지만, 여전히 자치분권의 진전을 위하여 가야할 길이 멀다고 할 수 있다.

한국의 자치계층제도에서 풀뿌리민주주의가 가능할 수 있는 읍면동계층에서의 자치가 아직 제대로 도입되지 않고, 주민참여제도를 활성화하는 방식만 논의되고 있는 것에는 읍면동 주민센터라고 하는 종합행정하부조직을 여전히 존속시키고 있고, 그 행정조직을 통하여 행정서비스를 주민들에게 직접 제공하고 있는 '행정관리방식'을 그대로 유지하고 있기 때문이다.

자치분권시대에는 행정의 일하는 방식, 즉 행정관리방식이 바뀌어야 한다. 직접 행정이 주민에게 행정서비스를 공급하는 것이 아니라 시민사회에 자치관리방식에 따라서 공유서비스를 공급할 수 있는 자치관리시스템을 구축해 주는 것이 행정의 일하는 방식이어야 한다. 이것이 작은 정부로 혁신하는 것이고, 시민사회의 자치관리의 역량을 함양하는 길이기도 하다.

한국의 계층제도에서 시군구가 과연 동질적인 계층에 속하는 구역으로 볼 수 있는가에 대해서는 의문이 크다. 즉 처음 시군구계층의 자치를 도입할 때는 '인구규모'를 기준으로 유사한 구역으로 다루어질 수 있었을지 모르지만, 현재의 인구규모를 보면, 도저히 동질적인 구역으로 보기 어렵다.

즉 시의 평균인구가 327,573명인데 비해, 군의 인구규모는 53,501에 불과하다. 다시 말해, 군의 평균인구는 최대가 대구 달성군의 256,540명이고, 최소인구는 경북 울릉군의 9,617명에 불과하다.

여기서 행정관리방식을 인구규모로 정하는데 문제가 있다고 볼 수 있다. 행정관리의 효율성을 기준으로 계층을 정하고, 획일적인 관리를 하는데 편리할 수는 있을지 모르지만, 주민들이 자치하는 공동체를 기반으로 자치관리하는 방식으로서는 적합하지 않다.

이 점에서 자치관리의 기본단위는 공동체단위여야 할 것이고, 만일 도시화로 인하여, 그 공동체관리의 동질성이 확보된다고 하면, 공동체자치구역의 통합과 합병을 통해, 도시자치관리가 필요할 것이다. 또 도시화되는 공간에서는 공동체적 삶보다는 구역주민으로서 원자화된 주거생활을 하게 되어, 도시정부에 의한 관리가 보다 현실성이 높은 공간관리가 될 수 있다. 물론 이 경우에도 도시정부 구역내의 커뮤니티 공간단위의 자치관리를 가능할 수 있는 구조를 만들어주고, 도시정부는 그러한 커뮤니티관리의 메타관리를 하는 정도로 행정관리방식이 전환되어야 할 것이다.

이러한 논리를 구체화시켜 적용하고 있는 공간이 아파트단지관리방식이다. 아파트단지는 도시화된 공간에서 원자화된 개인들이 공동생활을 하는 공간이다. 공동생활을 하는데 필요한 공유서비스로서 쓰레기처리, 엘리베이트관리, 주차공간관리, 조경관리, 상하수처리, 전기공급, 보안관리 등 공동으로 처리해야 할 자치사무들이 발생하게 되고, 이것을 제대로 관리하지 못하면, 아파트의 재산가치가 하락할 수 있는 것이다. 이 점에서 아파트단지관리를 얼마나 효율적으로 그리고 효과적으로 잘 하고 있는가는 아파트의 재산가치 유지에도 결정적인 부분일 수 있다.

즉 아파트단지의 공유서비스공급을 위한 자치관리시스템이 구축되어 있어야 하는데, 이를 위해 '공동주택관리법'이 법률로서 제정되어 있는 것이다. 즉 이법의 제1조 목적은 '공동주택의 관리에 관한 사항을 정함으로써 공동주택을 투명하고 안전하며, 효율적으로 관리할 수 있게 하여, 국민의 주거수준 향상'에 기여하고자 한다고 한다.

그러면서도 법 제2장 공동주택의 관리방법을 보면, 제6조에 자치관리와 제7조의 위탁관리를 두고 있는데, 자치관리에서는 입주자대표회의라는 제도와 공동주택의 관리소장을 자치관리기구의 대표자로 선임하여, 기술인력 및 장비를 갖춘 자치관리기구를 구성하여야 한다고 한다.

또 제7조 위탁관리에서는 의무관리대상 공동주택의 입주자들이 공동주택을 위탁관리할 것을 정한 경우에는 입주자대표회의가 주택관리업자를 선정하도록 하고 있다.

여기서, 공동주택을 자치관리하든 위탁관리하든 그 중심적인 주도자가 '입주자대표회의'라고 하는 것을 알 수 있고, 입주자 대표회의가 필요하면 '기술인력 및 장비를 갖춘 자치관리기구'를 구성하거나 그 관리소장을 임명하도록 하고 있다.

이것이 바로 주민자치의 본질이다. 즉 주민들의 대표가 구성되고, 그 대표자들이 자치권의 주인공이 되어, 자치관리를 하든 위탁관리를 하든 그 선택을 하고, 관리책임자를 임명하는 것이다. 자치분권개혁에서 '통합형 기관구성'이라고 하는 방식의 전형적인 기법이 그대로 적용되어 있는 것이다. 2013년의 주민자치회의 3가지 유형의 주민주도형이 상정한 것이 이와 유사한 방식이라고 할 수 있다.

그리고 재미있는 것은 공동주택관리법의 제3장은 입주자대표회의 및 관리규약이라고 되어있는데, 바로 자치의 본질은 대표성의 확보와 자기입법권을 가지고 자기통제가 가능한 것이라고 할 때, 그러한 본질을 구현하도록 조문화를 하고 있는 점이다.

제14조에서 입주자 대표회의는 '4명이상으로 구성하되, 동별 세대수에 비례하여 관리규약으로 정한 선거구에 따라 선출된 대표자(동별대표자)로 구성한다'고 되어 있다.

관리규약에 대해서도 제 18조 제2항에서 입주자 등은 관리규약을 정한다고 하면서, 관리규약을 제정 개정하는 방법 등에 필요한 사항은 대통령령으로 정한다고 되어 있다. 관리규약이 만들어지면, 입주자대표 회장은 관리규약의 제정과 개정, 입주자대표회의의 구성과 변경에 대해서 시군구청장에게 신고하도록 하고 있다.

즉 아파트단지의 자치에 대해서 규약을 만들고, 입주자대표들을 선정하는 과정에는 시군구청장이 개입하지 않지만, 그 자치체 구성에 대해서는 신고하도록 되어 있는 것이다.

다음으로 층간소음의 방지에 대해서 피해를 입은 입주자등은 관리주체에게 층간소음 발생 사실을 알리고, 관리주체가 층간소음에 피해를 끼친 해당 입주자등에게 층간소음 발생을 중단하거나 소음차단 조치를 권고하도록 요청할 수 있도록 하고 있다. 또 관리주체는 사실관계 확인을 위하여 세대내 확인 등 필요한 조치를 취할 수 있도록 하고 있다(법제20조 2항).

그럼에도 층간소음 발생이 계속될 경우에는 층간소음 피해를 입은 입주자등은 공동주택관리 분쟁조정위원회나 환경분쟁조정위원회에 조정신청을 할 수 있도록 하고 있다.

이외에도 입주자대표회의 또는 관리주체는 공동체 생활의 활성화를 위하여 필요한 경비의 일부를 재활용품의 매각 수익 등 공동주택을 관리하면서

부수적으로 발생하는 수입에서 지원할 수 있도록 하고 있다(법제21조). 다시 말해 아파트단지의 주민자치를 하면서, 생기는 수입으로 입주자들의 소통과 화합 증진 등을 위하여 필요한 활동을 자율적으로 실시하는 공동체 조직에 대해서 지원할 수 있도록 규정하고 있다. 여기서 주민자치체와 공동체 활동과의 관계를 볼 수 있고, 자치체의 위상이 공동체보다는 상위의 개념임을 알 수 있다.

다음으로 전자적 방법을 통한 의사결정에 대한 규정도 있다. 즉 입주자등은 동별 대표자나 입주자대표회의의 임원을 선출하는 등 공동주택의 관리와 관련하여, 의사를 결정하는 경우, 전자적 방법으로 그 의사를 결정할 수 있고, 의무관리대상 공동주택의 입주자대표회의, 관리주체 및 선거관리위원회는 입주자등의 참여를 확대하기 위하여 전자적 방법을 우선적으로 이용하도록 규정하고 있다(법 제22조).

다음으로 관리비와 회계운영에 대해서 제4장에서 규정하고 있다. 자치에서 가장 본질적인 요소의 하나라고 할 수 있는 세원에 해당하는 부분을 법률로서 명시하고 있는 것이다. 즉 제23조에서 관리비 등의 납부 및 공개등에서 '의무관리대상 공동주택의 입주자 등은 그 공동주택의 유지관리를 위하여 필요한 관리비를 관리주체에게 납부하여야 한다'라고 규정하고 있다.

여기서 공동주택관리법의 구조와 내용을 일일이 설명하기는 어렵지만, 요체는 아파트단지관리를 위한 공유서비스를 자치적으로 공급할 수 있도록 주민자치시스템이 설계되어 들어와 있고, 그 자치의 내용을 보면, 자치의 본질에 해당하는 대표성, 자치세원, 규약제정, 공간, 입주민 등의 요소를 세밀하게 고려하여 설계되어 있다는 점이다. 또 자치관리체와 공동체와의 관계를 볼 수도 있어서, 읍면동 주민자치와 관련하여 논란이 되고 있는 자치체와 공동체의 관계도 엿볼 수 있는 것이다. 즉 공동체가 자치체를 관리하는 것이 아니라, 자치체가 공동체를 지원하는 상위의 위상을 가지는 것이란 점이다.

2. 주민자치 규모의 문제[35)]

정책의 목표와 수단을 합리적으로 구조화하고, 정책도구를 잘 준비하였다고 하여도 그 정책이 실패할 수 있다. 목표와 수단의 인과관계를 보는 관점(perspective)이 고전적 기술관료형(classical technocracy)이 가지는 하향적 접근방법(top-down approach)으로만 보면 합리적으로 인식되지만, 정책대상자의 관점에서 상향적 접근방법(bottom-up approach)으로 보면 비합리적으로 평가되는 경우이다.

주민자치정책의 경우, 정책목표와 정책수단의 관계에서 주민주권강화를 위해서는 주민자치 활성화를 정책수단으로 해야하고, 그 정책도구로서 주민자치회를 조직으로서 사용한다는 것이다. 고전적 기술관료형의 입장에서는 계서제적 통제구조하에서 지방자치단체인 시군자치구에서 충분히 일선공무원(street-level bureaucrat)들이 집행할 수 있는 기술적 역량(technical capabilities)을 가지고 있다고 가정한다.

그러나 정작 현실에서는 정책집행자가 주민자치회를 사용하여 주민자치를 활성화시키는 것을 잘 알지 못하거나, 어떤 기술로서 주민들이 자치를 실질적으로 하도록 해야 하는가에 대한 정보와 지식을 가지고 있지 못한 것이다. 관행적으로 운영해 오던 주민자치위원회를 조금 더 발전시켜서 주민자치회로 변경하고, 몇 가지의 새로운 정책수단[36)]을 추가로 도입하는 정도일 것이다.

그러나 주민자치를 활성화시키기 위해서는 주민자치의 규모를 어느 정도로 하는가라는 전혀 새로운 변수를 고려해야 한다. 즉 현재와 같이 읍면동계층에 주민자치회를 도입해서는 그 인구규모가 평균 14,802명정도여서 선진국의 근린자치정부의 규모에 비해 너무 비대하다는 점이다.

다시 말해 주민자치정책이 그 정책목표인 주민주권강화를 하고, 정책수

---

35) 이하의 자료는 김찬동(2020) 풀뿌리민주주의 활성화를 위한 정책제도설계: 주민자치정책의 정책실패의 근원을 탐색하면서. 한국정책학회 동계학술대회 발표자료 재인용함

36) 여기서 새로운 정책수단이라 함은 주민총회도입이나 주민세의 주민자치재원으로 전환, 주민자치위원의 인원수 증대 등의 정책수단을 들 수 있음.

단인 주민자치 활성화를 위해서는 정책도구의 하나인 주민자치의 규모를 적정한 근린자치규모에 맞추어 축소해야 한다. 이것은 주민자치정책의 정책대상이 되는 계층을 읍면동 계층이 아닌 '통리 계층' 이나 '아파트단지 계층'으로 전환해야 하는 것이다.

근린자치제도에 관한 연구를 보면, 근린을 다양한 규모로 나누는데, 4가지의 유형으로 나눈다. 첫째, 가장 소규모의 단위로서 부모의 돌봄없이도 아이들이 놀 수 있을 정도의 단위로서 주민수는 50명에서 300명 내외이다. 둘째는 촌락이나 마을단위 등 다른 근린과는 구별되는 정체성을 가진 규모로서 주민 수는 500명에서 2000명 정도이다. 셋째로는 정부의 통치가 작동하는 가장 작은 단위로 제한된 책임성을 지닌 공동체로서 영국의 패리쉬나 프랑스의 코뮨을 들고 있다. 개인의 사회적 참여는 선택적이고 자발적이라고 한다. 주로 주민수로는 4,000명에서 20,000명정도이다. 넷째로는 도시전체영역을 포괄하는 가장 큰 단위의 근린으로서 생산과 소비가 발생하는 영역으로 주민수는 20,000명이상이라고 한다(Suttles. 1972).

한국의 읍면동의 규모는 읍의 경우는 대부분이 1만이상이고 동의 경우도 5천이상이다. 즉 한국의 읍과 면의 경우는 근린자치정부를 구성해도 될 정도의 규모이다. 면의 경우는 3천명미만이 약 50%정도 되지만, 3천이상도 50%이상이 되고 있어, 후자의 경우는 근린자치정부를 구성해도 될 규모이다.

요컨대, 주민자치정책의 합리성을 제고하기 위해서는 읍면동 규모의 근린자치는 근린자치정부를 구성할 수 있도록 온전한 자치권을 부여하고, 행정관료제를 읍면동계층에서 철수시켜야 할 것이다. 그리고 읍면동계층에 주민들이 주권자로서 스스로의 정부를 구성할 수 있도록 근린정부형성을 가능하게 하는 지방자치법의 법조문의 혁신이 필요하다.

3. 행정사무라는 외피를 가진 민간예산지원사업의 관변화 문제

서울형 주민자치는 주민자치를 지원하는 체계를 마련하였다고 하고, 이를 통해 주민자치를 활성화시키는 선도적 역할을 할 것을 기대한 것이다.

주민자치위원회로서는 자치다운 자치를 할 수 없었던 것은 주민들의 '자치역량'이 구비되어 있지 못하다고 판단하고, 그 주민들의 자치역량이 함양될 수 있도록 지원하는 중간매개조직을 설치하고, 여기에 서울시의 예산을 투입하는 논리구조이다.

그래서 동 계층에는 동지원관을 두고, 자치구단위에는 구지원단이라는 중간매개조직을 설치한다. 동지원관은 주민자치회와 긴밀하게 소통하고, 주민자치회 위원들이 역할을 수행할 수 있도록 촉진하는 역할을 한다는 것이다.

그리고 자치구 주민자치사업단은 민간기관이 위탁받아 운영하도록 하고, 주민자치 활성화를 위하여 필요한 환경을 만들기 위해 자치구 행정과 협의하고 조정하는 역할을 하게 한다는 것이다. 즉 자치구 주민자치사업단은 '주민주도의 실질적 주민자치를 실현하기 위해 자치구청 및 동 주민센터와의 민관협업을 촉진하고 사업이 취지에 맞게 안착할 수 있도록 지원하는 중간지원조직'이라는 것이다(서울특별시, 2018:15).

여기서 문제는 행정영역이 자치영역에 해당하는 주민자치회가 스스로 근린자치정부를 형성하도록 법제화를 해 주는 것이 아니라, 행정영역과 자치영역의 사이에 '중간매개조직'으로서 자치구 주민자치사업단을 둔다는 것이다.

그리고 이 주민자치사업단에 서울시의 예산지원을 하는데, 자치구당 수억원의 예산을 투입하게 되는데, 이것이 과연 주민자치를 위한 예산인가하는 점이다. 오히려 주민자치회의 사업예산으로 직접 교부하여 그에 대한 사용을 주민자치회가 스스로 결정하고 집행한 후 그에 대한 책임을 주민들에게 직접 지도록 하는 근린자치정부 시스템을 구축해주는 것이 합리적이지 않느냐는 점이다.

현재의 예산지원구조는 자치를 지원하는 조직에 권한과 예산과 인력을 두면서, 정작 중간매개조직이 존재하는 목적에 해당하는 주민자치에는 권한과 예산을 주지 않는 오류를 범하고 있는 것이다.

이 오류는 찾동사업에서도 지적받는 것인데, 찾아가는 복지를 통해서 복지사각지대를 찾아내어 조사를 하고 정보를 제공하기 위하여 복지인력을 두배로 증원하는 등 과감한 예산 투자가 있었다. 그런데, 찾동사업의 핵심이라고 할 '보편방문'이라는 것이 찾아가기만 하고, 정작 복지대상자들에게 특별히 제공할 복지서비스가 별로 없다는 비판이다. 즉 찾아가도 방문거부하는 경우도 많고[37], 빈곤가정에 대한 서울시의 공적 예산지원은 10%도 되지 않는다는 것이다.

즉 서울형 주민자치의 경우도, 정작 주민자치에 대한 직접적 예산을 교부금방식으로 주는 것이 아니라, 오히려 중간매개조직을 만들어 두고, 여기에 서울시의 예산을 투입함으로써, 관설민영이라는 외피를 취하지만, 실제로는 관치화된 예산이라는 것이다. 단지 그 예산의 수혜자가 민간위탁기관이라는 것인데, 이 민간위탁기관은 상당한 숫자가 서울시의 마을공동체만들기 사업을 통하여 형성된 인적 네트워크일 가능성이 높다.

과거의 주민자치위원회의 구성원들이 새마을운동조직이나 바르게살기운동조직 등 관변화되어 있는 조직이라는 비판이 있었던 것인데, 서울형 주민자치회사업의 경우에도 주민자치지원단의 사업을 위탁받는 민간조직이 새로운 관변조직이 될 개연성이 있다. 민간위탁사업의 계약에 대한 투명성, 공정성, 비정치성을 명확히 하고, 실질적 주민자치가 가능하기 위한 가치와 철학을 가진 전문성을 가지고 있는가에 대한 평가와 확인이 필요할 것이다.

---

37) 65세이상의 보편방문 상담율은 60%에 이른다고 하나, 출산가정에 대한 상담율은 5%에 미치지 못한다고 한다. 즉 별다른 서비스도 없이 복지공무원이 찾아오는 것을 달가워하지 않는다는 것이다. 또 방문받는 입장에서도 복지공무원이 방문해서는 다니는 병원이나 종교기관까지 꼬치꼬치 묻는 과도한 정보수집에 대해 그만 찾아오라는 핀잔을 듣기도 하고, 정작 빈곤위기가정을 상담하고서는 정부지원보다는 민간서비스 지원을 하는 경우가 더 많다는 것이다. 즉 찾동 사업을 통해서 과감한 인력증원을 통해 빈곤의 어려움을 겪는 가정을 찾아가기는 하지만, 정작 서울시의 공적지원이 아니라 후원이나 기부물품과 같은 민간의 구호수준에 그친다는 비판이 있다(프레시안, 2018.7.13. 찾동의 전국화 문제있다)

V. 결론

정책이 실패하거나 실패가 예상될 때에는 반드시 그에 합당한 이유가 있다. 주민자치정책의 경우, 정책목표와 정책수단이 합리적으로 그럴 듯하게 중앙정부에서 기획되고 의사결정되었다고 해도, 정책집행의 현장은 지방자치단체이고, 더구나 주민자치라고 하는 영역은 정부관료제가 영향을 미치지 않아야 할 금단의 영역일 수 있다. 오히려 주민자치는 주민들이 주권성을 가지고 자치하고자 하는 공간을 스스로 정하고, 그 공간속에 필요한 자치관리의 공공서비스를 확정하고, 그것을 공급할 수 있는 근린자치정부를 구성하여야 하는 것이다.

물론 그러한 근린자치정부를 구성할 수 있는 역량이 있는 공동체가 있는가 하면, 그렇지 못한 공동체가 있을 수 있다. 후자의 경우에는 자치를 굳이 하기 보다는 정부관료제의 행정사무를 통하여 공공서비스를 제공받은 관치를 허용할 수 밖에 없다.

문제는 충분히 주민자치를 할 수 있는 역량이 있는 공동체에 대해서도 여전히 관치적 주민자치를 지속하거나, 변형된 관치적 주민자치로서 중간매개집단을 활용하여 주민자치활성화를 지원하는 행정사무를 전개하는 것이다.

주민자치위원회 제도가 실패하였던 것은 동사무소 혹은 주민센터라고 하는 정부관료제를 그대로 읍면동계층에 남겨둔 상태에서, 주민자치를 해보려고 하였기에, 관료제에 의존적인 그림밖에 그릴 수 없었다.

그러다가 이번에 주민자치회 시범실시와 서울형 주민자치모형과 같이, 협력형만으로는 아무리 주민자치를 위한 지원제도를 마련해도 여전히 관치적 패러다임을 벗어나지 못하는 것이다. 자치적 패라다임에 입각한 주민자치가 되려면, 주민자치는 시민사회의 영역에서 스스로 하는 것이니, 새로운 주민자치회의 3가지 모형 중에서 주민조직형이나 통합형이 도입되었어야 할 것이다.

다시 말해, 주민자치정책은 협력형의 모형만을 시범실시한다는 의사결정을 하는 순간, 정책실패가 필연적이 될 수밖에 없는 한계를 가지고 있었다고 할 것이다.

서울형 주민자치 모형의 태생과정을 보면, 찾동사업에서 시작하여 참여형 마을계획사업을 결합하여 주민자치회 시범실시 사업으로 승화시키면서 정책이 모양을 구비하게 되었다. 즉 서울형 주민자치 정책은 단일의 정책목표를 가지고 정책수단들을 설계한 것이 아니라, 각각 다른 정책목적을 가지고 추진되던 몇가지의 정책조합(policy mix)함으로써 만들어진 정책이다. 따라서 정책목표들이 서로 애매모호한 상태로 구성되어 있어, 정책집행단계에서는 다양한 혼란이 생길 수밖에 없다.

참고문헌

김병준. 2011. 지방자치론. 법문사.

김병준. 2002. 시민단체의 지방분권운동: 그 전개와 현황. 지방분권과 국가개혁. 강원비전 제2차 정기포럼.

김성국. 1992. 한국자본주의발전과 시민사회의 성격. 한국사회학회 한국정치학회편, 한국의 국가와 시민사회. 한울 149-169.

김순은. 2019. 주민주권의 주민시대를 열다. 대통령소속 자치분권위원회 전문가기고.

김찬동. 2017. 주민자치제도의 재설계. 궁미디어.

노진철 강승구. 2005. 협력과 연대로서의 지방분권운동: 대구 경북지역을 중심으로. 담론 201 8(2) pp.5-37.

서울특별시. 2018. 서울형주민자치회시범사업 매뉴얼.

신용인. 2018. 주민자치제도 개선에 관한 연구. 지방자치법연구 제59호 제18권제3호.

이승종외. 2015. 근린자치제도론. 박영사.
정정길외. 2020. 정책학원론. 대명출판사.

제3장

자치제도설계와 민주주의

: 일본의 주민자치제도 설계과정 비교

I. 문제제기

민주주의란 것이 쉬운 듯 하지만 쉽지 않은 것임을 알 수 있다. 한국의 민주주의는 1987년의 민주화이후 대통령을 국민이 직접 선거로 선출하는 제도적 장치를 마련하는 것이 변곡점이 되었다. 그리고 1991년도에 민주주의를 하고자 한다면, 지방자치를 반드시 도입해야 한다는 정치적 필요에 의하여 지방자치도 제도적으로 도입되었다. 또 지방자치를 제대로 하려면 주민자치를 도입해야 한다는 인식을 가지게 되어 2000년부터는 주민자치를 제도적으로 도입하려는 시도도 하였다.

그러나 지난 30여년간의 한국의 민주주의와 지방자치의 현실을 되돌아보면, 어디서부터 잘못되었는지 민주주의의 성숙을 향한 길이 요원한 것이 아닌가 하는 생각을 한번 씩 가져보게 된다. 즉 민주주의와 지방자치의 길을 가는데, 어느 순간 길을 잘못 들어와서 그 길에서 다람쥐 채 바퀴 돌 듯이 국가주의와 관료통치의 문화와 관습에 빠져버려, 시민사회의 주권성과 주민자치를 통한 민주주의의 성숙과 발전이라고 하는 길을 잃어버린 것은 아닐까 하는 생각을 하게 된다.

그러면, 왜 이러한 현상이 나타나게 되었는가? 지방자치와 주민자치에 대한 제도설계 시에 가져야 하는 '자치철학'에 입각하여 국가제도설계를 해야 하는데, 그 반대에 해당하는 '통치철학[38]'에 입각하여 지방제도설계를 함으로 인해서 한국사회는 구조적으로 '관료통치의 패러다임'에 물들어 버린 것은 아닌가 하는 생각을 해 보게 된다.

통치철학의 대표적인 법규적 표현이 "법령의 범위 안에서" 자치조례를 제정하도록 하는 헌법과 지방자치법의 조문이라고 할 수 있다. 만일 자치철학의 관점에서 법제도를 설계하였다고 하면 "법률에 위반하지 않는 한" 자치에 관한 규정을 자율적으로 제정할 수 있도록 하였을 것이다.

다음으로 자치권의 연원과 부여방식에 대한 '대안의 선택'이란 측면에서도 '주민의 복리에 관한 사무와 재산을 관리'하는 것으로 헌법에서 규정하고, 지방자치법에서 6영역 57개의 사무를 '예시적 포괄'함으로써 '포괄주의'에 입각하기 보다는 예시주의를 선택한 것을 알 수 있다. 물론 예시주의가 자치의 내용을 명확히 하고, 예시된 사무에 대해서는 국가가 침해할 수 없도록 자치권을 보장한다는 의미도 있지만, 자치의 내용과 범위가 매우 특정되고 한정됨으로써 보충성의 원칙에 입각한 주민생활에 관련된 포괄적 자치가 어려워지는 한계가 있는 것이다.

즉 자치권의 연원과 부여방식이란 측면에서도 한국의 헌법과 지방자치법은 여전히 통치철학의 관점에 서 있는 것이라고 할 수 있다. 더구나 지방자치법 제9조 2항의 단서조항은 이를 더욱 명확히 하고 있는 조문이다. "지방자치단체의 사무를 예시하면 다음 각 호와 같다 다만 법률에 이와 다른 규정이 있으면 그러하지 아니하다"라고 함으로써, 국가의 중앙정부 부처가 만드는 법률로서 지방자치를 통제하고 관리하는 법규를 통하여 주민의 일상생활까지 통제하고 관리할 수 있도록 한 것이다.

---

38) 혹은 관치(官治)철학

만일 자치철학을 가진 제도설계자(institution designer)가 지방자치의 연원과 사무 배분방식을 규정했다고 하면, 자치권의 고유권설에 입각하여 보충성의 원칙에 의하여 가장 풀뿌리의 공동체와 자치체에 주민생활에 관련된 공유서비스 혹은 공공서비스를 제공할 수 있는 자치권을 부여하였을 것이다. 그리고 이들 공동체와 자치체가 스스로 공급하지 못하는 광역적 공공서비스에 대해서는 상위정부나 협의체 혹은 연합체를 형성하여 자치적으로 사무와 권한을 부여하도록 하는 방식을 택하였을 것이다.

헌법개정논의와 문재인정부의 출범시에 주권재민과 관련하여 국가주권과 국민주권의 대비가 주요한 이슈가 된 적이 있다. 즉 주권재민이라고 하면서도 한국의 현실은 국가주권의 패러다임으로 운영되어 왔기에, 국민의, 국민에 의한, 국민을 위한 민주정치가 뿌리내리지 못하였다는 인식하에, 어떻게 하면 국민주권시대를 열 것인가를 논의한 적이 있다. 본 고에서는 국민주권시대를 뿌리내리게 하는 하나의 대안으로서 주민주권론에 입각한 지방자치와 주민자치의 제도설계를 원점에서부터 다시 생각해야 한다는 논지를 제시하고자 한다.

II. 제도설계의 자치성과 민주성

1. 국가와 시민사회 관계

국가란 무엇인가란 질문에 대해서 국가란 합법적 폭력을 가진 자라는 관점이나, 국가란 공공재의 공급자라는 관점, 그리고 국가란 계급지배의 도구라는 관점을 제시하기도 한다(유시민, 2016). 국가는 정의실현을 목적으로 하는 인간공동체라고 할 수 있다(전게서, 98). 플라톤의 폴리테이아(politeia, 국가정체)는 국가가 정의롭게 되려면, 국가를 구성하는 모든 사람들이 각자의 텔로스(telos, 목적)에 충실하게 실현할 때이다. 즉 지배자는 다스리고, 전사는 용기를 가지고 싸우고, 상인은 절제있게 일하는 것이다.

플라톤은 법률에서 법(nomos)에 의하여 법치가 이루어질 때, 바람직한 정치공동체가 된다고 하고, 탁월한 지혜를 구비한 입법가(legislator)가 필요하며, 이들이 시민교육을 담당하여야 한다고 하였다. 그리고 관직은 권력의 합리적 행사를 보장하도록 하는 것이고, 관직담당자는 선출과 추첨의 방법에 의하여 결정하는 것이라고 했다(서울대학교정치학교수, 2013:40-44).

그리고 이러한 국가를 누가 다스려야 하는가라는 질문에 대해서는 철인왕이 다스려야 한다는 플라톤의 주장이나, 누가 다스리더라도 최악의 인물이 권력을 장악하지 못하도록 제도로서 견제하고 분립시켜 두어야 한다는 민주주의 제도로서 다스려야 한다는 주장도 있다.

한편 아리스토텔레스는 자유란 정치공동체의 공적활동에 참여하는 시민이 되는 것이라고 하면서, 타자에 의한 지배가 아닌 자기지배(self-rule)이 되어야 하고, 이것이 바람직한 공화국이 된다고 하였다. 그래서 자유 시민들이 교대로 통치를 담당하는 것이어야 하고, 이로 인하여 시민은 지배하는 능력도 가지지만, 자발적 복종도 하는 능력을 구비해야 한다고 한다. 그리고 통치담당자는 피치자를 동료시민으로서 취급해야 한다는 것이다(전게서, 44-46).

그리고 관직은 덕과 능력에 의하여 배분되어야 한다고 하면서, 덕과 지혜를 구비한 자들의 귀족정의 통치는 다수결의 원칙인 민주정에 의하여 제약되어야 하고, 소수지배가 초래할 다수의 불만을 방지하기 위하여 '권력의 비인격화'가 필요하다는 것이다. 여기서 규범체계가 필요하고, 입법은 공화주의 정치의 핵심이라는 것이다.

다시 말해, 고전적 공화주의에서 법에 의한 지배, 즉 법치가 정치공동체의 기초가 된다는 것이다.

중세에는 아우구스티누스에 의하여 신국과 지상국가를 구분함으로써, 지상국가의 권력은 필요악이고 폭력의 사용에 의하여 범죄자를 징계하고, 인간사회에 존재하는 악을 제지하는 역할이 부여된다. 그리고 세속권력에 의하여 유지되는 질서와 평화는 기독교적 신앙생활을 가능하게 하는 도구적 유용성이 있다고 한다. 그리고 주권은 플라톤의 철인왕에 대비되는 기독교 군주(christian princes)를 이상적인 정체로서 제시한다.

아퀴나스에 의하여 현실정치권력이 정당하게 획득되고, 공공선을 위하여 사용될 경우에만 정당성이 있다고 하고 그 정당성에 대한 최종적 권위는 신에게 있다고 하면서 주권을 신에게 귀속시키고 있다. 그런데 신의 이성을 인간의 이성을 통하여 포착하게 된 것이 자연법이라고 하고, 자연법이 인간의 영역과 신의 영역을 연결하는 매개라고 한다. 그리하여 법에 의한 지배와 자연법이 실정법의 기준과 지침이 되어야 한다고 함으로써 법치를 다시 강조하고 있다.

근대에는 상업의 발달로 도시가 발흥하고, 르네상스의 인문주의에 의하여 정치공동체는 인간의 의지와 구성에 의하여 형성되는 인위적 산물으로 인식하게 되었다. 정치적 권위와 주권의 탈신화가 이루어졌고, 정치적 투쟁의 산물로 인식하게 되었다(전게서, 51). 마키아벨리는 한 국가의 정체는 왕정에서 무정부상태로 순환을 하는데, 공화정이 그나마 안정을 유지할 수 있는 체제라고 한다. 그러나 공화정이 수립되기 위해서는 탁월한 군주의 역량이 요구되고, 공화정의 부패를 막기 위한 강력한 지도자에 의한 개혁을 강조하였다. 홉스는 사회계약에 의하여 자연권을 양도하여 주권자로 하여금 강력한 권력을 가지게 하여 질서를 유지하게 한다고 하여 강력한 주권자의 창출을 강조하는 셈이다.

그러나 로크는 시민정부론에서 자연권의 핵심은 사적소유권이고, 사회계약에 의하여 이것을 지키기 위하여 정치사회를 구성하게 된다. 이 때 정부는 신탁의 관계로 정부권력이 부여되므로, 시민은 정부에 대한 저항권을 가진다. 정부권력이 자의적이 되지 않도록 하기 위하여 입법권과 집행권의 분리를 주장하고, 사회구성원의 의사를 대변하는 입법부의 우위성을 강조하였다. 즉 질서유지를 위하여 강력한 주권자가 필요하나 그 자의성을 막기 위하여 제한정부론 혹은 최소정부론이 설계되어야 한다. 주권을 분립하여 상호 견제하게 해야 하는 것이다.

현대 자유민주주의에서는 개인의 자유와 공동체적 의무를 조화시키기 위하여, 입헌주의와 법치의 중요성을 강조하면서 시민교육을 통한 시민권의 강화를 주장한다. 즉 시민주권을 강조하는 것이고, 공론장의 활성화를 통하여 정치적 참여를 통하여 사회영역의 자율성을 확보한다.

아담스미스는 경제활동의 보이지 않는 손에 의한 자율조정기제에 의하여 공공선에 이를 수 있다고 하여, 정치권력에 의한 사회복지향상이 불가능하다는 정치 회의론의 입장에 서 있다. 정치권력은 중립성을 유지하고, 공적 토론이 합리적 대화와 평등한 존중하에 이루어 져야 한다.

한편 공동체주의는 이기적 개인주의에 대한 원자화현상을 비판하고, 인간행복을 위해서는 우애적 감성과 강한 공동체를 강조한다. 자치적 공동체의 시민으로서 자치에 참여하여 공공선과 공동체의 방향에 대한 토의를 강조한다. 공동체와의 도적적 유대와 시민적 덕목의 함양을 강조한다. 벤자민 바버(Barber)의 경우, 강한 민주주의(strong democracy)에 의하여 참여적 공동체주의를 강조하고, 합리적인 공적 토의와 결정과정에 대한 참여하는 공민(a public)의 창출을 강조한다.

토의민주주의는 다수결에 의한 양극화의 한계를 지적하면서, 선호의 변환(transformation)이 가능한 토의를 강조하고, 의사소통의 구조를 확보하기 위한 절차주의적 민주주의를 강조한다. 담론의 규칙과 의사소통의 절차를 제도화하여 대의제의 의회와 비공식적 공론장의 연계망을 관류하는 상호주권성을 강조한다. 국가와 사회의 경계를 존중하면서 시민사회는 경제체계와 행정체계로부터 구분되는 자율적인 공론장을 사회적 토대로서 가지고 있어야 한다(전게서, 77). 그리하여 사회통합의 두 메카니즘인 화폐와 행정권력을 견제하면서 균형을 유지시켜 주어야 하고, 하버머스가 강조하는 연대성의 사회통합력이 공론장을 통하여 형성되어, 법적으로 제도화된 민주적 토론과 의사결정의 제도적 절차를 형성할 수 있는 주권을 가질 수 있어야 한다.

요컨대, 현대의 주권은 시민사회에서 민주공화정의 토론을 통하여 근린정부를 형성하는 자치로부터 시작하여 상향적으로 지방정부를 구성할 수 있는 것이어야 한다.

2. 중앙정부와 지방자치정부의 관계

국가를 시민사회가 계약에 의하여 만든 것이므로, 시민사회가 주권자가 되어야 한다고 해도, 결국 국가라는 리바이어던이 만들어지는 것은 불가피한 것이 현대 국가의 현실이다. 그리고 국가를 운영하기 위하여 중앙정부를 조직하고, 민주주의 국가에서 입법과 행정, 사법권을 분리하여 상호 견제와 균형을 갖게 함으로써, 시민사회의 시민권을 침해하지 않도록 권력구조를 만들어 둔 것이다.

그렇다면, 시민사회에서 공동체자치와 자치체를 형성하고, 보다 광역의 지역행정을 하기 위하여 지방자치정부를 구성한다고 했을 때, 이 지방자치정부와 중앙정부와의 관계를 어떻게 설정할 것인가가 주민자치의 제도설계에서 중요한 논점이다.

즉 자치권이 전래설이라고 하는 관점에서 보면, 지방정부는 국가의 통치권에서 유래한 것이므로, 단체자치의 관점에서 분권을 해주어야 자치가 되는 것이다. 그러나 자치권을 고유권설에 의하면, 지방정부의 자치권은 자연법사상과 공동체이론에 의하여 원래 소규모 지역정부가 국가에 우선하여 구성한다고 보는 것이다(김병준, 2011:337). 이 관점은 주민자치의 관점에서 지방정부를 자치적으로 형성하는 것이므로, 중앙정부는 지방정부가 할 수 없는 영역을 위탁받아서 구성되는 것이다.

지방자치를 제도설계하는 설계자가 어떤 관점에 서는가에 따라서 주민자치에 대한 제도설계는 달라지게 된다. 즉 지방제도의 설계자가 전래권설의 입장에 선다면, 근린구역공간이나 생활자치의 영역까지 중앙정부의 행정사무로서 간주되어, 중앙정부의 관료들이 근린구역과 생활공동체 공간까지 파견하게 되는 것이다. 한국의 읍면동장이나 통리장을 준관료로서 임명해두는 것은 바로 국가가 주민들의 일상 삶의 영역까지 통제와 관리의 대상으로 본다는 의미이다.

반면, 지방제도를 설계하는 설계자가 고유권설에 서서 주민자치를 제도설계 한다면, 생활공동체 공간은 공동체자치를 할 수 있도록 제도설계를 해둘 것이고, 근린구역공간에 대해서는 근린구역자치관리를 할 수 있도록 제도설계를 할 것이다. 한국의 아파트단지라고하는 근린구역공간 혹은 생활공동체공간을 자치관리 할 수 있도록 자치시스템[39]을 구축해 둔 것을 들 수 있다.

한국의 민주주의가 회복되고 성숙하기 위해서는 지방자치를 자치권에 대한 고유권설과 주민자치의 관점과 철학을 가지고 설계하여야 한다. 현재의 지방자치는 단체자치의 관점과 철학, 그리고 자치권을 전래권설에 입각하여 설계한 것이기에, 지방자치의 역사를 더해 갈수록 더욱 중앙정부에 의존적이 되는 것이다. 재정자립도도 60%대에서 40%대까지 떨어진 적도 있어 더욱더 의존적이 된 것이다.

이 문제를 풀어내가 위해서는 중앙정부와 지방정부의 관계도 내포권위형에서 동등권위형으로 전환하는 헌법개정과 법률개정이 필요하다. 현재는 전래권설에 입각하여 중앙정부와 지방정부의 관계를 수직통제관계로 보고 있는데, 고유권설에 입각하게 되면, 중앙정부와 지방정부의 관계를 대등협력관계로 전환할 수가 있는 것이다.

3. 민주주의 방식으로서 총회제 도입

민주주의는 demos(민중)과 kratia(통치)의 합성어로서 민중에 의한 통치를 의미한다. 그리하여 민주주의는 정치형태로서 주권이 시민에게 있고, 그 주권이 시민에 의하여 직접 행사되거나 혹은 자유로운 선거에 의하여 선출된 시민의 대표에 의하여 행사되는 것이다(이승종외, 2015:3). 민주주의는 정치형태를 넘어서 공동생활의 양식이고, 공동체생활을 위하여 상호간에 대화하고 토론하며 교섭하는 경험의 양식이라고 한다. 또 민주주의는 인간

39) 공유서비스의 관리를 위하여 입대위-관리사무소의 자치조직을 구성하고 있고, 정관을 두어서 아파트단지관리를 위한 규약을 가지고 있다. 그리고 관리비를 모든 세대별로 내도록 의무화되어 있어, 재정적인 자치도 하는 시스템을 구축해 둔 것이다. 그리하여 공유서비스로서 조경관리, 방범관리, 엘리베이트 관리, 주차관리, 음식물처리, 재활용품 수거, 층간소음분쟁 조정 등의 행정 및 사법기능까지 부여해 둔 것이다.

의 존엄성의 신념을 구현하기 위한 사회생활의 원리이고 정부구성의 형태이다.

정치원리로서의 민주주의는 링컨(Lincoln)에 의해 '시민의, 시민에 의한, 시민을 위한 정치'가 되어야 한다고 표현했다. 시민의 정치란 권력의 소재가 시민이고, 시민이 주권자이라는 의미이고, 시민에 의한 정치란 구성원의 통합방식으로서 권력행사방식을 의미한다. 또 시민을 위한 정치란 통치의 목적이 시민의 행복을 위한 것이어야 한다는 것이다.

이 중에서 민주정치라는 정체(politeia)는 권력행사방식에서 시민이 참여하여 다수결에 의한 의사결정으로 이해되기도 한다. 그러나 다수결에 의한 독재로 전락할 수도 있기에 다수의 의사를 존중하되, 다수의 횡포를 막고 소수를 보호하기 위한 다수와 소수간의 경계와 이동성이 확보되어야 하고, 이것이 토론과 협상(discussion and compromise)이라는 것이다(이승종 외, 2015:7).

그런데, 시민에 의한 민주주의라고 할 때, 시민자신이 직접 참여하는 직접 민주제만을 의미하는 것이고, 시민의 대표를 선출하여 대의하는 간접민주제는 민주주의가 아니라고 할 수 있는가라는 점이다.

루소(Rousseau) 나 밀(Mill), 토크빌(Tocqueville), 바버(Barber), 패이트만(Pateman) 등은 직접 민주주의를 주장하면서, 시민자신이 직접 통치과정에 참여할 때, 시민의 의사가 가장 잘 반영되므로, 민주주의의 이상은 직접 민주정이란 것이다. 다만 대의민주주의는 불가피한 차선책이어야 하고, 시민참여를 증대할 수 있는 보완장치가 구비되어야 한다는 것이다(전게서, 8). 직접민주정의 전형이 그리스 아테네로서 모든 시민들이 직접 민회(ecclesia)에 나가서 토론하고 의사결정에 공동으로 참여하였던 것이다. 아테네는 귀족적이고 제국주의적 색채가 있었지만, 시민다수의 참여가 보장되었고, 철저히 직접 민주주의가 추구되었다는 점은 오늘날도 민주정치의 모범으로 여겨진다.

이러한 직접 민주정은 스위스의 캔톤, 미국의 타운이나 타운십 등 소규모의 지역단위에서 여전히 주민총회형식으로 직접민주정이 실현되고 있다(전게서, 9).

그러나 직접민주정이 과연 어느 정도의 인구규모까지 작동할 수 있는가란 문제가 있다. 시민이 상호간에 직접 접촉할 수 있는 정도의 소규모 정치공동체에서만 가능한 것이고, 플라톤은 직접 민주정을 위한 적정 인구로서 5,040명을 제시하기도 하였다. 오늘날 통신과 교통, 온라인 미디어의 발달에 의하여 소통과 토론의 가능성이 다양화되었기에, 직접 민주제의 도입가능성은 인구규모의 한계를 초월하고 있을 수도 있다.

한편, 인류의 역사를 통하여 보면, 직접 민주제의 사례는 고대도시공동체에서 나타난 것이고, 근대이후의 국민국가시대이후 대도시화와 산업혁명에 의한 근대국가의 형성시기에는 대의민주제가 보편적인 민주정치형태로서 나타났다. 시민에 의한 직접 참여는 근린지방자치에서만 활용되고, 국가단위의 민주주의에서는 시민의 대표에 의한 민주주의가 보편화되었다. 영국의 민주주의 역사에서 의회가 국왕으로부터 통치권을 뺏어오는 과정에서 대표에 의한 민주주의가 제도화되었다. 이 때 대표는 시민의 의사에 구속되기 보다는 자신의 양식과 판단에 의하여 독자적 결정을 할 수 있는 것으로 인식되기도 한다.

대의제에 의한 민주정치를 주장하는 학자로서는 다알(Dahl)이나 사르토리(Sartori), 벤담(Bentham) 등 엘리트주의자들이다. 문제는 이러한 대의제가 과연 시민의 의사를 제대로 반영하는가에 대해서는 의문이다는 지적이 많다. 즉 선거의 투표 때만 시민의 권리를 행사하는 것이고, 실질적으로는 시민의 주권행사가 제약되어, '반쪽 주권시민'으로 전락하였다는 비판을 받기도 한다. 특히 20세기 들어와 행정국가화현상이 나타나면서, 시민의 대표인 의회가 복잡하고 전문적인 사회문제를 제대로 처리하지 못하고 있어, 대의민주주의가 위기에 봉착했다는 지적이 많다.

그렇다면, 과연 민주주의란 어떻게 운영되어야 하는가? 시민주권은 직접민주제방식과 간접민주제방식의 각각이 지닌 한계를 어떻게 극복하여야 하는가? 이 질문에 대해 민주주의란 시민에 의한 '수단가치'에서 우월성을 논쟁하기 보다는 시민을 위한 '목적가치'를 어느 방식이 적합한가를 가지고 평가해야 한다(전게서, 10).

본 고의 관점에서 보면, 민주주의는 근린자치와 지방자치에서는 총회제를 기반으로 하여 상향적으로 제도설계되어야 하고, 국가의 중앙정부에서는 대의제를 채택할 수 밖에 없는 것이 아닌가 한다. 즉 주민주권이 실질적으로 구현되기 위해서는 대의제 민주주의만으로서는 한계가 있고, 총회제라는 인프라가 제도설계되어 있어야 한다. 이 점에서 한국의 지방자치는 대의제만을 고집함으로써, 지방자치를 퇴행시키고 있고, 민주주의의 성숙을 요원하게 하고 있는 것이 아닌가 한다.

4. 민주주의회복을 위한 주민자치제도 설계 분석틀

주민주권의 논의는 국가와 시민사회의 경계선을 구분하는 것에서 시작하여야 한다. 즉 시민사회가 국가를 형성하고 사회계약에 의하여 정부의 권력에 정당성을 부여한다는 것이다. 그리고 주민주권에 의한 민주주의는 기본적으로 총회제에 의한 직접 민주정을 경험하고, 이를 통하여 민주적 지역인재들을 양육하여 보다 광역의 자치체를 형성하는 상향적 자치제도로서 구현되어야 한다. 대의제만으로서 민주주의가 성숙할 수 있는 것은 아니다. 한국의 지방자치 경험에서 민주주의의 실질화가 어려운 것은 직접민주제의 경험을 할 수 있는 근린생활구역 규모에서의 총회제에 의한 의사결정의 제도설계가 결여되어 있는 것이 원인임을 알 수 있다.

이 문제를 해결하기 위해서는 구역공동체자치와 근린자치체자치의 구분을 통하여 지역생활공동체차원의 주민자치를 경험할 수 있는 지역공동체 거버넌스를 제도설계해주어야 한다(21세기 정치연구회, 2012:237). 주민거주지 차원에서 거버넌스의 도입을 통하여 지역의 인재와 자원의 결합을 통하여 지역공동체의 비전과 목표가 제시되고, 지역의 리더십이 형성되도록 생활공동체 경험과 훈련이 성장하여야 한다.

이러한 논의의 차원을 세가지로 정리하면, 국가-시민사회 축과 직접(총회제)-간접(대의제)의 민주주의 방식의 축, 그리고 단체자치와 주민자치 기반의 지방자치 축으로 나눌 수 있다.

이것을 표로 제시하면 다음과 같다.

〈표1〉 주민주권과 민주주의를 분석하기 위한 틀

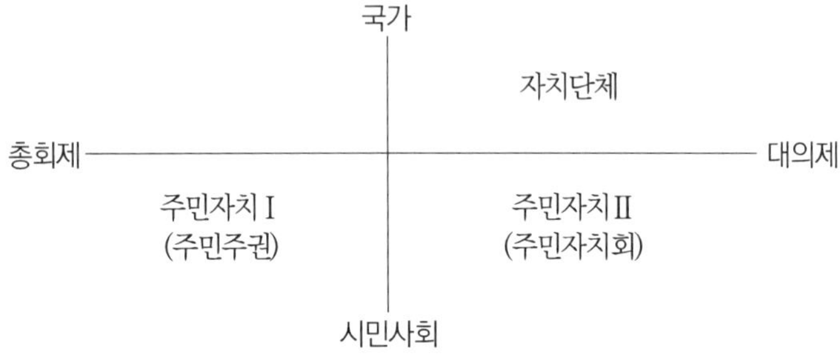

이하에서는 일본에서 국가주의하에서 지방자치를 제도설계해 나갔던 역사적 과정을 살펴보면서, 관치와 자치가 상호 독립적인 영역을 인정하면서 접근해 가는 과정에 주목하고자 한다. 그리고 GHQ개혁을 통하여 미국의 자치철학에 입각하여 민주주의를 제도설계하려는 역사적 과정을 살펴보면서, 자치제도 설계의 시사점을 얻고자 하고, 이를 통해 한국에 주민자치 제도설계과정의 문제점이 무엇인가를 성찰해 보도록 할 것이다.

Ⅲ. 일본의 주민자치제도설계과정 분석[40]

1. 국가와 주민자치 관계형성 : 명치유신

명치헌법시대의 시정촌제도설계는 풀뿌리부터 자치제도를 설계하고, 상향적으로 자치계층을 형성하는 부분과, 국가가 지방행정제도로서 하향적으로 행정계층을 형성하는 부분이 결합하는 방식을 채택하고 있다.

즉 지방자치제도는 1888년에 제정된 시정촌제가 풀뿌리 자치제도에 해당하는 것이고, 1890년의 부현제와 군제는 상향적 계층형성을 통한 자치제

40) 한국자치학회 주민자치 콜로키움 발제자료(2019.5.18.) 인용

로서 이해할 수 있다. 반면, 국가의 지방행정제도로서의 지방관(地方官)관제(官制)는 1886년에 칙령으로 제정된 것이다(니시오, 2002: 73).

일본에서 지방자치제도는 헌법반포나 국회가 개설되기 이전에 제도설계를 하였다는 점도 특이한 점이다. 즉 1881년 국회개설에 대한 칙유(勅諭)가 발표되고, 이토 히로부미(伊藤博文)에 의하여 헌법조사의 칙명을 수행하는 과정 중인 1884년 야마가타 아리또모(山縣有朋) 내무경이 내무성내에 정촌법조사위원을 설치하였던 것이다. 그리고 이 정촌법 조사위원에게 지방제도의 전면적 재편성안에 대한 기초를 준비하게 하였다.

즉 이 때 도입된 것이 독일인 알베르트 모세(A. Mosse)의 도움을 받아서 1888년의 시정촌제와 1890년 부현제 및 군제의 법률을 제정한 것이다.

그 내용을 보면, 군구역(당시 국가의 지방행정구획)에 지방자치단체인 군을 설치하여 시와 병렬로 두었다. 즉 3층제의 부현-시군-정촌 의 계층이 형성되었고, 정촌은 군에만 두었다. 이를 그림으로 표현하면 아래와 같다. 부현은 내무성의 통제를 받고, 시군은 부현의 통제를 받으며, 정촌은 군의 통제를 받는 계서제적 구조로 설계되었다.

〈그림1〉 1888년 일본의 지방자치제도

부현	
시	군
	정촌

참고: 두껍게 빨간색으로 표시된 것이 자치제도

다음으로 시와 정촌은 지방자치제도의 구획으로 하였다는 점이다. 즉 시정촌은 독립된 법인격을 가진 자치단체로 하였다. 그리고 동시에 이들 시정촌을 국가의 지방행정구획으로도 삼아서 자치단체의 장을 국가의 기관으로 삼았다. 바로 이것이 일본의 국가기관위임사무제도의 기원이 되는 것이다.

여기서 부현과 군은 원래부터 국가의 지방행정구획 혹은 지방행정기구로서 설치된 것이고, 그 장은 국가의 지방행정관청이었다. 다시 말해 군과 부현은 지방자치의 구획이거나 자치단체라고 법률에서 명시하지 않은 것이다.

즉 국가의 행정제도인 것이지 자치제도는 아니었다.

다음으로 풀뿌리의 지방자치제도로서 정촌에는 정촌회를 두고, 정촌장을 선거하며 공선의원으로 구성하도록 하고 있다. 그리고 정촌회의 의장으로 하여금 정촌장이 되도록 하고 있어 지방자치정부 구성에서 통합형의 형태를 취하고 있다.

또 정촌회의 선거는 공민(公民)에 한정하였고, 25세의 독립한 남자로서 정촌내에 지세나 직접국세로서 연액 2엔이상을 바치는 자로 하였다. 정촌회의 의원선거는 공민을 납세액의 다과에 따라서 2등급으로 구분하여 각급의 공민이 의원의 절반씩을 선거하는 2등급선거였다.

정촌의 수는 명치초기에는 7만개정도 되었고, 1888년 시제정촌제가 시행될 때 정촌합병으로 인하여 14,000개 정도로 삭감하였다. 그러다가 패전당시에는 1만개 정도로 되었다[41].

농촌지역의 광역구에 해당하는 군에도 군회가 설치되었다. 그러나 군회는 정촌회의 의원에 의한 간접선거로 선출하는 방식을 택하고 있었다. 즉 군회의 의장은 관선의 郡長(郡守)이고, 군의 집행기관은 군참사회였다. 즉 군은 온전한 자치단체라고 하기 어렵다.

한편, 도시지역에서는 정촌회와 같이 시회가 설치되었고, 조례의 제정권이 부여되고, 개괄적인 수권이 이루어졌다. 다만 시회의 의원선거는 공민을 3등급으로 구분한 3등급선거제도였다. 시장은 시회에서 추천한 3인 후보자 중에서 내무대신이 천황에게 상주(上奏)하여 재가를 받은 자로 하였다. 온전한 자치권이 부여되지 못한 것이다.

그리고 도시지역인 시에는 시참사회(市參事會)가 설치되어 시의 집행기관이 되었고 시 참사회는 시회가 선임하는 조역(부시장) 1인과 명예직 참사회원 6명으로 구성하였기에 정촌의 자치권보다도 자치가 제약되는 구조였다.

이에 더하여 동경, 교토, 오사카와 같은 3대도시에는 그나마 시회도 구성

41) 후에 1953년이후 정촌합병으로 인하여 정촌의 규모를 인구 8000명이상으로 하는 것을 목표로 하여, 정촌합병을 하여 1960년경에는 3300개정도로 감소하였다. 이 규모는 하나의 정촌에 신제 공립중학교 하나를 건설하고 유지하는 필요최소한의 규모라고 한다. 이러한 규모는 세계적으로 기초자치단체 중에서는 큰 부류에 속한다.

되지 않았기에 자치제도가 도입되지 않았던 셈이다. 즉 3대도시에는 부지사(府知事)가 시장의 직무를 수행하였고, 조역의 직무는 부(府)의 서기관이 하도록 특례가 정해져 있었다. 즉 3대도시에는 자치권을 부여하지 않고, 천황과 국가의 통제를 받도록 하고 있는 셈이다.

한편, 시-군(-정촌)의 경우는 상위구역에 부현회를 설치하였다. 부현회의 선거는 군회의원, 군참사회원, 시회의원, 시참사회원에 의한 간선제로 바뀌었다. 부현에 참사회를 설치하였지만, 부현에는 집행기관이 아닌 의결기관으로 하였다(니시오, 2002:71). 즉 부현의 집행기관은 내무성이 임명한 독임제의 지사이고, 부현지사와 부현의장은 다른 사람이어서, 겸임하지 않았다.

결과적으로 명치시대의 지방제도에서 정촌의 자치제도는 강화하면서, 부현에 대해서는 오히려 관치단체로서의 성격이 더 강하게 되었다. 그리고 군제나 등급간선제, 간선제, 참사회제 등은 독일의 제도를 따른 것이고, 집권융합형의 종합행정기관으로서의 특징도 가지고 있었다

일본의 지방제도는 1898년을 계기로 자치제도를 강화하는 방향으로 개혁이 진행되었다. 즉 1898년에 3대도시에 대한 특례를 폐지하여, 도쿄, 쿄토, 오사카의 3개도시에 시장과 조역을 두었고, 시회에서 추천하는 3인 중에서 내무대신이 선임하고 재가하는 방식으로 바뀌었다.

1899년에는 군제와 부현제가 개정되어, 군회의원과 부현회의 의원의 간선제를 폐지하고, 직선제로 바뀌었다.

또 1911년에는 시제 정촌제를 개정하여 시제와 정촌제로 독립된 법제로 분리하였고, 시참사회를 집행기관에서 의결기관으로 바꾸었다.

1921년에는 시제가 개정되어, 시회의원선거가 3등급선거에서 2등급선거로 바뀌었고, 정촌제의 개정을 통해서 정촌회의원선거를 2등급제에서 평등선거제로 바꾸었다[42].

1923년에는 군제가 폐지되어, 군은 지방단체로서의 성격을 잃었고, 군장과 군청으로 이루어진 국가의 지방행정기구로 바뀌었다. 또 1926년에는 군

42) 1925년 중의원 의원선거가 보통선거제도로 바뀌어지면서, 지방의회 의원선거도 보통선거제도로 바뀌게 되었다.

장과 군청도 폐지되어, 군은 국가의 지방행정구획으로서의 지위를 잃어 단순한 지리적인 명칭에 지나지 않게 되었다[43].

쇼와((昭和)시대에 들어가는 1926년에는 도시지역의 시장도 시회에서 선출하는 것으로 바뀌어서, 내무대신에 의한 선임과 재가는 폐지되었다. 즉 자치적으로 변환된 것이다.

1929년에는 부현제가 개정되어, 부현에도 시정촌과 같이 조례 및 규칙을 제정할 수 있는 권한이 부여되었다.

일본의 지방자치제도는 전시에 들어가는 1943년에 시장의 선출을 시회의 추천에 의하고, 내무대신이 선임하는 방식으로 바뀌었고, 정촌장은 정촌회의 선출에 의하지만, 인가하는 방식으로 바뀌어 관치화하는 경향이 나타났다. 즉 자치의 관점에서는 역주행이다. 이때 동경시(東京市)와 동경부(東京府)를 폐지하고, 동경도(東京都)를 창설하였다.

2. 지방자치정부 우선의 주민자치 설계 : GHQ민주화개혁

일본패전이후 GHQ개혁의 핵심은 일본국헌법을 제정하는 것이었고, 여기에서 제8장에 지방자치의 제도보장조항을 두었다. 풀뿌리자치제도에 해당하는 시정촌회에 의한 간접선거에서 주민직선에 의한 직접선거로 바뀌었다. 주민주권성을 강화한 것이다.

다음으로 도도부현의 경우에도 내무성에 의한 관선에서 주민에 의한 직접선거로 바뀌었고, 도도부현의 직원도 원칙적으로 지방공무원으로 전환되었다. 이로 인해, 도도부현은 완전자치단체로 전환되었다.

또 지방자치단체의 조직과 운영에 대한 사항을 지방자치법으로 일괄하여 정해 획일화하였다. 즉 종전의 시제, 정촌제, 부현제처럼 단체별로 별도로 정하지 않게 되었다.

다음으로 내무성을 해체하였다. 즉 내무성이 해체되어, 전후에는 후생성,

---

43) 군제가 일본에서는 1926년에 폐지되었는데, 한국에서는 1961년에 군자치를 신설하였다는 것은 지방자치의 입장에서는 아이러니이다.

노동성, 건설성, 자치성, 국가공안위원회와 경찰청 등으로 횡적 분할체제로 전환되었다.

여기서 국가경찰을 해체재편하여 시정촌 소관의 자치단체경찰을 기본으로 하는 자치경찰제도를 도입하였다. 또 교육분야에서도 시정촌교육위원회를 두고, 주민직선의 위원으로 구성하도록 하여 교육자치도 도입하였다.

이 시기에 지방자치가 외관상으로는 혁신적으로 도입된 것으로 보이나 실제로는 오히려 관치적 구조가 심화된 측면도 있다. 즉 전전에 시정촌레벨에만 적용되었던 기관위임사무제도가 전후에는 도도부현레벨까지 확대적용되어, 도도부현의 지사나 시정촌장, 그리고 도도부현과 시정촌의 집행기관을 모두 국가의 기관으로 삼는 국가기관위임사무제도라는 시스템을 확대적용한 것이다. 이것은 관치제도가 오히려 확대된 셈이다.

또 도도부현과 시정촌사이의 계서제구조를 남겨두고 있어, 결과적으로 국가와 시정촌사이의 정보전달에서 도도부현을 경유하도록 하여, 외관적 자치제도는 도입되었지만, 내적으로는 오히려 관치를 심화시키는 묘한 기법을 사용하고 있다.

1949년에 일본에 온 미국의 샤우프 세제조사사절단은 샤우프 리포트에서 시정촌우선의 원칙을 제시하여 풀뿌리지방자치를 강조하였다. 이로 인해, 일본에서는 시정촌과 도도부현이 사사건건 대립항쟁하는 현상이 나타났다.

시정촌계층에서 도입되었던 교육자치로서의 교육위원회 위원의 직선제가 폐지되었고, 의무교육학교의 교원임용사무를 도도부현으로 이관하여 도도부현의 권한이 강화되었다. 또 시정촌계층에 도입되었던 시정촌자치경찰도 폐지되어 도도부현경찰의 창설로 인하여 도도부현의 권한이 복권되었다.

1956년에는 지방자치법 개정이 이루어져, 도도부현과 시정촌의 관계가 상하관계로 되었다. 이때 특별시제도는 폐지되고, 정령지정시제도가 창설되었다.

도도부현과 시정촌의 세원에 대한 자치권을 확보하기 위하여, 샤우프는 독립세의 창설과 세원의 분리를 주장했다. 그리고 부족재원을 보충하기 위하여 지방평형교부금제도를 제안하여, 1954년부터는 국세3세(소득세, 법인

세, 주세)의 일정비율(교부세율)을 자치단체에 배분하도록 하였다. 그 비율이 당초 22%에서 27.5%로까지 인상되어 지방자치단체의 재정궁핍상태가 개선되었다.

그러나 지방평형교부세제도가 폐지되고, 샤우프 세제도 재검토되어, 도도부현세와 시정촌세의 분리가 무너지고, 쌍방이 모두 주민의 소득에 과세하는 주민세(시정촌민세, 도도부현민세)와 소비세를 세원으로 하여 같은 대상에 경합하여 과세하게 되었다.

그리하여 세원들간에 서로 연동하게 되어, 재정조정에 의한 공평성을 확보한다는 이유로, 독립세인 시정촌세인 고정자산세에 대해서도 표준세율을 정하게 되었다. 이는 결과적으로 지방세제가 국가의 엄격한 통제를 받는 결과를 초래하였다.

결과적으로 일본의 지방자치에서 세입의 자치는 거의 없게 되었고, 세출의 자치에만 전념하는 현상이 나타나게 되었다. 융합형의 자치는 결과적으로 집권형의 지방행정으로 나타난 셈이다.

Ⅳ. 한국의 주민자치제도 형성과정의 경로분석44)

1. 지방자치제도 설계: 단체자치 철학

한국에서 1991년 지방자치제도의 재도입(부활)은 국가권력을 지방자치단체에 분권해 준 것이다. 즉 국가가 독점하고 있었던 국가사무와 지방사무중에서 지방자치단체가 자치적으로 처리할 수 있는 사무에 대해서 자치권을 부여하고, 지방사무중에서도 국가사무로서 위임해서 처리해야 할 국가위임사무에 대해서는 국가의 중앙정부부처들이 직접적인 관리감독권을 가지는 것으로 전환된 것이다.

---

44) 김찬동(2019) 및 김찬동(2018) 인용

〈표2〉 지방자치제도 재도입이전과 이후의 사무구분

지방자치실시이전	지방자치실시이후	비고
국가사무	국가사무	
지방사무	국가위임사무	
	지방고유사무	자치권부여

조직의 측면에서도 자치제도 이전에는 국가의 지방행정기관이었던 것을 지방자치의 재도입으로 인하여 새로운 기관으로서 지방의회가 추가로 생기고, 이 지방의회가 지방자치이전의 행정기관에 대한 '의사결정기관'이 된 셈이다. 즉 지방자치의 재도입은 지방의회를 신설하고, 이 지방의회가 기존의 지방행정기관의 조례제정 및 예산심의의결기관이 된 셈이다. 그러다가 1995년도에 지방자치단체장을 주민직선의 선거로 선출하게 함으로써 지방행정기관의 집행부에 대해서도 주민들의 선거를 통한 수뇌부의 선발이라고 하는 '자치'권을 부여한 셈이다.

〈표3〉 지방자치실시 재도입으로 인한 조직관계 변화

지방자치실시이전	1991년 지방자치실시	1995년이후 지방자치실시
지방행정기관	단체장을 국가가 임명하는 지방행정기관(예산심의의결은 지방의회에서)	단체장을 선거로 선출한 지방행정기관
	지방의회신설	지방의회(예산심의의결권과 감사권을 가짐)
주민(선거권없음)	주민(의회만 선거권)	주민(의회와 단체장 선거권)

여기서 자치제도의 본질이 무엇인가를 생각해보면, 지방의회를 신설하는 것이 자치제도의 가장 본원적인 것이라고 하는 인식이 있고, 지방의회 의원은 주민이 선거를 통해서 선출한다는 것이다.

그리고 이 과정에서 단체장을 선거로 선출하는 것은 지방자치의 본원적인 것은 아니라고 인식해서 인지, 1995년까지는 여전히 국가의 중앙정부가 임명하고 있는 것을 알 수 있고, 이것은 지방자치의 본질은 아니라고 인식하였다는 것과 지방자치의 발전과 진전을 위해서는 단체장도 주민이 직선으로 선출해야 한다는 인식을 현재의 지방자치제도의 설계자들의 인식속에 들어 있음을 알 수 있다.

그렇다고 하면 자치의 본질이 이렇게 지방의 관할구역에 대한 지방의회를 구성하고, 주민들이 선거로 의원과 단체장을 뽑으면 완성되는 것인가? 한국의 지난 27년간의 지방자치의 경험을 보면, 오히려 지방자치단체가 국가에 더욱더 의존하는 행태가 나타나고 있고, 지방의원과 단체장에 대한 공천권이 국가의 중앙정부의 정당이 가지고 있음으로 인하여 지방선거는 국가의 중앙정부선거의 중간평가의 의미를 가지는 식이 되어서, 지방의 문제를 스스로 얼마나 해결했는가라는 자치적 이슈는 실종되는 현상이 나타나고 있다. 또 언론도 국가의 중앙언론이 여론을 주도해나가고, 심지어 지방에서 조차도 지역언론이 외면받는 상황이 벌어지는 것은 지역의 문제가 여전히 국가와 중앙정부에서 영향력을 보다 강하게 가지고 있음을 여실히 보여주는 것은 아닌가 한다.

그럼에도 불구하고, 1998년도에 행정감축의 일환으로 동주민센터의 축소를 하는 과정에서 주민자치를 도입해야겠다는 생각을 가졌다는 것은 한국의 지방행정을 관리하고 있는 사람들 속에 자치에 대한 미흡함을 인정한 것으로 보인다.

2. 주민자치위원회 제도 : 행정사무공간의 위임관리에 참여

1998년이후에 도입된 주민자치위원회는 동주민센터에 주민자치센터를 설치하고, 주민들이 동사무소의 일정한 공간에 주민자치 프로그램을 주민들의 일부가 참여하여 자치관리할 수 있도록 한 것이다.

그런데 이러한 주민자치의 도입은 자치제도의 기초적인 개념도 고려하지 않은 작품임을 알 수 있다. 즉 읍면동이라고하는 구역공간에 대한 자치권을 부여한다는 개념이 아니라, 동주민센터의 '일부공간에 대한 시설운영의 자치'에 불과한 것이다. 결과적으로 동주민센터의 일부공간에 대한 관리권은 읍면동장의 권한으로 되어 있고, 이러한 동장의 권한에 주민들이 참여하는 것에 불과한 자문위원회성격의 운영위원회에 불과한 것이다.

참고로 읍면동장의 사무권한은 원래 시군구청장의 권한이 하부직원에게 위임하여 처리하는 것이므로, 결국 주민자치위원회의 사무는 시군구청장의 권한이 위임된 것에 불과하다.

이리하여 주민자치위원회는 사실 동주민센터의 시설운영위원회에 불과한데, 여기에 주민자치라고 하는 이름을 붙여놓음으로서 '거짓의 주민자치'가 되어 버린 셈이다.

그럼에도 불구하고, 주민자치라고 하면서, 주민자치기능, 문화여가기능, 지역복지기능, 주민편익기능, 지역사회진흥기능이라고 하여 일정한 구역에 대한 배타적인 자치권을 가진 것으로 포장한 것이다.

구체적인 사업들을 보면, 이것은 주민들이 임의로 할 수 있는 것들로서 행정의 사무를 '분 권'한 것이라고 하기는 어렵다. 원래 지역의 주민들이 임의로 하는 정도의 사업내용이고, 읍면동 구역의 공공성을 가진 사무들은 여전히 시군구청장이 가지고 있는 것이다. 그리하여 주민들은 직접 시군구청과 소통하여야 하는 것이고, 시군구청과 주민의 사이에서 "중간적 기구(토크빌이 말하는 타운미팅같은)"가 존재하지 않고 있는 것이다. 중간적 기구로서의 자치제도를 도입할 생각은 전혀 없었던 것을 알 수 있다. 이것은 현재의 주민자치회 시범실시나 자치분권로드맵(안)에도 반영되어 있지 않음을 알 수 있다.

〈표4〉 주민자치위원회의 기능과 사업

기능	사업	비고
주민자치	지역문제토론, 마을환경가꾸기, 자율방재활동	
문화여가	지역문화행사, 전시회, 생활체육	
지역복지	건강증진, 청소년 공부방	
주민편익	회의장, 알뜰매장, 생활정보제공	
지역사회진흥	내집앞 청소하기, 불우이웃돕기, 청소년지도	

주민자치위원회는 동장의 사무에 해당하는 것 중에서 일부를 위임하여 주민들이 참여하여 운영하는 자율적 운영이라고 할 수 있다. 그리고 주민들이 '자치'하는 것은 행정사무와는 무관한 것으로 임의로 주민들이 공동체차원에서 할 수 있는 정도의 사무들이다.

그리고 주민 '자치'라고 하는 사무들에 대해서는 행정은 간여하지 않는 것으로 되어 있다. 그리하여 행정사무를 위임받아 운영하는 '주민자치위원회'가 자율적으로 취미여가 프로그램을 행정사무공간의 일부를 위탁받아 운영하면서 "겸하여" 임의적으로 주민들의 공동체 관련의 사무들을 자치하는 것이 주민자치위원회의 기능인 것이다.

즉 주민자치위원회의 오른팔은 행정에 참여하면서 주민자치위원회의 왼팔은 임의적 공동체사무를 경영하도록 되어 있는 것이다. 이러한 구조속에서는 주민자치의 자기입법이나 자기통제가 가능할 수 있는 자치체의 존재가 없기에 사실상 자치라고 하기 어렵고, 자치권도 법률적으로 부여되어 있지 않은 것이다.

3. 주민자치회 제도 : 관설민영의 주민자치

주민자치위원회가 주민자치답지 않다는 비판을 받아왔기에 새롭게 설계되는 주민자치회는 제대로된 주민자치를 하기 위하여 상당한 기간, 학회와 전문가들의 도움을 받아서 모형을 연구하였다. 그러한 연구의 결과가 협력형, 통합형, 주민조직형이라고 하는 3가지의 새로운 주민자치의 모델을 제시한 것이다.

〈표5〉 주민자치회의 3가지 모델

협력형	통합형	주민조직형
시군구(읍면동장임용)	시군구(사무기구:공무원임용)	시군구(행재정지원)
	주민자치회(지휘감독)	주민자치회
읍면동-주민자치회	읍면동사무소	사무국(민료채용)

그런데, 이러한 모델은 사실상 시군통합을 위한 수단적 정책으로서 도입된 측면이 있다. 즉 시군을 통합하여 기초지방자치단체의 규모가 커지게 되면, 주민과 지방정부와의 거리가 더 멀어질 것이기에 주민들이 '자치'할 수 있는 주민자치회를 만들어 주자는 취지였다. 여기서 위원회라고 하지 않고 '회'라고 한 것은 어떤 것을 염두에 두었을까? 주민총회와 같은 개념을 염두에 두고, '주민들이 자치하는 총회'의 약어로서 사용한 것으로도 해석되어 진다.

반면, 주민자치위원회는 위원회조직이어서 주민들의 대표들이 모여서 자치하는 위원회조직으로서 지방자치단체의 기관구성형태로서의 위원회조직이라고 하면, 이 조직 자체가 하나의 지방자치단체가 되는 것이다.

그런데, 주민자치위원회는 행정의 관리조직으로서의 동주민센터와 동장이 존재하는 데 부가된 조직형태이기 때문에 자문위원회와 같은 위상에 불과하다. 그리고 만일 주민자치위원회가 지방의회의 상임위원회와 같은 위상을 가지는 것이라고 하면, 주민총회나 주민대표자회의와 같은 별도의 의결조직이 존재해야 할 것이다. 그러나 이러한 관할구역의 배타적이고 독점적인 의결조직이 존재하지 않은 상태에서 위원회라는 것은 그 자체로서 지방자치단체로서의 위상을 가지지 않는 한, 어딘가에 부속된 조직에 불과하다. 결과적으로 주민자치위원회는 동장의 자문기구에 불과하게 된다.

〈표6〉 주민자치회의 업무구분

협의사무	위탁사무	주민자치사무
읍면동지역개발 지역발전계획 마을만들기 주민간 이해조정 행정구역변경 혐오시설설치 시군구추지사무에 대한 의견제출 지역내 투자유치계획 교통신호개선 등	자치센터운영 작은 도서관 등 공공시설운영 공원 공중화장실 등 공공시설물관리 마을휴양지관리 저소득노인도시락배달사업 문화의집 여성회관운영관리 자원봉사활동지원	마을축제 체육대회등 읍면동각종행사 마을신문 소식지발간 생활협동조합운영 동호회 스포츠활동 자율방범 및 안전귀가활동 등하교길 안전관리

이 점에서 주민자치회 역시 그 조직위상이 매우 애매하다. 읍면동의 행정조직이 그대로 존재하는 상태에서 주민자치회의 업무로서 협의사무, 위탁사무, 주민자치사무로 구분하여 처리하는 것으로 되어 있다.

여기서 주민자치회를 의사결정기구로서 인식하는 것이 아니라 주민자치회를 행정조직의 일부이거나 행정사무를 위탁받아서 처리하는 외주(outsourcing)조직으로서 인식하고 있는 것으로 보이고, 이는 행정과 자치의 대등한 관계로서 보지 않고 있다. 국가의 하부조직으로서의 행정과 시민사회의 자치적 조직으로서의 자치가 대등한 관계로서 역할분담관계에 있다는 인식이 결여되어 있는 것이다.

이러한 상황이 발생하게 된 근본적인 이유는 읍면동 사무소를 시군구의 하부행정기관으로 두고 있고, 이것은 국가의 행정기관으로서도 기능하고 있기 때문이다. 즉 행정기관이 존재하는 구역속에 주민들이 '자치'할 수 있는 자치권은 형성되지 않는 것이다. 이런 구조에서는 단체자치를 할 가능성은 있지만, 주민자치는 불가능하다. 즉 주민자치는 주민들이 스스로 자치기구를 형성할 수 있는 행정권의 공백이 있는 곳에 가능한 것이다.

요컨대, 읍면동에 행정기관이 존재하는 한국의 현실에서 주민자치가 태동할 수 있는 공간은 읍면동이하의 계층인 통리단위라고 할 것이다. 농촌지역은 리단위, 도시지역은 아파트단지나 일정한 자치관리의 필요성이 존재하는 구역(단지)일 것이다. 아파트단지의 자치관리는 도시지역의 매우 혁신적인 주민자치제도이고, 비록 재산의 공동관리의 필요성 때문에 형성된 입주자대표회의와 아파트관리사무소이지만 이는 주택법이라고 하는 법률적 근거에 의하여, 아파트의 소유자들의 대표가 선출되어서 관리비를 내면서 관리비에 의한 관리사무소직원고용을 통하여 아주 체계적인 '자치체'가 되어 있는 것이다. 한국에 주민자치를 새롭게 도입하려는 입장에서는 주목하여 보아야 하고, 아파트단지의 입주자자치관리와 자치관리규약, 자치관리비, 자치관리사무소, 단지공유생활서비스의 자율적 처리 등을 벤치마킹하여 도시지역의 구역자치의 모델로서 분석하고 응용할 필요가 있다.

4. 지방자치법 전부개정 : 주민주권기반의 주민자치

지방자치법 전부개정안이 2019년 3월 26일 국무회의를 통과하였고, 3월 31일에는 국회발의를 하였다. 현행의 지방자치법과 비교하여 보면, 제1조에서 목적규정에서 주민참여를 명시하여 '주민자치'의 원리를 강화하고 있다고 한다[45].

또 주민의 권리를 강화하였다고 하면서 제16조 1항에 '주민에게 주민생활에 영향을 미치는 지방자치단체의 정책결정 및 집행과정에 참여할 권리 보장 신설'이라고 근거를 제시하고 있다[46].

그러면서 주민자치회 규정을 제25조에서 신설하는 것으로서 '민주주의의 질적 제고를 위한 주민주권 구현'[47]을 위한 법률조문으로 제시한 셈이다. 이를 위해 읍면동별로 주민자치회를 구성하고, 운영할 수 있는 규정을 마련한다고 하고 있다.

구체적으로 보면 제25조 1항에 '주민은 풀뿌리자치의 활성화를 위하여 읍면동별로 주민자치회를 구성할 수 있다'고 하고 있다. 문제는 읍면동이면 한국의 지방행정체계에서 평균인구규모가 동은 2만명내외가 되는데 과연 어떻게 풀뿌리자치가 가능할 것인가가 의문이다. 주민자치를 할 수 있는 구

---

45) 지방자치법 전부개정안 제1조를 보면 "이법은 지방자치단체의 종류와 조직 및 운영, 주민의 지방자치행정 참여에 관한 사항과 국가와 지방자치단체 사이의 기본적인 관계를 정함으로써 지방자치 행정을 민주적이고 능률적으로 수행하고 지방을 균형있게 발전시키며 대한민국을 민주적으로 발전시키려는 것을 목적으로 한다"라고 하여 사실은 주민자치의 원리를 근본적으로 제시하였다기 보다는 여전히 단체자치의 관점(perspective)을 유지하고 있고 단지 그러한 단체자치에 대한 '행정참여'에 관한 사항을 규정한 것에 불과하다는 비판을 받을 수 있다.

46) 정확히 살펴보면, "주민은 법령으로 정하는 바에 따라 주민생활에 영향을 미치는 지방자치단체의 정책의 결정 및 집행 과정에 참여할 권리를 가진다"라고 하고 있어 첫째, 법령으로 정하지 않으면 참여할 수 없는가? 라는 의문제기가 가능하고, 둘째, '지방자치단체'의 정책 결정과 집행과정이라고 하고 있어 '근린주민정부(neighborhood council)'에 대한 형성과 자치관리과정에 대한 직접참여를 할 수 있는 주민자치를 상정하고 있는가? 라고 하는 의문제기가 가능하다.

47) 대통령소속 자치분권위원회의 "자치분권 종합계획(2018.9)" 1페이지에 명시된 문구이다. 이를 위해 주민이 스스로 자신의 삶을 바꾸는 주민주권 구현을 하겠다고 하고 있고 '주민의 정책과정참여확대로 주민중심 지방자치 운영체제 확립'과 '주민자치 활성화로 풀뿌리 민주주의 정착'을 제시하고 있다.

역의 규모가 아니기 때문이다.

다음으로 제2항에서 주민자치회의 기능으로서 5가지를 제시하고 있다.

1. 주민의 화합 및 공동체 형성
2. 읍면동의 행정기능 중 주민생활과 밀접한 사무에 대한 읍면동장과의 협의
3. 지방자치단체의 장이 위탁하는 사무처리
4. 지역발전과 주민의 복리증진
5. 그밖에 관계 법령 또는 조례 규칙으로 정하는 사항

여기서 제시한 2번부터 5번까지는 단체자치의 행정사무에 해당하는 것에 '참여'하거나 '수탁'하는 것이지 주민이 지역사회와 시민사회의 주권자로서 주민자치를 위하여 총회에 참여하여 의사결정하는 폴리스(polis)[48]로서의 자치는 아닌 것이다. 다시말해 여기서 제시한 주민자치회의 기능만을 볼 때는 '민주주의의 질적 제고를 위한 주민주권의 구현'에 해당하기 보다는 지방자치단체와 읍면동장의 사무처리에 참여하는 '관치(官治)적 참여'에 불과하다고 할 수 있다.

다음으로 주민자치회를 어떻게 구성할 것인가가 중요한데 제3항에서 '대표자 1명을 포함한 위원'을 둔다고 하고 있다. 즉 '제2호의 기능을 효율적으로 수행하기 위하여 조례로 정하는 바에 따라 주민자치회에 대표자 1명을 포함한 위원을 둔다'고 하고 있다. 여기서도 '효율적으로 수행'한다는 부분만이 강조되었고, '민주적으로'라는 형용사가 보이지 않는다. 즉 이 조문 역시 행정사무를 어떻게 하면 효율적으로 수행하는 것이 주된 가치이고 관심이지, 행정사무의 처리에 주민을 주권자로서 참여시키고, 민주주의의 풀뿌리로서 자치역량을 배양하는 노력이나 가치는 문구상으로는 보이지 않는다.

또 '대표자 1명을 포함한 위원' 이란 부분도 애매모호하기 그지 없다. 주민을 주권자로 하는 민주주의를 구현하기 위해서는 주민총회를 통하여 주민이 직접 근린자치정부를 형성하고 결정하거나, 선거를 통한 대표자를 선

48) 고대 그리스의 도시국가로서의 정치공동체를 칭한다. 시민들의 집회장소인 아고라라는 광장에서 민주주의를 발전시켰다.

출하여야 하다.

그런데 대표자를 어떻게 선출하는가에 대한 규정이 없을 뿐만 아니라 제4항[49]에서는 주민자치회가 '선정'하는 것으로 되어 있어 과연 민주성을 어떻게 확보할 수 있는가에 대해서 의문투성이다. 제4항에서 명예직이라는 단어를 사용하고 있어서, 지방의원으로서의 명예직을 연상시키기는 하나 '민주적 대표성'을 가진 의원이 아닌 것은 분명해 보인다.

또 제5항에서 '주민자치회는 그 명의 또는 대표자의 명의로 특정 정당 또는 특정인을 지지 반대하는 등의 정치활동을 하여서는 아니된다'고 하여 정당참여를 금지함으로써, 주민자치는 '정책(policy)'수준의 논의를 하기 보다는 '생활(life)'수준의 논의를 하는 공간으로서 규정하고 있다. 미국의 시티정부의 경우에도 '비정당(non-partisan)'을 홈페이지에 명시하고 있는 경우를 보게된다. 즉 근린구역의 자치정부의 경우에는 정책수준의 논의를 위한 정당간 갈등이나 대립을 금지하고, 지역주민의 생활과 발전를 위하여 '숙의(delibration)와 합의(consensus)'를 하는 공간으로 되어 있다.

이 점에서 주민자치회는 비정당을 표명하고 있는 점은 근린자치정부의 핵심적 가치 중의 하나라고 할 수 있고, 이를 지방자치법 전부개정속에 반영하였다는 것은 매우 칭찬할 부분이라고 할 수 있다.

다음으로 제6조를 보면, '주민자치회는 그 운영 및 기능 수행에 필요한 재원을 확보하기 위하여 노력하여야 하며, 지방자치단체는 주민자치회의 운영 및 기능수행에 필요한 행정적 재정적 지원을 할 수 있다'고 하고 있다. 여기서 주민자치회의 기능은 두 유형으로 구분할 수 있는데, '시민사회의 공동체형성기능'과 '행정관리의 사무처리참여기능'으로 구분할 수 있다. 전자에 해당하는 것이 1번이고 후자에 해당하는 것이 2번부터 5번까지라고 할 수 있는데, 1번기능을 위해서는 회비를 통하여 스스로의 재정적 필요를 충족하는 것이 타당할 것이나, 후자의 기능을 위해서는 당연히 행재정적 지원을 '반드시' 하여야 하는 것이다.

그럼에도 '할 수 있다'고 함으로써 행정이 임의와 재량으로 지원할 수 있

49) 제4항은 '제3항에 따른 위원은 주민자치회의 회원 중에서 지역내 주민의 대표성을 고려하여 주민자치회가 선정하며, 명예직으로 한다'고 하고 있다.

다는 해석이 가능하게 하고, 결과적으로 이것은 지방자치단체장이나 지방의원들의 정당적 혹은 정치적 이해관계에 따라서 '이용당할 수 있는' 여지가 크다. 이렇게 되면, 지방선거를 통하여 단체장이 교체되거나, 지방의원들의 정당적 대립과 갈등에 따라서 주민자치회의 재정이 출렁거릴 위험성이 높고, 자치적 역량을 배양하기 보다는 '정치적 정파'에 따라서 의존적이 되거나, '정치화'될 위험성이 높다.

다음으로 7항은 주민자치를 위하여 매우 필요하고도 타당한 조항이다. 즉 주민자치의 계층을 자치적으로 형성할 수 있는 권리를 규정하고 있는 것이다. 구체적으로 보면, '주민자치회는 기능수행을 위하여 필요한 경우 다른 주민자치회와 연계하여 주민자치협의체를 구성, 운영할 수 있다'고 하고 있다.

여기서 '주민자치 협의체'라고 하는 부분인데, 협의체(COG)는 원래 지방정부들의 의회(council of government)로서, 지방정부의 대표자들이 모인 '의회'를 의미하는 것이다. 그런데, 한국에서는 협의체가 '행정협의체'로서 해석되고, 주로 행정공무원들이 행정사무의 협의를 위하여 모이는 모임으로 규정되고 있다.

협의회는 '광역계획 및 그 집행, 특수행정수요의 충족, 공공시설의 공동설치, 행정정보의 교환, 행정 재정업무의 조정 등의 필요를 고려하여 관계 지방자치단체간 구성' 하는 것으로서 '지방자치단체가 2개이상의 지방자치단체와 관련된 특정 사무의 일부를 공동으로 처리하기 위하여 설치하는 협의기구'로서 법인이 아니라고 명시하고 있다[50]. 즉 행정사무의 수행을 위하여 연계하는 것으로서는 행정협의회라고 하지 '협의체[51]'라는 단어를 사용하지 않는다.

마지막으로 제 8조에는 '제1항부터 제7항까지에서 규정한 사항외에 주민

---

50) 행정자치부가 펴낸 '2014년도 지방자치단체 광역행정 업무편람' p50 참조

51) 협의체라는 용어는 '지방자치단체 장등의 협의체'로서 '지방자치단체의 장이나 지방의회의 의장은 상호간의 교류와 협력을 증진하고, 공동의 문제를 협의하기 위하여 다음 각호의 구성분에 따라 각각 전국적 협의체를 설립할 수 있다'고 하고 있고 1 시도지사, 2 시도의회의 의장, 3 시장군수자치구의 구청장, 4 시군자치구의회의 의장 의 4가지를 예시하고 있다. 전게서 p85 참조

자치회 또는 주민자치협의체의 구성 및 운영 등에 필요한 사항은 해당 지방자치단체의 조례로 정하는 범위에서 주민자치회가 규약으로 정한다'라고 하고 있는데, 여기서 '조례로 정하는 범위에서'라고 하는 부분이 주민주권의 원칙에 반하는 것이다.

즉 민주주의의 질적 제고를 위한 주민주권의 구현을 위해서는 중요한 자치의 핵심적 가치가 몇가지 있는데, 그 중에 하나가 보충성의 원칙(principle of subsidiarity)이다. 즉 보충성에 입각한 주민자치를 법률로서 보장하기 보다는 오히려 '조례가 정하는 범위에서'라고 함으로써, 시군구나 시도의 지방자치단체의 조례가 정하지 않은 내용에 대해서는 '규약' 제정의 자치권이 없다는 뉘앙스를 풍기게 하는 것이다.

요컨대, 현재 국회발의중인 지방자치법의 전부개정속에 반영된 주민자치와 주민자치회의 근거규정들은 과연 한국의 주민자치가 나아가야 할 길을 제대로 그려주고 있는가에 대해서 여러 가지의 의문을 갖게 한다.

V. 결론 및 제언 : 제도설계의 자치성과 민주주의 기본원리 회복

한국의 민주주의를 회복하기 위해서는 민주주의의 가치와 철학에 입각한 지방자치제도의 설계가 선행되어야 한다. 국가중심주의적인 지방제도설계로서는 민주주의가 성숙하기 어렵고, 시간이 지날수록 더욱더 의존적인 중앙-지방정부간 관계가 나타나고, 시민사회는 더욱 자생력을 상실해 가게 되며, 정당간의 이분법적 대결과 갈등은 심화되어 국가의 위기를 초래하지 않을까 의구심이 든다.

이 난국을 타개하기 위해서는 지방자치제도가 자치성의 가치와 철학을 가지고 재설계(redesign)되어야 하고, 민주주의 기본원리를 회복하도록 주민자치제도가 설계되어야 한다. 민주주의 기본원리를 회복하는데 있어, 한국적 현실에서 중요한 개념은 총회를 통한 근린구역자치 혹은 근린생활공동체자치를 할 수 있는 법제도적 구조를 구축해 주어야 한다. 특히 재정과 예산의 자치가 가능한 구조를 형성해 주어야 한다.

이러한 자치관리의 설계시에 주목해야 할 부분이 아파트단지 관리의 자치이다. 이 공간이 현재는 소유자 재산의 공동관리를 위한 것으로 되어 있지만, 입주민들이 생활공동체를 자치관리하는 공간으로서 민주주의 기본원리가 활성화되도록 정책을 추진할 필요가 있다. 한국의 경우 대도시의 50% 이상의 주민들이 아파트에서 거주하고 있기에 이 공간에서 민주주의 훈련과 교육, 그리고 경험이 축적된다면, 한국의 민주주의는 성숙할 가능성이 높다. 이 때 유의할 것은 정당정치의 개입을 차단하는 것이다.

일본의 사례분석에서 보았듯이 국가영역과 시민사회영역을 명확히 구분하여 고유의 독립성을 인정하는 관점을 가져야 한다. 일본의 명치유신의 설계자들은 명치정부의 역량상의 한계도 있었지만, 지방제도의 설계시에 국가의 통제영역을 서서히 확장해 가지만, 시민사회의 자치영역의 고유성을 인정하고, 공동체자치영역에서는 총회형의 자치를 할 수 있게 하였다.

그러나 한국의 경우는 읍면동-통리-반상회라는 세부말단까지 행정통제의 관리를 하였던 일제 강점기의 통치시스템과 군사정부시절의 관변화 조치들에 의하여, 시민사회의 영역이 거의 사라졌다고 할 수 있다. 농촌지역은 리장선거 등을 통하여 마을자치가 살아 있는 지역이 있었지만, 도시화된 지역에서는 공동체자체가 형성되기 어려웠고, 특히 아파트거주자들은 단기간에 다른 지역으로 이주하는 경우가 많아 굳이 지역에서 공동체를 형성할 필요성을 가지지 않았다. 그러다 보니, 민주주의를 경험할 체험의 공간이 없어졌고, 대학교육이나 중고등학교 교육에서의 민주주의 교육은 이론에 그치고 이상만을 가지고 있게 된 것이 아닌가 한다.

그러다가 국가적인 의제에 시민들이 저항하는 경우에 국가를 상대로 시민참여운동을 하지만, 지역에서 민주주의 주권자로서의 참여경험과 자치경험을 축적할 기회가 없었던 것이다. 이 점에서 한국에서 주민자치를 민주주의 기본원리에 부합하게 제도설계하는 것은 한국의 지방자치의 역주행을 바로 잡고, 민주주의를 성숙시키며, 민주시민사회교육으로서의 대학기능이 현실과 접목하게 하는 계기가 될 수 있을 것이다.

참고 문헌

김병준. 2011. 지방자치론. 법문사.
김찬동. 2019. 주민자치정책론. 충남대학교출판문화원 근간.
김찬동. 2018. 한국주민자치정책의 문제점과 개혁방안. 한국국정연구 제36권 제1호. 한국외국어대학교 국정관리연구소.
김찬동. 2017. 주민자치회의 사업. 주민자치법입법연구포럼. 한국자치학회.
김찬동. 2017b. 주민자치제도의 설계. 궁미디어.
김찬동. 2015. 주민자치의 이해. 충남대학교출판문화원.
김찬동. 2014. 통반장과 주민자치위원회제도의 혁신방안.
김찬동 박은철. 2010. 아파트관리의 공공성 제고방안. 서울시정개발연구원.
김혜천외. 2011. 현대도시의 이해. 대왕사.
니시오. 일본의 행정과 행정학. 강재호역. 부산대학교출판부. 2002.
지방자치발전위원회. 2017. 내삶을 바꾸는 자치분권 로드맵(안) 현장토론회 자료.
타케마에 에이지. GHQ 연합국 최고사령관 총사령부. 송병권역. 평사리. 2011.
21세기정치연구회. 2012. 정치학으로서의 산책. 한울아카데미.

小滝敏之. 2006. 住民自治の視点と道程､公人社.

제4장

주민주권과 주민자치

I. 문제제기

주민주권에 입각한 지방자치법을 제정한다고 한다. 주민주권은 주민이 주권자로서 거주하는 구역의 공공문제를 결정하고 책임지는 주인이 된다는 의미이다. 여기서 거주하는 구역을 무엇으로 볼 것인가가 문제인데, 현재의 지방자치단체인 시군구라는 기초구역과 도광역시라고 하는 광역구역만을 생각한다면, 이 구역에는 주민들에게 선거권이 부여되어 있다. 이러한 선거권은 한국의 경우 1991년이후에 지방자치를 제도로서 도입하면서 도입된 것이고, 그 이전에는 거주구역에 대한 자치권이 중단되어 있었던 것이다[52].

거주구역에 대한 자치권을 부여하게 된 것은 국가차원의 민주주의와 제6공화국의 헌법개정에 의하여 국민들에게 부여된 권리였다. 즉 헌법 제1조

52) 물론 한국의 경우 1952년에 시읍면에 대한 자치권이 법률로서 도입되어, 주민들이 시읍면에 대한 선거권을 가지고 있었다.

의 주권재민을 구현하고, 민주공화정을 회복하기 위하여 지방자치를 재도입(부활)시킨 것이다.

그렇다면, 이 구역의 주권자로서 지방의회를 구성하고 단체장을 선거로 선출하는 권리를 가지는 것만으로 주권재민이 구현된 것으로 볼 수 있는가?

문제는 주권재민의 해석을 주권이 국민에게 있다고 보면서, 주민에게는 주권이 없다고 볼 것인가 아니면, 국민에게 주권이 있기에 주민에게도 주권이 부여되어 있는 것으로 볼 것인가이다. 한국의 국민은 주민등록증을 모두 가지고 있기에, 주민등록을 한 국민이 주권자라고 한다면, 주민도 주권자로 보아야 할 것이다.

이 점에서 주권자로서 주민이 생활자치의 공간이나 근린자치의 공간에서도 주권자로서 권리를 가지고 공공문제를 결정하고 책임질 수 있는 권리와 제도를 설계해 두어야 풀뿌리 민주주의가 실현될 수 있을 것이다.

풀뿌리 민주주의라고 함은 주민이 시민사회의 주권자로서 주민이 거주하는 공간에서 '공동체'를 형성하고 공동체의 공유문제를 해결하기 위한 자치를 민주적으로 하는 것을 의미한다. 주민은 다양한 공동체를 형성하고, 참여하면서 다양한 지역의 공동체의 자치경험을 통하여 공동체의 리더로서 선출되게 되고, 이들이 '공동체들의 연합공간'에 공동체를 대표하여 참여하게 됨으로써, 보다 상위의 공공문제에 대한 '자치체'의 의사결정과 책임을 지는 리더가 되는 것이다.

다시 말해 풀뿌리 민주주의가 성숙하게 작동하기 위해서는 '공동체 계층'과 '자치체 계층'이 구분되어 있고, 이 둘은 2계층의 자치를 구성하게 되는 것이다. 플라톤의 국가(politeia)에서 말하는 국가공동체는 도시를 중심으로 하는 도시공동체를 의미하는 것으로서 근대국가에서 말하는 국가와는 차원이 다른 논의이다. 근대국가에서의 국가는 근대 시민사회가 사회계약을 통하여 인위적으로 만들어낸 구조물로서 국가 주권(sovereignty)의 불가분성을 통하여 신화화된 것이다.

반면, 주민주권은 지방자치의 자치권을 고유권설에 입각하여, 주민들이 자연스럽게 구성하는 공동체와 소규모의 지방정부가 우선하여 자치권을 가지고 있다는 것으로서 개인의 기본권을 중시하는 자연법사상에 토대를 두고 있다(김병준, 2011:337). 주민주권에 입각하여 민주주의를 생각하면, 주민들이 총회를 통하여 공동체의 의사결정에 주인으로서 참여하고, 공동체의 공유서비스의 공급에 필요한 비용을 부담하면서, 자급자족의 순환구조를 가지고 있어야 한다.

만일 공동체가 필요로 하는 공유서비스의 공급에 필요한 비용을 공동체가 스스로 부담하지 못한다면, 불완전한 자치가 될 것이고, 다른 공동체나 상위의 자치체의 재원에 의존할 수밖에 없다. 이 경우에는 총회를 통하여 자기입법과 자기통제를 하더라도 자치적 공동체나 상위의 자치체의 통제와 관리를 받을 수 밖에 없게 될 것이다.

이 점에서 한국의 지방자치제도는 재정자립도가 점점 낮아져가고 있고, 국가 혹은 중앙정부에 대한 의존도가 심화되고 있어 온전한 지방자치를 구조적으로 하기 어려운 상태에 빠져들고 있다. 이런 구조에서 규모가 보다 작은 주민자치의 공간에서 '자치제도'를 설계하고 실질적 주민자치의 길을 찾아가려는 것은 심히 어려운 난제임이 분명하다. 2장에서는 지방자치의 제도설계의 철학과 관점을 생각해보고, 3장에서는 한국의 지방자치의 성숙을 위한 주민자치가 길을 제대로 모색해 가고 있는가에 대한 의문을 제기하면서 4장에서는 성숙한 민주주의를 위해서는 주민자치 제도설계가 민주적 가치를 우선하는 철학에 입각해야 함을 제시하고자 한다.

Ⅱ. 근린정부를 형성하는 주권

1. 지방자치제도 설계의 방향

한국의 지방자치가 역주행하고 있다는 비판이 제기되는데, 이것은 지방자치제도를 실시하면 할수록 지방자치단체들의 중앙정부에 대한 의존도가 심화되고 있어서, 정부간관계나 지방자치제도에 구조적인 문제점이 있는 것이 아닌가 한다. 즉 한국의 지방자치는 자치다운 자치를 하기 어려운 구

조적 문제점이 있는 것이다

즉 이러한 역사적 배경에는, 1991년 지방자치제도를 재도입(부활)할 때, 헌법가치에 부합하는 '자치다운 자치'를 어떻게 할 것인가를 숙고하지 않고, 정치적인 이유로 30년전의 지방자치제도의 구조를 그대로 답습하였던 것이다.

즉 첫째, 시군자치라는 1961년의 버전을 그대로 도입하여, 기초단위에는 시군구자치로 한 것이다. 둘째는 2층자치계층을 농촌과 도시의 구분없이 획일적으로 도입한 것이다. 즉 농촌지역이 도-시군 자치라는 2층제 자치를 도입하니, 도시지역인 광역시에도 광역시-자치구 라고 하는 2층제 자치를 그대로 도입한 것이다. 셋째로, 읍면동을 행정계층으로 하여, 국가행정사무를 처리하는 사무소로 존치하여 풀뿌리자치의 가능성을 차단한 것이다.

그렇다면, 만일 제대로 된 지방자치 제도를 설계하면서 지방자치를 부활시키도록 하려고 하면, 어떻게 해야 할 것인가?

첫째 자치권의 연원이 고유권설에 입각하여 지방자치제도를 설계하여야 한다. 즉 국가의 전래설에 입각한 단체자치를 지방자치라고 보지 말고, 고유권설에 입각한 주민자치를 지방자치로 보는 관점(perspective)의 전환이 필요하다.

둘째, 국가의 행정조직을 구축하는 하향적(top-down) 제도와 시민사회의 자치조직을 형성하는 상향적(bottom-up) 제도를 조합하여 지방자치제도의 설계를 하여야 할 것이다. 즉 제도적 보장설은 국가의 주권과 시민사회의 주권의 두가지 축을 기반으로 하여 지방자치를 설계하는 제도설계의 철학을 가지고 있어야 한다. 특히 이러한 철학은 헌법이나 지방자치법을 입안하는 제도설계자들에게 요구되는 덕목(arete)이다. 이러한 철학의 부재가 현재의 지방자치법 전부개정안의 주민자치회 제도설계에 나타나고 있고, 이것은 지방자치의 근본을 훼손하는 것이라는 비판을 받게 되는 것이다.

셋째, 주민들이 거주하는 공간에서 자치권을 가질 수 있고, 공유서비스를 공급하는 책임을 다할 수 있도록 자기결정과 자치통제가 가능하도록 주민자치제도의 인프라를 깔아두어야 한다. 이것이 가능한 공간은 도시지역과 농촌지역이 다르고, 도시지역은 아파트단지와 같은 구역자치관리가 가능한 시스템이 필요하고, 농촌지역은 리자치와 같은 공간규모에 마을공동체자치의 연합체로서 민주공화정이 작동할 수 있는 시스템이 필요하다.

넷째, 한국에서 지방자치는 무엇보다도 국가의 권한과 재원, 역량을 분권시켜서 지역(region)권역이 수권그릇으로서 중앙정부와 대등할 수 있는 지방정부가 존재해야 한다. 그리하여 지역의 경제발전과 문화생활, 도시계획 등을 자급자족할 수 있는 권한과 재원과 역량을 구비한 지방정부여서, 지역주민들에게 직접 책임지고, 필요한 세원의 부담을 부가할 수 있는 권능이 있어야 할 것이다. 이것이 연방주의에 버금가는 지방자치제도의 요체일 것이고, 이러한 구조를 담보하는 것이 지역권역을 대표하는 상원의 설치로 이어져야 하는 것이다.

다섯째, 지역발전을 위해서는 지역대학이 거점이 되어서 지방정부, 풀뿌리 공동체조직, 지역시민단체, 지역언론, 지역경제단체, 지역상공회의소 등을 연계할 수 있는 권능을 가질 수 있어야 한다. 그리하여 지역대학과 지역거점대학이 지역의 인재를 길러내고, 필요하면 국가인재나 글로벌 인재로 파견할 수 있는 지역정체성이 필요하다. 지역주의로 인하여 지역정체성이 무너지면, 신신중앙집권화되어 지역이 쇠퇴하고 소멸할 위험성이 크다. 지역시민을 길러내는 네트워크의 중심으로서 지역대학의 역할이 필요하다.

2. 특별법과 주민자치회 시범실시 표준조례 분석

주민자치회를 설치하도록 처음 제도적으로 제시한 것은 지방행정체제개편에 관한 특별법이다. 특별법 제27조에 의하면 '풀뿌리자치의 활성화와 민주적 참여의식 고양을 위하여 읍면동에 해당행정구역의 주민으로 구성되는 주민자치회를 둘 수 있다'고 되어 있다.

이 조항은 제3장 지방행정체제개편에 대한 부분에 속해 있는 조문이고, 제1절 지방행정체제개편의 기준과 과제라는 절 속에 있다. 제18조부터 지방행정체개 개편의 기본방향으로서 주민의 편익증진과 국가 및 지방의 경쟁력 강화를 위하여 첫째, 지방자치 및 지방행정계층의 적정화를 추진하고,

둘째, 주민생활 편익증진을 위한 자치구역의 조직 셋째, 지방자치단체의 규모와 자치역량에 부합하는 역할과 기능의 부여 넷째, 주거단위의 근린자치 활성화를 추진할 것을 제시하고 있다.

이 논의는 계층과 구역의 재설계를 포함할 뿐만 아니라, 국가와 지방, 광역과 기초의 역할과 기능의 재편으로서의 분권논의 그리고 주거단위의 근린자치를 어떻게 활성화할지도 새롭게 제도설계할 것을 염두에 두는 것으로 볼 수 있다. 즉 기존의 지방자치법에 제대로 도입되어 있지 않은 주민자치 즉, 시민사회의 영역에서 근린자치제도를 새롭게 설계하는 것을 반영하여야 한다는 방향제시로 볼 수 있다.

그러나, 이후의 조문들을 보면, 과소 자치구통합, 시군구의 통합, 도의 지위 및 기능재정립, 특광역시 구역안의 구와 군의 지위 및 기능개편, 주민자치회설치 등을 제시하고 있는 것에 그치고 있다. 이것을 정리해보면, 기존의 기초계층에 대한 제도설계는 그대로 유지하면서 이들의 통합의 방향을 제시하는 것이고, 대도시지역의 기초계층은 지위를 개편하여 단층화한다거나, 비대도시지역의 광역계층의 지위를 재정립하는 것이다. 이를 표로 정리해보면 다음과 같다.

〈표2〉 특별법이 상정한 지방제도개편방향

	대도시지역		비대도시지역	
	현재-〉 미래		현재-〉 미래	
광역	특광역시	시-구통합	도	(폐지)
기초	자치구	(자치계층폐지)	시군	통합시군
근린	동	주민자치회	읍면	주민자치회

전반적인 계층과 구역의 제도구조를 보면, 대도시지역은 현재의 광역을 중심으로 시-구통합을 하는 것이고, 비대도시지역은 현재의 기초를 중심으로 통합시군을 만들어서 광역을 폐지하여 결과적으로 국가의 입장에서 보면, 지방제도의 계층을 단층화를 하겠다는 것이다. 단층화의 장점은 행정비용을 절감하고, 국가와의 소통을 원활히 하지만, 단점으로서는 중앙집권을

강화시킴으로서 민주주의를 저해하고, 주민으로부터 멀어져서 주민과의 소통이 어렵고, 지역의 다양성을 손상시키고, 기초지방정부간의 조정이 어려워진다.

특히 단층화로 인하여 중앙정부의 권한과 역할이 커지고, 행정관리가 획일화됨으로써 행정서비스가 평균화되어, 중간수준의 서비스를 공급하게 된다. 이것은 오츠(Oates)의 분권화정리에서 제시하는 것처럼 다양한 주민들의 선호를 반영하지 못하여 사회적 효용의 손실을 초래하게 된다. 중간수준의 행정서비스만을 공급하여 자원의 낭비를 가져오고, 주민들의 초과부담을 유발하게 된다는 것이다.

다시 말해, 대도시지역은 단층화의 방향으로 나가더라도 농촌지역은 복층화를 유지하는 것이 타당할 것이다.

그러나 여기서 과연 농촌지역의 기초지방자치가 시군으로 하는 것이 타당한가라는 점이다. 한국의 시군은 220여개에 불과하여 기초자치단위로서는 선진국과 비교할 때 가장 숫자가 적다. 즉 구역의 크기가 세계적으로 가장 크다. 일본은 기초자치로서의 시정촌이 1700여개, 프랑스의 코뮨은 3만 6천개, 독일의 게마인데도 12,000여개 인것을 볼 때, 한국의 경우 군자치를 폐지하고, 시읍면자치로 복귀하는 것이 타당할 것이다[53].

아무튼, 여기서는 읍면동을 '주민으로 구성하는 주민자치'의 회로 한다고 하고 있다. 문제는 주민으로 어떻게 주민자치를 구성하는가의 문제인데, 주민자치라고 하고 있으므로, 자기입법과 자기통제가 가능하여야 할 것이고, 주민이 직접 자치를 하거나 주민이 대표를 선출하여 간접자치를 하는 방법을 선택할 수 있어야 할 것이다. 전자는 직접민주주의로서의 총회형 자치를 의미하는 것이고, 후자는 간접민주주의로서 대표를 선출하는 대의제 자치를 의미한다.

그러나 행정안전부가 만든 '주민자치회 시범실시 표준조례 개정안'에 의

53) 한국의 경우 1950년대 지방자치의 제도설계는 시읍면자치였고, 이것이 1961년 지방자치를 중단하면서 시군자치로 전환된 것임. 시군자치의 제도적 유산이 1991년도 지방자치제도 부활시에 그대로 계승된 것이어서 현재의 시군자치를 기초자치로 하고 있음

하면, 제 2조에서 주민자치회는 읍면동에 설치되고, '주민의 대표'로 구성돼서 주민자치센터를 운영하는 등 주민의 자치활동 강화에 관한 사항을 수행하는 조직으로 되어 있다.

여기서 주민의 대표로 주민자치회를 구성한다고 하는데, 특별법에서는 '주민으로 구성되는 주민자치회'여서 표준조례개정안은 특별법을 위반한 것으로 보인다. 즉 주민의 대표로 주민자치 '의회'를 구성하는 것은 개념상 합리적이지만, 주민의 대표로 주민자치'회'를 구성한다는 것은 불합리하다. 주민의 대표로 구성되는 것은 읍면동의회라고 함이 타당할 것이다. 한국의 경우, 1950년대의 지방자치는 읍면의회였던 것을 기억하면 좋을 것이다.

그렇다고 하면, 주민의 대표로 구성되는 '주민읍면의회'라고 하는 것이 타당할 것인데, 이를 주민자치'회'라고 하여 개념에 혼란을 초래하게 한다.

한편, 특별법이 상정한 '주민으로 구성되는 주민자치회'의 개념적 의미는 '주민총회' 혹은 주민공동의회로 보아야 하지 않을까 한다. 즉 특별법은 직접민주주의로서의 주민총회를 구성하여 '풀뿌리자치의 활성화와 민주적 참여의식 고양'을 목표로 하고 있었던 것이다. 실제로 한국의 민주주의가 성숙하고 발전하기 위해서는 풀뿌리민주주의를 경험할 수 있는 제도적 장치가 설계되어야 하고, 이러한 제도에 대한 참여경험을 통하여 민주적 시민의식을 고양하게 되어야 할 것이다.

따라서 표준조례에서 '풀뿌리자치의 활성화와 민주적 참여의식의 고양을 위한' 것이라고 하면, 주민을 대표하는 주민자치회 즉 주민자치회 위원으로 구성할 것이 아니라, 직접 민주주의를 경험하고 체험할 수 있는 '주민총회'

〈표3〉 풀뿌리민주주의제도와 표준조례제도 비교

	민주주의제도구성		표준조례제도구성
대의제	근린의회 (선거선출의원)	자치활동조직	주민자치회 (주민대표)
관계	견제와 균형	관계	애매모호
주민주권	주민총회 (주권자로서 모든 주민으로 구성)	공론장	주민총회 (주민누구나 참여)

를 구성하는 것이 타당할 것이다.

그런데, 표준조례에서는 주민총회를 '해당읍면동 주민이면 누구나 참여해 주민자치활동과 계획 등 자치활동을 논의하고 결정하는 주민공론장'이라고 하면서, 주민총회와 주민자치회 위원과 어떤 관계성을 가지는지에 대해 애매모호한 입장을 표명하고 있다.

요컨대, 표준조례의 제도설계를 보면, 주민총회와 주민자치회라고 하는 주민누구나 참여하는 공론장과 주민대표로 구성하는 대표조직은 존재하지만, 양자의 관계가 어떠한가에 대해서는 애매하다. 그러나 민주주의제도 구성에서는 주권자로 구성된 총회와 총회에서 선거로 선출된 대표자로 구성되는 근린의회 혹은 집행위원회는 견제와 균형이라고하는 민주주의의 권력분권에 대한 가치를 구현하는 제도구성을 하고 있다.

3. 서울형 주민자치 제도 분석

서울형 주민자치제도는 마을공동체사업을 통하여 13만명의 주민이 참여하면서 형성된 공동체자치의 경험을 바탕으로 마을계획을 수립하고, 마을문제해결을 위한 공론장의 형성을 경험하게 되었다. 공론장을 형성하는 토대로서 마을계획단 활동을 만들게 되었고, 마을계획의 의제를 다루면서 주민들의 의견을 공유하고 청취하면서 사업의 우선순위를 결정하는 체험을 한 것이다.

한편, 마을계획단 활동을 통하여 주민이 참여하게 되면서, 서울시 행정의 입장에서는 '민관협력'의 거버넌스를 형성할 수 있겠다는 판단을 한 것으로 보인다. 그래서 민관협력을 강화하는 과정으로서 마을계획 지원인력을 서울시예산으로 배치하기로 하고, 민간의 활동경험이 있는 마을사업전문가를 채용했다.

민관협력을 위한 전담 인력이 배치되면서, 주민의 참여도 조직화하지만, 동주민센터와 함께 마을의제를 찾고 실행하는 모델을 형성하게 되었고, 이것을 통해, 주민의 만족도도 높아지고, 행정에 대한 신뢰도도 확보하게 되었다고 한다(서울시, 2018:9).

서울시는 마을계획사업을 2년동안 실시하면서, 분과모임과 전체모임을 하면서 총회와 같은 공론장을 형성할 수 있다는 자신감을 가진 것으로 보인다. 즉 마을계획단이 의제를 발굴하고, 실행계획을 세우고, 실행하는 과정을 통하여 주민자치에 대한 전향적인 전개가 가능할 것이라고 판단하게 된 것으로 보인다[54].

그리하여, 서울형 주민자치회는 주민자치위원회의 성과를 계승하고, 주민자치제도와 자치역량의 한계를 극복하여 주민이 실질적인 자치활동을 전개할 수 있는 제도를 만드는 사업으로 정의하고 있다(전게서, 11). 즉 서울형 주민자치 시범사업은 주민자치의 뿌리가 제대로 내리고 튼튼한 나무로 자라서 상시적으로 풀뿌리 참여 민주주의의 꽃을 피우기 위한 토대를 마련하는 사업이라는 것이다. 즉 한시적이란 의미도 들어있는 것으로 볼 수 있다.

서울형 주민자치회 시범사업은 4가지 정도의 특징을 가지고 있다[55]. 첫째, 주민대표성을 확보하기 위하여 추첨을 통한 주민자치위원의 선정이다. 주민자치회 위원이 되고자 하는 주민은 신청서을 작성하여 제출하고, 6시간의 교육을 이수하면 선정될 수 있는 기회를 가진다. 즉 참여의지가 있는 주민은 누구나 공평한 절차를 밟아서 주민자치회 위원이 될 수 있다

둘째, 주민자치회의 운영에 주민이면 누구나 참여할 수 있는 개방성을 가지고 있다. 즉 분과활동에 주민이 누구나 참여하도록 한 것이다. 분과별로 임원을 뽑아서 자체 운영하고, 분과활동을 전체 주민자치회 정례회의에서 공유하도록 한다. 또 주민은 어떤 분과에든 소속하여 지역사회의 공공성을 띤 활동에 참여하게 한 것이다. 그리고 주민자치회 위원은 분과를 지원하

54) 서울시가 이러한 판단을 하게 된 것은 기존의 주민자치위원회와 주민자치시범실시의 문제점으로서 '주민의 자치력을 향상시키기 위한 지원체계가 마련되어야(서울특별시, 2018:11)' 한다는 인식을 가지고 있었기 때문이다. 또 주민의 실질적인 자치활동을 수행하기 위해서는 권한과 역할이 보다 명료화되어야 한다는 인식도 가지고 있고, 주민이 동단위의 여러 주민참여 정책이나 사업을 종합적으로 논의하고 계획을 수립할 수 있는 체계와 역량을 갖추도록 주민자치회를 만들어야 한다는 인식을 가지고 있다(전게서).

55) 서울특별시(2018), 서울형 주민자치회 시범사업 매뉴얼. p12-13 참조

고, 민주적 운영을 하도록 하는 역할을 한다

셋째, 주민공론장으로서 주민총회를 개최한다. 직접민주주의의 장이고, 주민자치회 활동과 사업에 공공성을 부여하는 정당성을 가지게 한다. 주민총회는 매년 개최되고 주민자치회와 분과에 참여한 주민이 주체가 되어 주민총회를 개최한다. 주민총회에서 자치계획이 최종 결정된다.

넷째, 주민자치를 지원하는 체계로서 자치구 주민자치사업단과 동자치지원관을 배치한다. 즉 서울형 주민자치 사업은 시범사업이고 이 사업을 통하여 주민의 자치역량이 성장하여야 한다. 주민활동의 역량을 함양시키기 위하여 행정의 지원이 필요할 수 있다. 그리하여 동단위로 동자치지원관을 배치하여 주민자치회를 지원하고, 주민자치 위원의 역할수행을 촉진하는 역할을 담당하도록 한다. 한편 자치구에는 주민자치사업단을 구성하고, 동자치지원관에게 슈퍼비전을 제시하고, 동자치지원관을 채용할 수 있는 권한을 가진다. 자치구 주민자치사업단은 주민자치 활성화를 위한 환경을 만들기 위해 행정과 협의하고 조정하는 중간매개조직의 역할을 하도록 한다. 단, 자치구 주민자치사업단은 민간위탁을 하고, 민간전문가를 채용하여 동자치지원관으로 배치할 수 있다.

서울시는 이미 2017년도에 금천구, 도봉구, 성동구, 성북구 등 26개 동에 시범실시하였고, 2018년에는 13개구 65개 동에서 시행하였다. 서울시의 지원 예산을 보면, 주민자치회 운영비로 2,400만원, 주민자치회간사활동비로 60만원, 사무공간 조성 및 자산취득비로 1,275만원을 지방보조금으로 지급하였다.

이에 대해 주민자치지원단은 관치의 연장에 불과하지 않은가 하는 비판도 있다. 즉 주민자치지원단이 관설민영이라고 하지만, 주민자치의 입장에서 보면, 주민자치를 오히려 간섭하고 관리하는 또 다른 '준(準)관치(官治)'라는 것이다. 기존의 주민자치위원회가 주민없는 자치라는 비판을 받았는데, 서울형 주민자치 역시 '중간매개조직에 의한 통치'로 여겨지고, 중간매개조직의 조직권, 인사권, 재정권 등에 대한 주민의 통제와 참여가 없는 타치(他治)에 불과하다는 점이다[56].

주민자치는 주민이 스스로 조직하고 인사권을 행사하고, 재정을 조달하고 집행할 수 있는 자율성과 독립성의 확보가 기본이다. 여기서 독립성은 행정으로 부터의 독립성이어야 하고, 자율성은 주민 혹은 주민공동체의 상향적 참여를 통한 근린정부형성의 자유가 있어야 한다. 이 점에서 현재의 서울형 주민자치는 동마다 6천만원의 예산과 구마다 1억6천의 예산을 투입하는 하향적 관리통제의 예속성을 가진 것일 수 있다.

Ⅲ. 성숙한 민주주의를 위한 주민자치 제도 재설계 방향

1. 자치구역의 근린화

자치의 본질은 주민주권을 통한 공유서비스 공급의 자치관리 폴리스(polis, 공동체)를 형성하는 것이다. 주민은 주권자로서 자치관리 폴리스에 참여하여 의사결정하는 민주주의를 경험하고 체험하면서 통치자로서의 리더십을 길러내어야 한다. 그 과정에서 다양한 리더들이 양성되고, 이들은 전문성에 입각한 덕성(arete)를 함양하여, 폴리스로서의 자치역량을 길러내고, 외부의 다양한 폴리스들과의 유대와 신뢰를 형성하여 연합체를 구성하여 보다 광역적인 공공서비스의 공급을 결정하고 관리하는 정부를 운영하게 되는 것이다. 폴리스이기에 자치입법과 자치관리가 중요한 요소이며, 권력이 한 사람에게 집중되지 않도록 분립시켜서 견제와 균형을 이루도록 하는 제도적 장치를 가지도록 하는 것이 민주주의 제도일 것이다.

그렇다면, 여기서 가장 기초적인 자치구역을 어떻게 정할 것인가의 문제이다. 즉 자치에는 구역을 자치적으로 관리하는 자치체도 있지만, 자치체가 형성되기 위해서는 풀뿌리의 다양한 개인들이 자유롭게 모인 공동체가 있어야 하고, 이들 공동체가 자치하는 경험을 가지고 있어야 한다. 이러한 공

56) 이에 대한 구체적인 비판은 전상직(2018.7), p33-36 참조

동체의 자치 없이 바로 자치체를 형성하려고 하면, 자치과정에서 오는 갈등과 이기적 행동들을 극복하기가 어려워 외부로부터의 통치관리에 의존하게 될 가능성이 크다.

다시 말해, 공동체가 형성되고, 공동체의 필요한 공유서비스를 자치관리하는 공동체자치의 경험과 역량이 곧 사회적 자본(social capital)이 되는 것이다. 사회적 자본의 기반이 없이는 지방자치의 실질화도 쉽지 않고, 민주주의의 발전도 어려워진다.

이 점에서 개인과 가정들이 네트워크화되거나 특정한 목적을 위한 공동체를 형성하여 폴리스(polis)를 경험할 수 있는 제도설계가 되어 있어야 한다. 그리고 이들 공동체 자치의 경험을 가진 사람들이 보다 광역의 공공서비스를 공급하기 위한 자치체를 형성할 수 있는 상향적 자치제도 설계가 되어 있어야 할 것이다. 만일 한국의 지방자치를 재도입할 때, 진지한 자치제도설계를 어떻게 해야 민주주의를 발전시키고 성숙시킬 것인가에 대한 학계와 전문가들의 논의가 있었다고 하면, 한국의 지방자치는 달라졌을 것이다.

그러나, 한국의 경우, 지방자치를 재도입할 때인 1980년대 후반, 국가영역에서 민주화가 이루어졌고, 그 과정에서 지방자치를 부활하여야 한다는 정치적 투쟁과정 속에서 정파적 이해관계의 타협을 통해 지방자치가 재도입되었다. 그리하여 당시의 지방행정제도였던 시군자치와 도자치를 그대로 계수하였던 것이었고, 도시지역인 광역시구역에도 2층자치를 평등하게 획일적으로 도입하자는 결정을 하게 되었다.

그리하여 광역시도와 시군구의 2층제 이중자치가 제도적으로 도입되었다. 결과적으로 광역자치행정에 도농분리방식이 도입되었고, 기초자치행정에도 도농을 분리하는 시군자치를 도입하였다. 여기서 도농분리방식이라 함은, 농촌지역이 도시화가 되면, 도시의 경계를 별도로 구분하여 기존의 농촌지역인 군에서 독립시켜 분리(separation)하는 방식이다. 광역행정기법 중에서 급진적 방법 중의 하나이다[57].

57) 급진적 방법에 대응하는 것으로서 점진적 방법과 절충적 방법이 있다. 점진적 방법은 도시지역에 해당하는 읍이 시가 되면, 기존의 군지역의 면과 협의체를 만들거나

한편, 근린구역이라고 할 수 있는 읍면동 구역에는 자치를 도입하지 않았다. 그리고 국가사무를 처리하는 행정관리계층으로 둔 셈이었다. 그리고 통리계층에도 통장과 리장이라고 하는 관변조직을 두고, 시민사회와 소통하려고 하였다. 여기서 리계층은 농촌지역으로서 지역에 따라서는 리장을 마을총회를 통하여 선출하기도 하였고, 이들을 읍면동장이 임명하는 방식을 택하였다. 즉 리단위의 자치에 상위계층인 읍면단위에서 통제하는 민선관치(民選官治)의 연결관계를 형성하였다. 국가의 관점에서는 대행적 관리였고, 시민사회의 관점에서는 공동체 자치였지만, 법적 자치권을 제도적으로 보장받지 못한 취약한 것이었다.

이러한 상태는 2000년에 주민자치위원회가 도입된 이후와 2013년이후 주민자치회 시범실시가 도입된 이후에도 여전히 변하지 않은 것이다. 다시 말해, 읍면동 계층에서는 '자치다운 자치'가 여전히 도입되지 않은 것이고, 통리계층에는 리장선거를 주민총회에서 실시하는 일부 농촌지역을 제외하고는 여전히 자치가 존재하지 않는 셈이다. 이를 표로 정리하면 다음과 같다.

〈표4〉 주민주권에 입각한 주민자치개혁

계층	구역	자치여부	주민주권에 입각한 자치개혁
광역자치행정	광역시/도	자치	
기초자치행정	시/군	자치	
근린구역	읍면동	관치	자치제도설계(읍면 자치단체화, 동은 아파트단지협의체)
공동체	통리	관치 (단,농촌의 리지역에는 자치)	자치제도설계(리는 총회형자치, 통은 아파트단지 자치관리에 준하게)

사무위탁을 통하여 광역적 공공서비스의 공급을 할 수 있다. 한편, 절충적 방식이라 함은 도시지역과 농촌지역이 필요한 공공서비스를 공급하기 위하여 기존의 자치를 그대로 유지하면서 광역계층에 조합이나 연합정부 등을 만들어서 처리하는 것이다.

2. 총회와 자치재정에 입각한 근린정부구성

자치다운 자치를 하기 위해서는 구성원들이 주권자로서 민주적으로 참여하는 정부를 구성할 수 있어야 한다. 민주정체로서의 정부를 어떻게 설계할 것인가에 대한 기초적인 이해는 그리스 아테네의 민주정치 체제의 구조를 보지 않을 수 없다.

아테네의 민주정치의 역사를 보면, 기원전 11세기에는 왕정이었다가 귀족정으로 전환하게 된다. 그리고 평민과 귀족간의 갈등이 증폭되면서, 스파르타는 군사화를 기반으로 한 전체주의로 이행해 간 반면, 아테네는 귀족의 특권을 없애고 민중의 권력화를 통해 민주주의로 이행하게 된 것이다(이승종외, 2015:23).

기원전 5세기경 아테네의 민주화개혁은 드라콘의 만민평등법, 솔론의 민회(ekklesia)창설, 클라이스테네스의 구역제도로서 데모스(demos) 등을 만들어서 혈연기반의 통치체제를 지역기반의 통치체제로 전환하기도 하였다.

여기서 500인회(Boule)는 각 데모스에서 인구비례에 따라서 추첨으로 대표를 선출하였고, 에피알레스는 기원전 462년에 원로귀족의 모임인 아레이오스 파고스(Areios Pagos)의 권한을 민회로 옮김으로써, 민회가 정부관리에 대한 임명과 헌법재판소와 대법원의 기능을 이관받게 되었다.

민회의 장소는 아고라(Agora)와 프닉스언덕에서 이루어졌고, 연 40회 이상의 회의를 하였다고 한다. 중요안건의 경우 정원이 6,000명이었고, 재정과 외교, 도편추방 등 공공질서유지에 대한 법적 기반 등 주요문제에 대한 토론과 의사결정을 하였다. 기원전 4세기에는 민회참석에 대한 수당지급도 하였다고 한다. 민회의 진행이 안정성을 가지도록 500인 회의에서 의제를 준비하였다.

500인 회의는 50인이 돌아가면서 35일 정도씩 의석을 지키면서 민회 의안준비와 정부관리의 감독, 행정관 임용 등의 기능을 수행했다. 500인 회의 의장은 매일 추첨으로 선출하는 방식을 택해 특정개인의 영향력을 배제하였다. 구역별로 추첨하여 지역대표성을 높이도록 하였고, 2회이상 선출이 불가능하도록 하였다(전게서, 27).

한국의 주민자치를 자치답게 설계한다고 하면, 아테네의 직접민주정의 자치방식을 벤치마킹하게 될 것이다. 이 점에서 한국의 주민자치를 어떻게 재설계해야 할 것인가에 대한 시사점은 다음과 같다.

첫째, 주민주권에 입각하여 근린구역의 자치를 설계한다고 하면, 구성원인 주민들이 세대별로 참여하는 총회를 구성하여야 한다. 근린구역의 공유서비스 혹은 공공서비스의 의사결정과정에 참여하는 것이 목적이므로 모든 주민들이 참여할 필요는 없을 수 있다. 이 점에서 근린구역에 거주하는 상가나 기업별로 법인주민으로서 참여할 수 있을 것이다.

둘째, 주민들이 세대별로나 법인주민이 참여하는 총회와 별도로 총회의 운영을 위한 평의회가 필요하고, 이의 선출은 추첨을 통하여 선출함으로써 일부 집단의 영향력을 배제한다. 평의회의 수는 50인 정도로 하고, 이중 5명씩 일년을 10회로 나누어서 순환하여 분담하는 상임집행위원회를 둔다.

셋째, 총회에는 근린구역의 공유서비스나 공공서비스의 공급을 위한 법제도적 기반이나 재정과 과세, 대외관계 등을 결정할 수 있는 자치권이 있어야 한다. 특히 주민들에게 주민세를 부과할 수 있는 권한과 공유서비스 공급에 필요한 근린세(neighborhood tax)를 부과할 수 있는 자치재정권을 가지고 있어야 한다. 그리고 이것이 가능하도록 자치입법권도 근린정부의 총회가 가지고 있어야 한다.

3. 상향적 자치계층형성

자치는 자기입법과 자기통제라고 하는 기본 개념을 가지고 있지만, 자치와 자치와의 관계에서 가장 중요한 개념은 연대성과 호혜성이라고 할 것이다. 즉 자치체와 자치체간에 공유서비스의 필요를 규모의 경제에 의하여 효과적으로 처리할 수 있는 방법이 광역자치의 기법이다. 광역자치의 기법에는 협의체(COG)를 만드는 것이나 조합을 형성하는 것, 그리고 연합체를 형성하는 것이다. 간단한 경우에는 사무위탁의 방법을 통해서 이웃한 자치체의 공공서비스를 활용할 수 있을 것이다.

그런데 연대성과 호혜성의 개념은 공동체의 기본 개념이기도 하다. 이런 점에서 자치란 내적으로는 자기입법과 자기통제를 통하여 공유서비스를 공급하는 정부이지만, 외부적으로는 다른 자치체들과의 연대성과 호혜성을 가지고 보다 전문적인 공공서비스를 공급할 수 있는 시스템을 형성할 수 있는 권한을 가지고 있어야 한다. 즉 상향적(bottom-up) 자치계층을 형성할 수 있는 자치권을 가지고 있어야 한다.

한국에서 주민자치가 제대로 설계되지 못한 이유 중에 가장 본질적인 것은 시민사회의 자치의 기본권을 인식하고 있지 않은 채 지방자치와 주민자치를 운영하였던 것이다. 그 다음으로는 자치를 구성원들의 주권을 인정하고 민주적으로 자기결정과 자기책임을 질 수 있는 근린정부의 형성권한을 인정하지 않고 제도설계를 하였던 것이다. 그리하여 탄생한 것이 주민자치위원회이고 주민자치회의 시범실시였다.

여기에 더하여 이들의 연대성과 호혜성을 가지고 협의회나 중앙회를 조직할 수 있는 권리를 인정하지 않아서, 원자화된 주민자치 조직들이 행정의 통제와 관리에 의존하고 예속되는 결과를 초래한 것이다. 만일 협의회나 연합회가 조직화되면, 보다 영향력을 가지고 국가영역에 해당하는 행정관리과정에 의견을 표명할 수 있었을 것이다.

그런 점에서 이번 지방자치법 전부개정에서는 협의체나 연합체를 조직할 수 있는 권리를 부여하는 현상은 고무적이라고 할 수 있다. 2010년의 주민자치회 모델연구에서는 주민자치회들간의 네트워킹에 의한 협의회와 연합회를 제도설계에 반영되어 있었지만, 2013년의 시범실시에서는 이러한 광역적 자치조직을 제도설계과정에 도입하지 않았다.

또 하나 상향적 자치계층의 형성에서 빠뜨려서는 안되는 것이 공동체자치와 자치체와의 관계이다. 이 관계도 상향적으로 형성되는 것이 이상적이라고 할 것인데, 공동체자치가 이루어지지 않는 공간에 대해서는 자치체와의 관계를 어떻게 할 것이냐라는 문제가 있다.

이 경우 자치체는 공동체자치가 이루어지지 않는 공간에서 필요로 하는 공유서비스에 대해서는 시혜적으로 지원하지 않을 수 없다. 이 때 자치체의 공공서비스는 최소한에 머물러야 할 것이고, 주민들이 공동체를 형성할 때까지 한시적이라는 것을 명확히 하는 것이 필요하다. 자치체가 제공하는 공공서비스는 공동체자치가 이루어지는 공간과 비교하여 차이가 발생하지 않도록 공평하게 할 필요가 있다. 즉 과잉으로 공급되어서도 안 된다.

현재의 주민자치회 시범실시는 국가행정과의 관계에서 읍면동의 행정관리에 부가적으로 이루어지는 것이고, 읍면동은 국가행정과 자치행정의 깔대기 조직이다. 다시 말해 중앙정부-광역지방자치단체-기초지방자치단체-읍면동 으로 이어지는 하향적 관리계층에서 주민자치회는 행정의 협력적 참여조직으로 평가된다.

서울시의 서울형 주민자치회의 경우도 현재의 주민자치가 역량이 부족하기 때문에 이를 지원하기 위한 지원관을 동과 자치구에 공무원신분으로 임명하여 배치하고 있다. 또 동지원관과 자치구지원관의 관계도 하향적 지휘통제관계로 되어 있어, 주민자치회의 위원들의 입장에서는 주민자치가 스스로의 역량을 함양하기 위한 예산투입이 아니라는 비판을 하게 된다. 차라리 그 예산을 주민자치회에 직접 주어서 주민자치역량을 강화하기 위한 인력을 직접 채용하도록 하는 것이 주민자치회의 자치적 역량강화에 기여할 것이란 점이다.

Ⅳ. 결론 및 제언

주민주권에 입각한 지방자치를 어떻게 도입할 것인가가 이 시대의 과제가 되고 있다. 국가주권에 입각한 국정운영은 점점 신신중앙집권과 수도권의 비대화를 초래하여, 다양한 국정문제가 해결되기 보다는 더 악화되는 방향으로 흘러가는 것이 아닌가 하는 우려가 있고, 국정 컨트롤타워의 지시나 명령이 현장까지 전해지지도 않고, 왜곡되어 형식적인 성과만 남게 되는 국정낭비가 발생하는 것이 아닌가 하는 의구심이 있다. 이런 구조로는 더 많은 예산을 투입하면 할수록, 진정한 성과는 없고, 외형적인 성과치장만 남게 되는 것이다. 근본적인 국정시스템의 개혁이 요구되는 시점이다.

근본적인 개혁을 위해서는 생각과 발상의 대전환이 요구된다. 주민주권에 입각한 주민자치 제도설계와 풀뿌리 민주주의를 통한 시민의 역량제고를 통한 지역발전전략이 필요하다. 기존의 관치(官治)화된 지방행정의 구조를 개혁하는데 주민자치회를 자치답게 혁신하는 것이 필요하다.

주민주권은 거주하는 구역공간에서 주민이 주권자로서 권리와 의무를 부여하는 것이다. 주권자로서 근린구역공간에 대한 자치관리를 할 수 있는 자치체를 형성하고, 참여하여, 의사결정과 구역문제해결의 책임을 질 수 있는 자치권이 보장되어야 한다. 보충성의 원칙에 입각하여 주민들이 필요로 하는 공공서비스에 대한 일차적인 자치권이 근린구역공간에 있어야 한다. 그리고 이 과정이 민주주의를 경험하고 체험하는 일상생활이 되도록 해야 한다. 직장생활과 경제활동에 바쁜 주민들에게 민주주의적 참여와 시민사회의 주권자로서의 역할인식을 가지게 하기 위해서는 교육과 체험이 필요하다.

주권자로서의 주민이 민주주의를 경험하고 체험할 수 있는 풀뿌리 자치의 공간이 근린구역공간이고, 근린구역공간에 민주공화정이 꽃필 수 있도록 해야 한다. 주민자치회는 바로 한국의 민주주의 성숙과 지방자치의 혁신을 위하여 치밀한 제도설계와 민주주의와 자치철학이 반영되도록 법제화되어야 한다. 다양한 학문 분야가 융복합적으로 관심을 가지고 참여하고 소통하여야 한다.

21세기 한국의 주민주권에 입각한 주민자치와 민주주의의 성숙을 위하여 첫째, 자치분권형 헌법개정이 필요하다. 둘째, 주민자치회가 민주주의를 이해하고 경험할 수 있도록 주민자치교육이 지속되어야 한다. 셋째, 다음세대가 주민자치에 관심을 가지고 참여할 수 있도록 지역대학 동아리들과 지역문제해결과 지역계획수립에 함께 참여하여 사회적 신뢰를 축척해 가야 한다.

참고문헌

김병준. 2011. 지방자치론. 법문사.

김찬동. 2012. 마을공동체복원을 통한 주민자치 실현방안. 서울시정개발연구원.

김찬동. 2014. 지방자치시대 주민참여 제도화방안. 서울연구원.

김찬동. 2015. 주민자치의 이해. 충남대학교출판문화원.

김찬동. 2017. 주민자치제도의 재설계. 궁미디어.

서울대학교정치학과교수, 2013. 정치학의 이해. 법문사.

서울특별시. 2018. 서울형주민자치회시범사업 매뉴얼.

이승종 김혜정. 2015. 시민참여론. 박영사.

전상직. 2018. 서울형 주민자치회에 대한 비판적 고찰. 월간 주민자치 vol. 81(2018년 7월).

21세기 정치연구회. 2012. 지방정치학으로의 산책. 한울아카데미.

제5장

주민자치정책의 실패와 풀뿌리 민주주의
: 서울형 주민자치정책의 문제

I. 문제제기

정책의 합리성은 정책목표와 정책수단, 그리고 정책도구라고 하는 정책구조가 논리성을 가지고 있어야 하고 일관성을 가지고 명확성이 있어야 한다. 또 정책과정의 합리성도 정책의 합리성을 구성하는 중요한 요소이다. 즉 정책결정단계에서 정책목표로 정하였던 것이 정책집행과정에서도 변질되지 않고 일관성을 가지고 추진되어야 정책과정이 합리적인 것이다.

그런데 정책결정단계에서 불명확하거나 애매모호한 정책목표를 정하거나 서로 상호 충돌되는 정책목표를 가진 정책은 그 집행단계에서 변질되거나 수정되어서 원래 가지고 있었던 정책목표가 달성되지 못하게 되어, 정책실패로 귀결되는 경우가 많다.

정책집행이 성공적으로 추진되기 위해서는 6가지의 조건이 구비되어야 한다. 즉 첫째 분명하고 일관된 정책목표 둘째, 정책내용의 합리성을 보장하는 적절한 인과이론 셋째, 집행관료들과 대상집단의 순응을 확보하기 위한 법적 구조화능력, 넷째 헌신적이고 숙련된 집행관료집단 다섯째, 이해관계집단 및 통치자의 지지, 여섯째, 정치적 지지나 인과관계의 타당성을 침해하지 않는 안정적 집행환경을 들고 있다(정정길, 2020:579).

그런데 이것은 하향적 접근법에서 제시하는 정책성공을 위한 조건이고, 상향적 접근법(bottom-up approach)에서는 정책집행의 성공의 조건은 일선집행관료로 하여금 그들의 지식과 전문성을 충분히 발휘할 수 있도록 적절한 재량과 자원을 부여하는 것이라고 한다(정정길, 2020:583).

그래서 상향적 접근법에 의한 정책집행의 성공을 위해서는 문제의 원천에 가까이 있는 일선관료의 지식과 능력을 강조하고, 시스템의 문제해결은 계서제적 통제에 달려 있는 것이 아니라, 가장 근접한 지점에서 재량을 극대화하는 것에 달려있다고 한다(전게서, 583). Elmore는 계서제적 통제라는 고전적 도구를 강하게 사용할수록 정책이 성공할 가능성은 저하된다는 아이러니가 있다고 한다[58].

주민자치정책의 경우 정책집행의 성공을 위해서는 상향적 접근법이 제시하는 처방에 따라서 일선관료의 재량과 적응적 집행이 가능하도록 권한과 자원을 분권화시켜 주어야 한다.

한편, 주민자치정책은 집행현장의 일선관료들이 정책을 집행하는 정책이 아니다. 주민자치 정책이 제시하는 '주민자치'를 실행하는 것은 일선관료가 아니라 시민사회영역의 주민들이 자치관리를 수행해야 하는 것이고, 자치문제의 문제정의부터 자치정책의 형성과 의사결정, 그리고 그 집행까지 '주민들이' '자치정부를 구성하여' '자치적으로' 집행되어야 하는 것이다.

다시 말해 주민자치는 시민사회영역에서 근린자치정부를 구성하여 자치정책을 스스로 수행할 수 있도록 중앙정부와 지방정부가 '정책'의 목표를 정하고, 정책수단을 개발하는 것이다. 이 점에서 주민자치정책은 "(시민사

58) 이것을 Pressman-Wildavsky Paradox라고 한다.

회영역의) 주민자치 + (중앙정부 및 지방정부의) 정책" 이라고 하는 요소로 분해될 수 있는 것이다.

따라서 주민자치정책을 기획할 때, 통상적으로 사회문제가 정책문제가 되고, 그 정책문제를 해결하기 위하여 정부가 정책을 수립하는 것과는 차원이 다른 '시민사회의 주민자치'를 어떻게 하게 할 것인가라는 정부-시민사회 관계(government-civil socity relation)에 대한 가치와 철학을 명확히 하지 않으면, 시민사회 영역의 자율성과 독립성을 불신하는 관료제적 도그마에 함몰될 수 있다.

전형적으로 한국의 주민자치정책은 관치적 통제 패러다임에 오랫동안 갇혀 있던 것으로서 시민사회의 리더가 지방자치단체장으로 선출되어 추진된 서울형 주민자치회 정책이라든지, 촛불혁명이라고 할 정도로 시민사회의 주도적인 참여로 탄생한 문재인정권의 연방주의에 버금가는 자치분권정책도 여전히 관치적 통제 패러다임으로 회귀해버리는 정책실패가 발생하고 있다. 이것은 정부의 행정관리영역을 자치적 가치와 철학을 가지도록 변혁시키기 보다는 직접 정당정치에 의한 정치적 영향력 확대라는 이기적 리더십이 주도하게 함으로써 과거의 관료제적 통제방식을 그대로 계수하는 '정치적 선택'을 해 버린 것이 아닌가 한다(3장). 결과적으로 주민자치정책의 합리성은 훼손되었고, 서울형 주민자치회 사업이 상당히 주민자치의 본질적 요소에 해당하는 주민총회 등의 정책도구를 도입하였음에도 궁극적으로는 주민자치정책의 실패라고 평가하게 될 가능성이 높아지고 있다. 이 문제를 본 고에서는 다루어 봄으로써, 4장이하에서는 주민자치정책의 합리성을 제고할 수 있는 정책방향을 탐색해 보고자 한다.

Ⅱ. 풀뿌리민주주의 활성화를 위한 정책설계에 관한 이론적 검토

1. 풀뿌리민주주의 활성화를 위한 정책

지방자치법 전부개정안의 내용을 보면, 주민주권 강화라는 표현이 등장한다. 즉 주민은 지방행정의 객체로 있던 것인데, 지역의 주인으로서 위상을 부여하고, 한국의 지방자치에서 고질적인 문제였던 지방자치단체의 자치권부족과 책임성 및 투명성부족의 문제를 주민의 힘으로 해결해 보고자 하는 새로운 정책전략이다.

지방자치법 전부개정안의 보도자료를 보면[59], 주민의 지방행정참여를 지방자치법의 목적으로 명시하고, 지방의 정책결정과 집행과정에 대한 주민의 참여권을 신설한다는 것이다. 주민이 주도하여 마을의제를 수립하고, 주민이 직접 행정서비스의 공동생산자로서 활동할 수 있도록 '풀뿌리 주민자치기구'로서 주민자치회를 정식운영하게 한다는 것이다.

그리고 이것은 획기적인 주민주권을 구현하기 위한 것으로서 현행 지방자치법이 단체자치 중심이라고 하면, 주민자치원리를 지방자치법에 명시한다는 것이다. 또 주민들의 참여권을 강화하기 위하여 기존에는 지방자치단체 재산과 공공시설 이용권, 균등한 행정의 혜택을 받을 권리, 참정권 등에 불과하였지만, 개정된 지방자치법에서는 주민생활에 영향을 미치는 정책결정 및 집행과정에 참여할 권리를 신설하는 내용이 담겨져 있다.

또 시범실시하고 있는 주민자치회가 현재는 지방분권법에 따라 일부지역에 실시되는 것이지만, 지방자치법개정을 통하여 지방자치법에 근거규정을 마련하고, 그 구성과 운영에 대한 규정을 구체화한다는 점이다.

또 기관구성에서도 현행은 단체장 중심형으로 획일화되어 있지만, 지방자치법 개정을 통하여 주민투표를 거쳐 기관구성 선택권을 보장하고, 기관

---

59) 행정안전부(2020.7.3.) 보도자료, "32년만의 지방자치법 전부개정 추진" 참조

통합형, 주민총회형, 위원회형 등 다양한 기관구성을 할 수 있도록 하겠다는 것이다.

〈표1〉 지방자치법 전부개정안 중 획기적인 주민주권 구현

분야	현행	개정
주민자치원리강화	단체자치중심	목적규정에 주민자치 원리 명시
주민참여권 강화	주민권리 제한적: 자치단체재산과 공공시설이용권, 균등한행정의 혜택을 받을 권리, 참정권	주민권리확대: 주민생활에 영향을 미치는 정책결정 및 집행과정에 참여할 권리신설
주민자치회 활성화	지방분권법에 따라 일부지역에 대해 시범실시	지방자치법에 근거마련하고 구성, 운영 등 규정 구체화
기관구성 다양화	단체장 중심형으로 획일화	주민투표거쳐 기관구성선택권보장(기관분리형, 통합형 등) * 추후 여건성숙도 주민요구 등을 감안하여 별도법 제정추진

출처: 행정안전부(2020.7) 참조

한편, 이러한 지방자치법 개정은 주민주권강화라는 정책목표를 위한 것이고, 그 정책수단으로서 주민자치회활성화, 기관구성다양화 등을 사용하고 있는 셈이다. 여기서 주민자치회에 관한 전부개정 지방자치법 제13조의 3을 보면, 주민자치회를 두는 것은 '풀뿌리자치의 활성화'를 위하여 자율적인 규약으로서 함을 알 수 있다. 또 필요한 경우에는 생활권을 기반으로 하는 지역내 주민자치회 분회를 설치할 수 있도록 하고 있다.

또 주민자치회는 지역내 '주민대표성'을 반영할 수 있도록 구성되어야 하고, 지방자치단체의 장은 주민자치회가 선정한 위원을 위촉하도록 하고 있다. 또 주민자치위원은 명예직이고, 주민자치회는 그 대표자로서 주민자치회장을 두도록 하고 있다. 그리고 주민자치회는 그 명의 또는 대표의 명의로 특정 정당이나 특정인을 지지 반대하는 등의 정치활동을 하여서는 안된다는 규정을 두고 있다.

여기서 주민자치회라는 조직은 풀뿌리자치의 활성화를 위한 정책도구이

고 비정치적인 정책도구인 것을 알 수 있다.

〈표2〉 주민주권강화정책의 정책구조분석

정책목표	주민주권강화
정책수단	주민자치활성화 / 기관구성다양화
정책도구	주민자치회

또 주민주권강화정책은 중앙정부로서의 행정안전부의 정책목표로서 이 정책의 집행은 지방자치단체에서 구현되어야 하는 것이다. 그런데 주민자치회는 지방자치단체에 속해 있는 조직이 아니라, 시민사회에 속하여 시민들이 '자치적'으로 구성해야 하는 주민자치영역이다. 이 관계를 표로 정리하면, 행정안전부는 중앙정부의 영역, 지방자치단체는 지방정부의 영역이고, 주민자치회는 시민사회의 영역에 해당하는 것을 알 수 있다.

〈표3〉 주민주권강화정책의 참여자

영역	중앙정부	지방정부	시민사회
참여자	행정안전부	지방자치단체	주민자치회
-행정영역	-자치분권제도과	-자치행정과	-주민자치회
-정치영역	-대통령, 국회	-시장, 시의회	(정치적 중립)

여기서 주민주권강화정책의 주된 참여자로서 각 정부의 관료제가 정책관리에 대한 행정을 담당하고, 단체장이나 지방의회가 정치영역을 담당하는 것을 알 수 있다. 그러나 시민사회의 주민자치회에는 정치가들이 참여할 수 없는 금단의 구역이다. 정치가 개입할 수 있는 영역은 중앙정부의 대통령과 장관을 통하여 개입하는 정도이고, 지방정부에서는 단체장과 지방의회를 통해서 정책에 관련된 조례, 예산심의의결, 사무감사 등을 통하여 개입하는 것이고 시민사회 영역에 해당하는 주민자치회는 정치로부터 중립적으로 두어야 하는 공간이고 정치가 개입해선 안된다.

2. 정책설계의 관치성과 자치성

지방자치행정의 제도설계를 보면, 2층제의 제도설계를 가지고 있다. 즉 지방자치단체로서 특별시, 광역시, 특별자치시, 도, 특별자치도라고 하는 것과 시군구라고 하는 것을 두고 있다. 통상적으로 전자를 광역지방자치단체, 후자를 기초지방자치단체라고 하나, 지방자치법에는 이에 대한 언급을 하고 있지 않다.

또 지방자치단체는 지방의회와 집행기관으로 구성한다고 하고 있고(지방자치법제2조의 2), 법인으로 한다고 명시하고 있다(지방자치법제3조), 여기서 특기할만한 것은 광역지방자치단체는 정부의 직할(直轄)로 한다는 규정이다(지방자치법제3조 3항).

또 군에는 읍면을 두고, 읍면에는 리를 두도록 하고 있다. 그리고 시와 구(자치구포함)에는 동을 두도록 하고 있어 지방자치행정의 계층구조를 표로 정리하면 다음과 같다.

〈표4〉 지방자치행정의 계층구조와 행정-정치영역

	행정영역		정치영역
중앙정부	행정안전부 등		국회
광역지방자치단체	특별시 광역시, 특별자치시, 도, 특별자치도		지방의회
기초지방자치단체	군	시와 구(자치구)	지방의회
-사무소	읍면	동	-
	리	통	-

한편, 지방자치단체의 사무소를 자치구가 아닌 구와 읍면동에 두도록 하고 있다(지방자치법 제6조). 이것은 행정영역에 속하는 하부행정기관인 것을 알 수 있다. 즉 지방자치법 제117조에 자치구가 아닌 구에 구청장, 읍에는 읍장, 면에는 면장, 동에는 동장을 둔다고 되어 있다. 그리고 하부행정기관의 장에 대해서는 일반직 지방공무원으로 보하고, 시장군수구청장이 임명하도록 하고 있다(법 제118조).

또 하부행정기관으로서의 자치구가 아닌 구청장, 읍장 면장은 시군구청장의 '지휘감독'을 받아, 소관 국가사무와 지방자치단체의 사무를 맡아 처리하고, 소속 직원을 '지휘감독'하도록 규정하고 있다(법제119조). 그리고 하부행정기구를 자치구가 아닌 구와 읍면동에 둘 수 있고, 여기서는 소관 '행정사무'를 분장하여 처리한다.

여기서 읍면동에 대한 시군구청의 '지휘감독'이란 용어는 관료제적 통제를 하는 관계라는 것을 의미하고, 읍면동장도 소속 공무원에 대하여 '지휘감독'하도록 되어 있어 관료제적 통제가 철저히 작동하는 공간임을 알 수 있다. 즉 읍면동 계층에는 관료제적 통제가 행정사무를 통하여 다스리는 관치적 공간임을 알 수 있다.

그런데 동일한 전부개정 지방자치법에서 읍면동계층에 '풀뿌리자치를 활성화'하기 위하여 자율적인 규약으로 해당 행정구역 주민으로 구성된 주민자치회를 조직 및 운영할 수 있다는 것은 자기모순아닌가?

심지어 주민주권을 강화하는 정책도구로서 주민자치회를 사용한다고 하면서, 시군구청장의 지휘감독을 받는 읍면동장이 하부행정기구의 공무원들을 통하여 행정사무를 처리하도록 하고 있는 것이다. 읍면동 계층에 자치권을 부여하겠다고 정책목표를 세워놓고는 바로 그 지방자치법에서 읍면동 계층에 관료적 통제를 받는 읍면동장에 의한 관치를 하고 있는 셈이다. 즉 정책의 목표들간에 충돌과 모순이 생기는 셈이다.

3. 관치로 인한 자치왜곡

읍면동 계층에서 관치(官治)성과 자치(自治)성이 서로 충돌하고 있으면 결과적으로 관치가 지배적이게 된다. 왜냐하면, 관치는 예산과 법률적 권한을 가지고 있어 자치영역을 지배하고 통제할 수 있기 때문이다.

이 경우에는 시민사회가 자치다운 자치를 경험하지 못할 뿐만 아니라, 자치라는 이름은 가지고 있으나 실제로는 행정관료제에 '참여'하는 수준에 그칠 가능성이 크다. 즉 형식적 참여에 그치거나 심지어 명목적 참여에 불과할 수도 있다(김병준, 2011:610-613).

Arnstein이 말하는 실질적 참여로서 주민통제(citizen control)나 권한 위임(delegated power), 동반자(parternership)단계의 참여는 어려운 것이다. 실질적 참여의 가장 낮은 단계인 동반자단계가 되기 위해서는 시민사회의 공동체나 자치체가 있어 행정영역과 대등한 위상과 역할을 수행할 수 있는 자치역량이 있어야 할 것이다.

만일 시민사회영역에서 이러한 공동체의 자치나 자치체의 자치시스템이 구비되어 있지 않다면, 지방정부는 물론이고 중앙정부 영역과의 동반자 관계로서의 협치(governance)는 불가능한 것이다.

이러한 관점에서 한국의 읍면동계층에 설치되었던 주민자치위원회라는 것은 '주민자치'라는 이름을 가지고 있으나, 실제로는 읍면동 자치센터의 취미 여가 프로그램 운영을 위한 주민참여 장치에 불과하였다.

실제로 주민자치위원회는 읍면동의 '자치센터'의 운영에 관한 사항을 심의하거나 결정하기 위해서 읍면동에 둔 것이다[60]. 위원회의 심의기능으로서는 1 자치센터의 시설 등 설치 운영에 관한 사항 2 주민의 문화복지 편익증진에 관한 사항 3 주민의 자치활동 강화에 관한 사항 4 지역공동체 형성에 관한 사항 5 기타 지치센터의 운영 등에 관하여 필요한 사항이라고 되어 있다.

즉 주민자치위원회는 자치센터의 운영을 위한 '운영위원회'에 불과한 것인데, 그렇다면 자치센터는 과연 무엇인가?

주민자치센터는 주민편의와 복리증진을 도모하고 주민자치기능을 강화하여 지역공동체 형성에 기여하도록 하기 위하여 동에 설치된 각종 문화복지 편익시설과 프로그램을 총칭한다고 한다[61]. 즉 주민자치센터는 '시설과 프로그램'에 불과하다.

그리고 이 주민자치센터는 동 행정복지센터에 설치하는 것을 원칙으로 하고 있고, 필요한 경우 당해 동의 관할구역안에 있는 다른 시설 및 공간을 활용할 수 있도록 하고 있다[62]. 이어서 주민자치센터의 기능을 예시하면

60) 대전광역시동구주민자치센터 설치 및 운영조례 제15조(2019.7.1.) 참조
61) 상기조례 제1,2조 참조

다음 표와 같다고 한다.

〈표5〉 주민자치센터의 기능

기능	예시
주민자치기능	지역문제 토론, 마을환경가꾸기, 자율방재활동 등
문화여가기능	지역문화 행사, 전시회, 생활체육 등
지역복지기능	건강증진, 마을문고, 청소년공부방 등
주민편익기능	회의장, 알뜰매장, 생활정보제공 등
시민교육기능	평생교육, 교양강좌, 청소년교실 등
지역사회진흥기능	내집앞 청소하기, 불우이웃돕기, 청소년지도 등

출처: 대전광역시 동구 주민자치센터 설치 및 운영조례(2019.7.1.) 제5조 참조

그런데 이것은 지방자치단체의 자치기능과 대별되는데, 6개영역 57개의 자치행정사무에 비하면 조족의 혈에 불과한 정도의 사무임을 알 수 있다.

〈표6〉 지방자치단체의 자치행정사무

영역	개수
1 지방자치단체의 구역 조직 행정관리 등에 관한 사무	11
2 주민의 복지증진에 관한 사무	10
3 농림 수산 상공업 등 산업진흥에 관한 사무	14
4 지역개발과 주민의 생활환경시설의 설치 관리에 관한 사무	15
5 교육 체육 문화 예술의 진흥에 관한 사무	5
6 지역민방위 및 지역소방에 관한 사무	2

출처: 전부개정 지방자치법 제9조 참조

지방자치단체의 기능 중에서 2번째 영역인 주민의 복리증진에 관한 사무만 보더라도 "가. 주민복지에 관한 사업, 나. 사회복지시설의 설치 운영 및 관리, 다. 생활이 어려운 자의 보호 및 지원, 라. 노인 아동 장애인 청소년

62) 상기조례 제4조 참조

및 여성의 보호와 복지증진, 마. 공공보건의료기관의 설립 운영, 바. 감염병과 그 밖의 질병의 예방과 방역, 사. 묘지 화장장 및 봉안당의 운영 관리, 아. 공중접객업소의 위생을 개선하기 위한 지도, 자. 청소 생활폐기물의 수거 및 처리, 차. 지방공기업의 설치 및 운영"으로 되어 있어 주민자치센터의 지역복지기능이 건강증진, 마을문고, 청소년 공부방 등으로 그치고 있는 것과 대별된다.

자치라 함은 전권한성을 가지고 읍면동 계층의 근린생활과 관련하여 주민이 주권자로서 근린생활문제를 논의하고 의제를 형성하고, 의사결정하면서 집행할 수 있는 근린정부를 구성할 수 있어야 한다. 미국의 타운십(township)정부나 프랑스의 코뮨정부, 영국의 패리쉬의회(parish council), 독일의 게마인데정부와 같이 근린정부(neighborhood government)로서의 법적 지위를 가지고 있어야 할 것이다.

요컨대 한국의 주민자치위원회는 자치가 아닌 것을 자치라고 하고 있는 셈이다. 주민자치위원회는 주민자치센터에 부속된 것이고, 주민자치센터는 동장의 행정사무에 속한다[63]. 결과적으로 주민자치(住民自治)는 동장관치(洞長官治)로 변질되어 왜곡되어 버린 것을 알 수 있다. 주민자치위원회 제도의 이런 문제점을 탈피하기 위하여 주민자치회 시범실시를 2010년부터 제도설계를 하였고, 2012년 주민자치회 3가지의 모형이 나왔고, 2013년부터 주민자치회의 시범실시를 하기 시작하였던 것이다. 다음 장에서는 서울시의 주민자치회 시범실시 및 서울형 주민자치회사업을 사례로 하여 주민자치를 위하여 기획된 정책이 어떻게 다시 행정관치로 변질되어 가는가를 살펴보도록 한다.

---

63) 조례제 7조 2항에 의하면, 동장은 위원회의 의견을 들어, 소속공무원, 위원회의 위원 또는 자원봉사자로 하여금 자치센터 운영에 관한 사무를 전담 또는 분담하여 수행하게 할 수 있다고 하여, 동장의 권한에 자치센터운영사무가 있는 것을 알 수 있다. 1항에서도 자치센터의 시설 및 프로그램 운영은 위원회의 심의를 거쳐 '동장이 한다' 로 되어 있어, 자치센터의 운영은 동장의 행정권한임을 조례는 명시하고 있다. 이 점에서 주민자치위원회는 동장의 심의기구에 불과하다.

Ⅲ. 서울형 주민자치회 사업의 정책합리성에 대한 현황과 문제

1. 서울형 주민자치회 사업

서울형 주민자치회 사업은 기존의 주민자치위원회의 성과를 계승하면서도 주민자치제도의 한계와 주민들의 자치역량의 미숙함을 극복하여, 실질적인 주민자치활동이 가능할 수 있도록 제도형성(institution building)으로서의 목표를 가지고 추진되는 사업이다. 서울형 주민자치회 사업의 궁극적인 정책목표는 주민자치의 풀뿌리가 제대로 조성되고 지방자치발전에 기여하도록 하는 것이다.

서울시는 이미 2000년부터 주민자치센터를 설치하였고, 주민자치위원회가 구성되었다. 그러다가 2007년에 동사무소를 동주민센터로 명칭을 변경하였고, 주민자치센터를 자치회관으로 명칭을 바꾸었다. 자치회관은 주민들의 여가활동과 자치공간을 확보하기 위하여 동주민센터의 일부 시설과 공간을 사용하여 설치된 것이다.

서울시에는 자치회관의 설치와 운영을 위한 조례가 자치구에서 제정되었고, 이 조례에 의해, 자치회관 운영에 대한 심의와 결정을 주민자치위원회에서 하도록 하였다.

그러나 주민자치위원회는 실질적 주민자치를 위한 위상이나 권한이 부여되어 있지 않았다. 동장과의 관계에서 동장의 행정사무에 대한 자문위원회 정도의 권한밖에 부여되지 않았고, 주민의 대표로서 주민을 위한 자치사무를 수행할 수 있는 권한이나 예산은 주어지지 않은 것이다.

즉 주민자치위원회는 법률적 근거도 가지고 있지 않은 조직이고, '주민자치'라는 명칭을 사용하고 있지만, 전혀 주민자치로서의 기본적인 자치권도 가지고 있지 못한 의제적(擬制的) 자치에 불과하였다.

한편 서울시는 주민자치의 씨앗을 뿌리기 위하여 2012년부터 마을공동체

만들기 사업을 추진하면서 근린생활공간에서 자치의 경험을 축적해 왔다. 일상생활에서 느끼는 불편사항을 이웃과의 관계형성을 통하여 해결하도록 지원하는 사업이 마을공동체만들기 사업이었다. 마을공동체를 통하여 공동체가 공유하는 문제를 해결하고, 지역사회가 안고 있는 문제를 해결하는 적극성을 가진 주민으로 거듭날 수 있게 지원해 주는 사업이다. 이 사업을 통하여 서울시에는 2012년부터 2018년까지 약 13만명의 시민들이 마을공동체만들기 사업에 참여하였다고 한다(서울시, 2018:8)

그리하여 마을공동체만들기를 통하여 마을자치를 위한 씨앗이 뿌리지면서, 마을생태계의 사각지대를 동 행정이 직접 주민들을 찾아가서 마을주민들의 관계망을 확장하고 마을의 복지, 건강, 여성 등의 마을문제를 해소함으로써, 마을의 공공성을 제고하고자 하는 찾동사업을 2015년부터 실시하게 되었다. 복지전달체계상의 사각지대를 해소하기 위해 동사무소에 방문간호사와 사회복지사가 2인1조가 되어 65세이상의 고령자와 저소득가구를 방문하여 건강과 복지서비스를 제공하기 위한 사업이었다.

또 찾동사업은 마을계획을 수립하는 마을계획단사업으로 확대되었고, 이는 주민들이 동의 마을문제를 찾고 이를 해결하기 위해 계획을 수립하고 실행하는 것이다. 찾동 마을계획은 각 연령별로 참여하는 마을계획단을 구성하여 세대별로 관심사나 문제를 의제로 발굴하였다. 마을계획단은 지역문제를 발굴하고 해결할 수 있는 방안을 마련하기 위해 마을자원조사를 진행하였고, 마을계획단내의 다양한 토론과 지역주민을 대상으로 한 마을총회를 통해서 공공성과 대표성을 확보하려고 노력하였다.

또 찾동사업은 주민공론장을 마련하기 위해서도 노력하였는데, 마을계획단내부의 전체모임과 분과모임을 통해 내부 공론장을 운영하였고, 마을총회와 주민설명회 등을 통해 외부공론장을 운영하였다. 이러한 공론장을 통하여 마을계획의 의제가 우선순위를 합의해 나가도록 노력하였다.

그런데 이러한 찾동의 마을계획단 사업은 2년간의 한시적 사업이어서 지속성을 가지기가 어려워, 마을계획단 사업의 성과를 지속하기 위하여 지속성을 가지고 추진할 수 있는 제도적 기반을 가진 '서울형 주민자치회 시범사업'으로 옷을 갈아입게 되었다.

요컨대, 서울시의 주민자치회 사업은 찾동사업의 연속성을 확보하기 위한 대안적 정책으로 시작된 정책이어서 주민자치의 본질과 가치를 실질적으로 추구하기 위한 정책이 아니었다. 서울형 주민자치사업이 관치성을 벗어나지 못하고, 여전히 단체자치 패러다임의 자치정책으로서의 한계를 가지고 있는 배경이 된다.

2. 주민자치사업단과 동자치지원관의 위상과 역할의 문제

서울형 주민자치회 시범사업의 운영체계를 보면, 주민자치회를 둘러싸고, 행정기관과 주민자치사업단이 배치되어 있는 것을 알 수 있다. 주민자치회는 주민총회와 분과 그리고 사무국으로 구성되어 있다. 행정기관으로서는 서울시추진부서, 자치구 추진부서 그리고 동주민센터로서 구성되어 이 정책에 참여한다.

또 주민자치사업단은 민간전문기관이 위탁을 받아서 운영하는데, 서울시 주민자치사업단과 자치구 주민자치사업단으로 나누어져 있다.

〈표7〉 서울시 주민자치회 시범사업 운영체계도

<table>
<tr><th>행정기관</th><th>→</th><th>주민자치회</th><th>←</th><th>주민자치사업단</th></tr>
<tr><td>서울시추진부서</td><td rowspan="3">예산
교부
및 행정
지원
사업
모니터링</td><td>사무국(회장,
부회장, 간사)</td><td rowspan="3">사업
설계
및
제도
연구</td><td>서울시주민자치사업단</td></tr>
<tr><td>자치구추진부서</td><td>분과</td><td>자치구주민자치사업단
(단장, 단원, 동자치지원관)</td></tr>
<tr><td>동주민센터
(동장,
주민자치담당자)</td><td>주민총회</td><td></td></tr>
</table>

출처: 서울특별시(2018:24), 시범사업운영체계도를 재구조화

각각의 정책과정(policy process) 참여자의 역할을 보면, 행정기관은 주민자치회에 대해서 예산을 교부하고 행정지원 모니터링을 하는 것이다. 또

주민자치사업단은 민간영역에 속하는 것으로서 주민자치회 사업의 설계와 제도연구를 하고, 민관협력지원교육과 사례기록을 한다고 한다. 여기서 주민자치사업단은 행정기관으로부터 위탁사업비를 받아서 이러한 기능을 수행한다고 할 때, 과연 시민사회영역의 자치활동에 해당하는 것인가에 대해서는 의문의 여지가 있다. 처음에는 시민사회 활동가로서 시작하였을지 모르나, 결국 행정기관의 행정사무를 행정예산사업비를 받아서 수행하는 관변화되는 과정을 밟고 있는 것은 아닌가 하는 의심을 하게 된다.

또 주민자치사업단 중에서 '자치구의 주민자치사업단'은 주민자치회에 대해서 주민자치회 역량강화와 주민자치회 활동촉진의 기능을 수행하는 것으로 되어 있는데, 사실은 행정기관에 의한 행정사무를 수행하면서 주민자치회라고 하는 시민사회의 자치활동을 지원한다고 하는 양두구육(羊頭狗肉)의 속임수는 아닌가 하는 비판을 받을 수 있다. 이러한 속임수가 되지 않으려 하면, 자치구 주민자치사업단은 주민들로부터 직접 자치회비를 받아서 운영하는 조직이어야 한다. 현재와 같이 행정기관으로부터 위탁사업으로서 예산을 받고 있어서는, 실제로는 관변기관인데, 마치 시민사회의 민간자치사업을 수행하는 시민단체의 가면을 쓰게 된 것으로 보이는 것이다.

구체적으로 살펴보면, 서울시 주민자치사업단의 역할을 보면, 서울형 주민자치회 시범사업 설계 및 업무매뉴얼개발과 배포, 모니터링 및 컨설팅, 현장연구, 기록 및 아카이빙, 주민자치 전문인력 교육과정 개발 및 운영, 자치구 주민자치사업단과 상호 협력체계 구축 및 운영지원으로 되어 있다.

또 자치구 주민자치사업단의 단장과 팀장의 역할로서는 1) 주민주도의 실질적 주민자치를 실현하기 위해 자치구청 및 동주민센터의 민관협력을 촉진하고, 주민자치회 사업이 취지에 맞게 조기 안착할 수 있도록 지원, 2) 자치구 주민자치 관계자 네트워크 구축, 주민자치회, 동자치지원관 등의 교육과정개발 및 운영, 자치구별 현장제도화 연구, 시범사업 모니터링 및 사례기록, 3) 주민자치회 홍보, 주민자치학교, 분과구성을 위한 기획학교 등 주요절차에 따른 동지원관련 기획총괄, 4) 주민자치회 위원 역량강화 교육총괄기획으로 되어 있다.

굳이 자치구의 주민자치사업단으로 2명의 직원을 채용할 필요가 있을까

하는 정도로 서울시 주민자치사업단의 역할과 그다지 변별성을 발견하기 어렵다. 자치구의 추진부서로서 자치행정과나 마을부서에서 충분히 처리할 수 있는 사무[64]이지 않은가 한다. 직무의 중복이 강할수록 예산낭비의 소지가 크다.

더욱더 아이러니 한 것은 동자치지원관이다. 동자치지원관의 역할로서 주민자치회 밀착지원을 위하여 동주민센터에 파견되어 근무한다고 되어 있고, 주민자치회와 동행정의 민관협력을 위한 촉진, 주민자치회 운영 및 자치계획수립을 위한 지원과 촉진, 주민자치회 역량강화 교육 운영, 주민자치회가 자치사업을 주도할 수 있는 역량이 강화될 때까지 초기 주민자치회 실무를 총괄하여 안착지원이라고 되어 있다.

이러한 정도의 사무는 동주민센터의 공무원이 담당할 수 있는 사무[65]로 여겨지고, 오히려 동주민센터의 공무원이 수행하는 업무에 비하여 업무량이나 업무내용면에서 중복인 측면이 강하다.

더구나 동주민자치지원관은 이런 정도의 업무를 수행하는데 연봉을 4천만원을 받고 있는데, 동장의 경우도 정치적 중립성을 지키기 어려운데, 동주민자치지원관이 정치적 중립성을 지키기 어려울 뿐만아니라, 이정도의 역할은 얼마든지 주민들이 수행할 수 있는 것이다[66]. 서울시의 경우 2017년에 81명의 동주민자치지원관을 배치하여 예산으로 약 32억원을 사용하였고, 2022년까지 424개동에 모두 배치한다고 한다. 이 경우 서울시 예산으로 1600억원이상이 지출될 것으로 예상되는데, 차라리 이 예산을 주민자치회의 자치사업비로 직접 교부하는 것이 실질적인 주민자치의 역량을 함

---

64) 자치구 추진부서인 자치행정과의 직무로서 서울형 주민자치시범사업 추진을 위한 조례개정 및 제정, 주민공청회 및 설명회개최, 자치구청 및 동주민센터 공무원대상 교육기획 및 운영, 서울형 주민자치회 시범실시를 위한 자치구-동 민관협력체계 구축, 서울형 주민자치회 시범사업 추진을 위한 자치구 지원체계 구축 등의 수행하고 있는 것임.

65) 동주민센터는 주민자치회의 민관협력 파트너, 자치계획 수립 및 운영을 위한 행정지원, 주민자치회 위탁 수탁사무 협의 및 지원, 주민자치회 주요사업지원(주민자치회 구성, 주민자치학교, 주민총회 등)으로 되어 있어, 동자치지원관의 역할을 포괄하고 있는 것을 알 수 있음.

66) https://www.dtnews24.com/news/articleView.html?idxno=566657 참고

양하는 길일 수도 있다[67]. 이 정도의 예산은 공무원이나 자치구 지방의원의 연봉보다 높은 수준이어서, 법률적 근거도 없이 이런 규모의 예산을 동 주민자치지원관에게 주는 것이 합리성이 있는지 의문이다[68]. 또 동자치지원관의 채용과정의 공정성과 투명성문제도 있고, 자격요건이 마을, 복지, 자치의 현장실무경력 5년이란 것이 예산낭비성 연봉책정이지 않은가 하는 비판을 받기도 한다[69]. 또 동자치지원관의 연봉에 대한 예산은 서울시비로 지원된다고 하는데, 이는 행정예산이라는 가면 속에서 단체장의 정치적 정파성에 의해 영향을 받음으로서 정치적 중립성을 확보하기 어려울 수 있다.

요컨대, 서울형 주민자치회 시범실시 사업이라고 하는 정책을 정치적 중립성을 가지고 추진되어야 하는 것이지만, 현실의 운영과정에서 정파적 정치성을 가진 단체장의 영향을 받을 수밖에 없는 정책구조여서, 정치적으로 이용당할 위험성이 농후하다.

3. 관제화되는 주민총회

서울형 주민자치회 시범실시 사업의 주민총회는 '주민 누구나 참여하여 동(洞)의 자치계획을 결정하는 최종 결정회의'라고 한다. 여기서 자치계획의 구성을 보면, 주민자치회 운영계획, 동 행정사무 협의계획, 동 행정사무 수탁 및 추진계획, 자치회관 운영계획, 분과별 사업계획, 동 주민참여예산사업계획, 그밖에 주민자치 및 마을공동체활성화를 위한 계획으로 되어 있다. 또 자치계획의 수립시에는 주민자치회가 동 주민의 의견과 요구를 수렴하여야 한다.

구체적으로 서울형 주민자치회의 주민총회의 결정권한을 보면, 주민자치회 활동평가, 동 행정사무평가 및 의견제시, 자치계획의 결정, 동에 배정된 주민참여예산사업의 선정, 기타 지역현안 주민자치 민관협력 등에 관한 사

67) https://m.facebook.com/korjachi01/posts/364412050900213/ 참고
68) http://www.citizenautonomy.co.kr/news/articleView.html?idxno=3796 참조
69) http://관악저널.kr/12482

항의 보고와 결정을 하도록 되어 있다[70].

서울형 주민자치회의 주민총회는 연 1회 개최하고, 주민참여와 숙의를 촉진하기 위하여 주민총회 개최일로부터 1개월전부터 총회안건의 홍보, 주민설명회, 의견수렴 등을 진행하여야 한다. 또 주민총회에는 구청장 및 동장이 출석하여 발언할 수 있고, 주민자치회는 의결로 자치구 및 동 관계 공무원에게 주민총회의 출석을 요구할 수 있도록 되어 있다.

그리고 주민총회를 통하여 수립된 자치계획에 대해서 구청장은 동 주민들이 합의한 공적인 종합계획으로 인정하고, 원활한 실행을 위해서 적극적으로 협력하고 지원하게 되어 있다. 자치계획의 의결은 주민총회 참석자의 과반수 찬성으로 결정한다.

주민자치회가 자치계획을 결정하면 2개월이내에 구청장에게 제출하고, 구청장은 제출받은 날로부터 1개월이내에 검토 및 반영여부를 주민자치회에 공식적으로 전달하도록 하고 있다. 이렇게 수립된 자치계획은 다음 주민총회에서 자치계획을 새롭게 수립할 때까지 그 효력을 가진다고 한다.

그런데 여기서 주민총회를 위한 민관의 역할에 대해서 살펴보면, 주민은 없고 주민자치회만 있는 주민자치이지 않은가 하는 의구심을 가지게 된다. 또 시민사회 영역의 주권자로서의 주민들이 주민총회를 통하여 시민사회의 자기결정과 자기책임으로 운영되어야 할 주민자치회가 상당히 관제화되어 버린 것이 아닌가 하는 의문을 가지게 된다.

즉 주민총회가 주민 스스로 자치계획의 최고의사결정기구로서 운영되도록 주민자치회 내에서 총회준비위원회를 구성하여 운영한다고 하나, 실제로는 주민자치회의 주민총회를 위하여 동주민센터와 자치구청, 그리고 자치구 주민자치사업단과 동자치지원관의 역할이 분담되어 있다. 구체적으로 보면, 자치구청은 자치구 총회 가이드를 마련하고, 동주민센터는 자치구 주민총회 가이드를 숙지한 후, 주민총회 사전신청 및 투표절차를 운영하는 역할을 수행한다.

또 자치구 주민자치사업단의 경우는 자치구청과 역할이 중복되는데, 그

70) 서울특별시 OO구 주민자치회 시범실시 및 설치 운영에 관한 조례 표준안 중에서 주민총회관련 규정참조.

역할은 자치구 총회 가이드 마련이다. 다음으로 동자치지원관의 경우는 총회 준비 위원회 구성 및 운영 촉진 협조라는 역할을 수행하는 것으로 되어 있다.

구체적으로 주민총회를 위한 민-관의 역할을 표로 살펴보면 다음과 같다. 즉 주민총회를 위한 준비위원회구성이나 주민총회의 운영에 자치구청과 동주민센터와 같은 행정관료제가 깊이 간여하고 있고, 관변적 중간매개조직이라고 할 수 있는 자치구주민자치사업단과 동자치지원관이 홍보와 신청접수 등 총회준비와 실행지원, 총회진행전반지원을 하고 있으며, 총회결과정

〈표8〉 서울형주민자치회의 주민총회를 위한 민-관 역할분담

	자치구청	자치구 주민자치사업단	동주민센터	동자치지원관	주민자치회 위원/분과
총회 준비위원회 구성 및 운영	자치구총회 가이드마련	자치구총회 가이드협조	자치구주민총회가이드숙지 총회준비위원회협조	총회준비위원회구성 및 운영촉진, 협조	총회준비위원회구성 및 운영
주민총회 홍보 및 사전 신청	자치구단위 홍보진행	홍보지원	홍보지원 장소협조 총회사전신청 및 투표절차 운영관리	홍보지원 사전신청자접수지원 총회준비 및 실행지원	홍보기획 및 안내진행 사전신청자접수협조 및 사전신청제도 홍보진행
주민총회 실행	총회운영 모니터링 (투표관리, 운영전반)	총회내용 모니터링 및 기록	총회투표진행 및 관리	총회진행전반 지원	총회진행 및 안건발표 참여 등
주민총회 공유	총회결과자치구청장전달 및 피드백, 동별자치계획결과공유[71] 동별참여예산 취합심의/서울시전달	동별자치계획 취합, 동별자치계획결과공유채널지원	총회결과자치구제출지원, 자치계획결과 및 주민참여 절차공유 투표자명단보관 및 관리	총회결과 정리지원 최종자치계획 정리지원	총회결과정리 및 구청장보고, 구청장피드백반영한 최종정리 및 주민공유총괄

출처: 서울특별시(2018:114) 서울형주민자치회시범사업매뉴얼 참조

리지원도 하고 있다. 결국 주민자치회의 위원과 분과는 행정관료제의 지원을 받아서 총회준비위원회 구성이나 운영, 총회실행과 총회결과 보고를 하도록 되어 있는 것이다. 자치를 자치답게 자율적이고 책임있게 할 수 있도록 자치권이 위임되어 있는 것이 아니라, 여전히 가부장적인 관여와 시누이와같은 간섭하는 틀을 벗어나지 못한 것을 알 수 있다.

그런데, 주민자치의 주민총회를 자율적으로 관리하고 책임지지 못하는 것이 과연 자치인가하는 의구심을 가지지 않을 수 없다. 즉 주민총회를 통하여 주민들이 스스로의 참여와 의사결정을 자치관리할 수 있는 역량이 없다는 사고방식과 자치에 대한 불신을 가지고 있으니, 이처럼 주민자치회의 주민총회를 '지원하는 행정'과 관료제적 규제와 통제를 가하는 행정기관을 여전히 잔존시키고 있는 것이다.

위의 역할분담을 자세히 보면, 역할들이 이중 혹은 삼중으로 중복되고 있는 것을 알 수 있다. 즉 '총회준비위원회 구성'이란 사무를 주민자치회가 단독으로 처리하지 못하고, 동자치지원관에 의한 '총회준비위원회구성 촉진', 동주민센터에 의한 '총회준비위원회구성 협조' 라는 식으로 겹쳐서 역할분담을 시켜두고 있는 것이다. 결국 이것은 주민자치에 대한 가부장적 간섭이고 시누이적 관여이다.

온전한 주민자치란 관점에서 보면, 주민자치회의 위원들도 총회 준비 위원회 구성과 운영의 역할 그리고 총회 준비위원회 참여의 역할을 하고 있으므로, 굳이 동자치지원관의 역할을 필요로 하지 않고, 주민자치위원들이 자율적으로 총회 준비위원회를 구성하는 것이 자치적 운영방식이라고 할 것이다. 주민총회를 준비하는데, 굳이 단체장이 임명한 동자치지원관의 운영촉진과 협조를 받아야 하는가라는 의문이 든다. 주민자치회의 주민들이 충분히 이 정도의 운영을 할 수 있는 역량이 있는 것이 아닐까 한다.

---

71) 온/오프라인

Ⅳ. 주민자치정책의 합리성 제고를 위한 제언

1. 주민자치 규모의 문제

정책의 목표와 수단을 합리적으로 구조화하고, 정책도구를 잘 준비하였다고 하여도 그 정책이 실패할 수 있다. 목표와 수단의 인과관계를 보는 관점(perspective)이 고전적 기술관료형(classical technocracy)이 가지는 하향적 접근방법(top-down approach)으로만 보면 합리적으로 인식되지만, 정책대상자의 관점에서 상향적 접근방법(bottom-up approach)으로 보면 비합리적으로 평가되는 경우이다.

주민자치정책의 경우, 정책목표와 정책수단의 관계에서 주민주권강화를 위해서는 주민자치 활성화를 정책수단으로 해야하고, 그 정책도구로서 주민자치회를 조직으로서 사용한다는 것이다. 고전적 기술관료형의 입장에서는 계서제적 통제구조하에서 지방자치단체인 시군자치구에서 충분히 일선공무원(street-level bureaucrat)들이 집행할 수 있는 기술적 역량(technical capabilities)를 가지고 있다고 가정한다.

그러나 정작 현실에서는 정책집행자가 주민자치회를 사용하여 주민자치를 활성화시키는 것을 잘 알지 못하거나, 어떤 기술로서 주민들이 자치를 실질적으로 하도록 해야 하는가에 대한 정보와 지식을 가지고 있지 못한 것이다. 관행적으로 운영해 오던 주민자치위원회를 조금 더 발전시켜서 주민자치회로 변경하고, 몇 가지의 새로운 정책수단[72]을 추가로 도입하는 정도일 것이다.

그러나 주민자치를 활성화시키기 위해서는 주민자치의 규모를 어느 정도로 하는가라는 전혀 새로운 변수를 고려해야 한다. 즉 현재와 같이 읍면동계층에 주민자치회를 도입해서는 그 인구규모가 평균 14,802명정도여서

72) 여기서 새로운 정책수단이라 함은 주민총회도입이나 주민세의 주민자치재원으로 전환, 주민자치위원의 인원수 증대 등의 정책수단을 들 수 있음.

선진국의 근린자치정부의 규모에 비해 너무 비대하다는 점이다.

다시 말해 주민자치정책이 그 정책목표인 주민주권강화를 하고, 정책수단인 주민자치 활성화를 위해서는 정책도구의 하나인 주민자치의 규모를 적정한 근린자치규모에 맞추어 축소해야 한다. 이것은 주민자치정책의 정책대상이 되는 계층을 읍면동 계층이 아닌 '통리 계층' 이나 '아파트단지 계층'으로 전환해야 하는 것이다.

근린자치제도에 관한 연구를 보면, 근린을 다양한 규모로 나누는데, 4가지의 유형으로 나눈다. 첫째, 가장 소규모의 단위로서 부모의 돌봄없이도 아이들이 놀 수 있을 정도의 단위로서 주민수는 50명에서 300명 내외이다. 둘째는 촌락이나 마을단위 등 다른 근린과는 구별되는 정체성을 가진 규모로서 주민 수는 500명에서 2000명 정도이다. 셋째로는 정부의 통치가 작동하는 가장 단위로 제한된 책임성을 지닌 공동체로서 영국의 패리쉬나 프랑스의 코뮨을 들고 있다. 개인의 사회적 참여는 선택적이고 자발적이라고 한다. 주로 주민수로는 4,000명에서 20,000명정도이다. 넷째로는 도시전체영역을 포괄하는 가장 큰 단위의 근린으로서 생산과 소비가 발생하는 영역으로 주민수는 20,000명이상이라고 한다(Suttles. 1972).

한국의 읍면동의 규모는 읍의 경우는 대부분이 1만 이상이고 면의 경우도 5천이상이다. 즉 한국의 읍과 면의 경우는 근린자치정부를 구성해도 될 정도의 규모이다. 면의 경우는 3천명미만이 약 50%정도 되지만, 3천이상도 50%이상이 되고 있어, 후자의 경우는 근린자치정부를 구성해도 될 규모이다.

요컨대, 주민자치정책의 합리성을 제고하기 위해서는 읍면동 규모의 근린자치는 근린자치정부를 구성할 수 있도록 온전한 자치권을 부여하고, 행정관료제를 읍면동계층에서 철수시켜야 할 것이다. 그리고 읍면동계층에 주민들이 주권자로서 스스로의 정부를 구성할 수 있도록 근린정부형성을 이룰 수 있도록 지방자치법의 법조문의 혁신이 필요하다.

2. 행정사무라는 외피를 가진 민간예산지원사업의 관변화 문제

서울형 주민자치는 주민자치를 지원하는 체계를 마련하였다고 하고, 이를 통해 주민자치를 활성화시키는 선도적 역할을 할 것을 기대한 것이다. 주민자치위원회로서는 자치다운 자치를 할 수 없었던 것은 주민들의 '자치역량'이 구비되어 있지 못하다고 판단하고, 그 주민들의 자치역량이 함양될 수 있도록 지원하는 중간매개조직을 설치하고, 여기에 서울시의 예산을 투입하는 논리구조이다.

그래서 동 계층에는 동지원관을 두고, 자치구단위에는 구지원단이라는 중간매개조직을 설치한다. 동지원관은 주민자치회와 긴밀하게 소통하고, 주민자치회 위원들이 역할을 수행할 수 있도록 촉진하는 역할을 한다는 것이다.

그리고 자치구 주민자치사업단은 민간기관이 위탁받아 운영하도록 하고, 주민자치 활성화를 위하여 필요한 환경을 만들기 위해 자치구 행정과 협의하고 조정하는 역할을 하게 한다는 것이다. 즉 자치구 주민자치사업단은 '주민주도의 실질적 주민자치를 실현하기 위해 자치구청 및 동 주민센터와의 민관협업을 촉진하고 사업이 취지에 맞게 안착할 수 있도록 지원하는 중간지원조직'이라는 것이다(서울특별시, 2018:15).

여기서 문제는 행정영역이 자치영역에 해당하는 주민자치회가 스스로 근린자치정부를 형성하도록 법제화를 해 주는 것이 아니라, 행정영역과 자치영역의 사이에 '중간매개조직'으로서 자치구 주민자치사업단을 둔다는 것이다.

그리고 이 주민자치사업단에 서울시의 예산지원을 하는데, 자치구당 수억원의 예산을 투입하게 되는데, 이것이 과연 주민자치를 위한 예산인가하는 점이다. 오히려 주민자치회의 사업예산으로 직접 교부하여 그에 대한 사용을 주민자치회가 스스로 결정하고 집행한 후 그에 대한 책임을 주민들에게 직접 지도록 하는 근린자치정부 시스템을 구축해주는 것이 합리적이지 않느냐는 점이다.

현재의 예산지원구조는 자치를 지원하는 조직에 권한과 예산과 인력을 두면서, 정작 중간매개조직이 존재하는 목적에 해당하는 주민자치에는 권한과 예산을 주지 않는 오류를 범하고 있는 것이다.

이 오류는 찾동사업에서도 지적받는 것인데, 찾아가는 복지를 통해서 복지사각지대를 찾아내어 조사를 하고 정보를 제공하기 위하여 복지인력을 두배로 증원하는 등 과감한 예산 투자가 있었다. 그런데, 찾동사업의 핵심이라고 할 '보편방문'이라는 것이 찾아가기만 하고, 정작 복지대상자들에게 특별히 제공할 복지서비스가 별로 없다는 비판이다. 즉 찾아가도 방문을 거부하는 경우도 많고[73], 빈곤가정에 대한 서울시의 공적 예산지원은 10%도 되지 않는다는 것이다.

즉 서울형 주민자치의 경우도, 정작 주민자치에 대한 직접적 예산을 교부금방식으로 주는 것이 아니라, 오히려 중간매개조직을 만들어 두고, 여기에 서울시의 예산을 투입함으로써, 관설민영이라는 외피를 취하지만, 실제로는 관치화된 예산이라는 것이다. 단지 그 예산의 수혜자가 민간위탁기관이라는 것인데, 이 민간위탁기관은 상당한 숫자가 서울시의 마을공동체만들기 사업을 통하여 형성된 인적 네트워크일 가능성이 높다.

과거의 주민자치위원회의 구성원들이 새마을운동조직이나 바르게살기운동조직 등 관변화되어 있는 조직이라는 비판이 있었던 것인데, 서울형 주민자치회사업의 경우에도 주민자치지원단의 사업을 위탁받는 민간조직이 새로운 관변조직이 될 개연성이 있다. 민간위탁사업의 계약에 대한 투명성, 공정성, 비정치성을 명확히 하고, 실질적 주민자치가 가능하기 위한 가치와 철학을 가진 전문성을 가지고 있는가에 대한 평가와 확인이 필요할 것이다.

---

73) 65세이상의 보편방문 상담율은 60%에 이른다고 하나, 출산가정에 대한 상담율은 5%에 미치지 못한다고 한다. 즉 별다른 서비스도 없이 복지공무원이 찾아오는 것을 달가워하지 않는다는 것이다. 또 방문받는 입장에서도 복지공무원이 방문해서는 다니는 병원이나 종교기관까지 꼬치꼬치 묻는 과도한 정보수집에 대해 그만 찾아오라는 핀잔을 듣기도 하고, 정작 빈곤위기가정을 상담하고서는 정부지원보다는 민간서비스 지원을 하는 경우가 더 많다는 것이다. 즉 찾동 사업을 통해서 과감한 인력증원을 통해 빈곤의 어려움을 겪는 가정을 찾아가기는 하지만, 정작 서울시의 공적지원이 아니라 후원이나 기부물품과 같은 민간의 구호수준에 그친다는 비판이 있다(프레시안, 2018.7.13. 찾동의 전국화 문제있다)

3. 동자치지원관의 주민자치성 회복 문제

동자치지원관의 모델은 영국 등의 자치선진국의 공동체지원활동가(community worker)라고 한다[74]. 이들은 주민들을 현장에서 지원하는 전문적인 역할을 수행하는 것이다. 또 이들 활동가는 개인단위로 활동하기보다는 중간지원조직(intermediary organization)에 소속되어 활동하고, 중간지원조직은 행정영역과 시민사회영역이라고하는 이질적인 영역의 연계를 원활하게 하는 역할을 수행한다. 그리하여 양자가 직접 관계할 때 얻을 수 없는 새로운 가치를 만들어내는 기능을 수행하는 것이다.

동주민자치지원관은 주민자치회가 초기에 정착하는데 필요한 혼란과 갈등을 줄이고, 동자치지원관이 가지고 있는 역량을 주민자치회가 학습하고 흡수함으로써, 주민자치회가 행정관료제에 의존하지 않고 스스로 활동해 나갈 수 있도록 지원하는 제도이다.

구체적으로 동자치지원관의 역할은 첫째, 주민자치회운영과 마을계획 수립 및 운영총괄 둘째, 동단위 주민모임 및 단체 네트워크 구성 운영 셋째, 주민자치회 위원들이 스스로 자치회 사업을 수행할 수 있도록 주민자치회의 역량강화 및 촉진, 넷째, 주민자치회가 자치사업을 주도할 수 있는 역량이 강화될 때까지 초기 주민자치 사무국의 실무를 총괄 지원하여 사업의 안착지원이다.

다시 말해, 주민자치지원관은 근린자치정부의 사무소의 소장과 같은 이미지이다. 그리고 근린자치정부의 의결기관이 주민총회 혹은 대표성을 가진 선출된 근린의회라고 한다면, 주민자치지원관과 간사는 사무국의 집행을 맡은 민료(民僚)이다.

여기서 문제는 민료에 대한 인건비를 근린자치정부로서의 주민자치회의

---

74) 영국에서는 공동체지원활동가가 제도화되어 있고, 이들의 전문적 역량은 주민과 지역이 가지고 있는 자산과 기술, 필요를 확인하고, 지역주민들의 의견수렴과 참여유도, 다른 집단이나 기관들과의 자원연계, 지역관련 이슈에 대한 주민들의 이해관계를 형성하고, 이를 조정 중재하는 역할을 한다고 한다(디트News24, 2019.12.20. 대전시 동자치지원관 필요한 이유).

구성원들인 주민들이 자치관리비를 납부하여 지불하는 것이 아니라, 행정통제영역의 사업비로서 충당한다는 점이다. 이것은 근린주민자치를 하고자 하면서, 재정적인 자치를 할 수 있는 기반을 마련하지 않고, 성급하게 주민자치의 구색을 관치적으로 다시 구비하도록 하는 가부장적인 발상이다. 주민자치가 실질적으로 되기 위해서는 주민들이 주권자로서 자치관리비를 납부하는 '재정주민자치'부터 시작해야 한다.

그런데, 주민자치회는 주민주권에 입각하여 풀뿌리 근린단위에서부터 공동체자치가 이루어지고, 이들 공동체자치의 경험과 운영역량을 가지고 동계층의 근린자치체자치가 이루어져야 한다. 그리고 주민들의 근린정부형성과 운영역량이 함양되어서, 행정영역의 정책결정과 정책집행과정에 대등하면서도 협력적인 참여를 할 수 있도록 되어야 한다. 이것이야 말로 진정한 거버넌스(governance)가 구축되는 것이다.

주민자치회를 통해 구축하려는 정책목표가 주민주권성을 확인하고, 주권자로서의 근린정부형성역량을 함양하기 위해서는 동자치지원관이나 자치구주민자치사업단은 근린정부구성과 근린정부운영의 전문성을 가지고 있어야 하고, 주민들이 풀뿌리 민주주의의 역량을 가질 수 있도록 교육하고 훈련하면서도, 삶의 현장에서 경험하고 체험할 수 있는 토양을 조성해야 한다. 과연 현재 동주민자치지원관에게 이러한 전문성과 역량을 가지고 있다고 검증할 수 있는가?

현재, 동주민자치지원관이나 자치구주민자치사업단의 인건비와 사무실공간 제공 등으로 연간 예산이 1억원이상 지출되고 있다고 한다[75]. 주민자치회 시범실시가 전면적으로 확대 실시될 경우, 이에 투입될 예산의 규모는 도시규모에 따라서 수십억 혹은 수백억이 넘을 수 있다[76].

---

75) 대전시의 경우, 각 동마다 1억 5600만원의 비용이 지원되고, 대전시 특별교부금 예산으로 운영된다. 이중 실제로 주민자치회 자체 사업비는 5,000만원에 불과하여 전체 사업비의 30%만이 본래 목적인 주민자치회 사업비이고, 나머지는 주민자치회를 지원하는 자치지원관의 인건비 등이다(충청헤럴드, 2019.9.17. 대전시 동자치지원관제도 실효성 논란). 배보다 배꼽이 더 큰 격이다.

76) 서울시는 서울형 주민자치제도를 위하여, 주민자치지원관을 2017년 하반기부터 채용하여 2019년도에 81명이 활동하고 있고, 2022년까지는 서울시내 모든 동 424개로 확대할 예정이다. 이들의 연봉은 약 3800만원정도이고, 지원관 사무실에

현실적으로 동주민자치지원관의 역할에 대해서 과연 주민자치성에 대한 전문성을 가지고 있는가에 대한 비판이 있다. 주민자치회에 대한 사업이나 운영관련의 회계도 주민센터 공무원들이 직접 하고 있고, 간사와도 업무가 중복되어, 정작 주민자치지원관의 업무는 회의를 준비하는 수준이라는 지적도 있다[77]. 또 주민자치회 임원들과 불화도 일으키기도 하지만, 이들에 대한 인건비 예산은 자치구예산이 아닌 광역시 예산을 지방비로서 받은 것이기에 계약해지도 쉽지 않다는 것이다.

요컨대, 주민자치를 활성화시키기 위하여 중간매개역할을 수행하는 동자치지원관을 설치하는 정책도구를 도입하였지만, 오히려 주민자치를 자치답게 할 수 있도록 주민자치계층의 역할과 기능, 예산과 조직, 근린정부구성방식, 주민들의 자치성함양을 위한 교육과 훈련 등을 명확히 규정하여, 행정영역과 구분되는 시민사회영역의 독립성을 존중하고 신뢰할 수 있어야 할 것이다. 이처럼 거대한 시민사회의 역량함양의 과제를 마을활동가 경험을 가진 사람이나 민간수탁조직에 맡겨두고, 주민주권에 입각한 주민자치가 활성화되길 기대하는 것이 합당한 것인가?

V. 결론 및 제언

정책이 실패하거나 실패가 예상될 때에는 반드시 그에 합당한 이유가 있다. 주민자치정책의 경우, 정책목표와 정책수단이 합리적으로 그럴 듯하게 중앙정부에서 기획되고 의사결정되었다고 해도, 정책집행의 현장은 지방자치단체이고, 더구나 주민자치라고 하는 영역은 정부관료제가 영향을 미치지 않아야 할 금단의 영역일 수 있다. 오히려 주민자치는 주민들이 주권성

는 주민자치회 업무 등을 처리하는 간사 1명도 근무하는데, 연간 1200만원을 받는다. 전면실시의 경우 수백억원에 이를 것이다.

77) 뉴스토마토(2020.1.23.). 대전시 동자치지원과 주민자치회 마찰알고도 쉬쉬.

을 가지고 자치하고자 하는 공간을 스스로 정하고, 그 공간속에 필요한 자치관리의 공공서비스를 확정하고, 그것을 공급할 수 있는 근린자치정부를 구성하여야 하는 것이다.

물론 그러한 근린자치정부를 구성할 수 있는 역량이 있는 공동체가 있는가 하면, 그렇지 못한 공동체가 있을 수 있다. 후자의 경우에는 자치를 굳이 하기 보다는 정부관료제의 행정사무를 통하여 공공서비스를 제공받은 관치를 허용할 수 밖에 없다.

문제는 충분히 주민자치를 할 수 있는 역량이 있는 공동체에 대해서도 여전히 관치적 주민자치를 지속하거나, 변형된 관치적 주민자치로서 중간매개집단을 활용하여 주민자치활성화를 지원하는 행정사무를 전개하는 것이다.

주민자치위원회 제도가 실패하였던 것은 동사무소 혹은 주민센터라고 하는 정부관료제를 그대로 읍면동계층에 남겨둔 상태에서, 주민자치를 해보려고 하였기에, 관료제에 의존적인 그림밖에 그릴 수 없었다.

그러다가 주민자치회 시범실시와 서울형 주민자치모형과 같이, 협력형만으로는 아무리 주민자치를 위한 지원제도를 마련해도 여전히 관치적 패러다임을 벗어나지 못하는 것이다. 자치적 패라다임에 입각한 주민자치가 되려면, 주민자치는 시민사회의 영역에서 스스로 하는 것이니, 새로운 주민자치회의 3가지 모형 중에서 주민조직형이나 통합형이 도입되었어야 할 것이다.

다시 말해, 주민자치정책은 협력형의 모형만을 시범실시한다는 의사결정을 하는 순간, 정책실패가 필연적이 될 수밖에 없는 한계를 가지고 있었다고 할 것이다.

서울형 주민자치 모형의 태생과정을 보면, 찾동사업에서 시작하여 참여형 마을계획사업을 결합하여 주민자치회 시범실시 사업으로 승화시키면서 정책이 모양을 구비하게 되었다. 즉 서울형 주민자치 정책은 단일의 정책목표를 가지고 정책수단들을 설계한 것이 아니라, 각각 다른 정책목적을 가지고 추진되던 몇가지의 정책조합(policy mix)함으로써 만들어진 정책이다. 따라서 정책목표들이 서로 애매모호한 상태로 구성되어 있어, 정책집행단계에서는 다양한 혼란이 생길 수밖에 없다.

요컨대, 주민자치정책은 정책구조의 합리성에서도 문제가 발견되고, 정책과정에서 참여하는 중간매개집단으로서 자치구주민자치지원단이나 동주민자치지원관의 채용과정이 공정하고 투명한가에 대한 의문을 갖게 하는 비합리성의 문제도 있다. 주민자치정책이 풀뿌리 민주주의 역량을 함양할 수 있는 것이 되도록 숙의가 필요하다.

참고문헌

김병준(2011), 지방자치론. 법문사.

김찬동(2017). 주민자치제도의 재설계. 궁미디어.

서울특별시(2018), 서울형주민자치회시범사업 매뉴얼.

신용인(2018). 주민자치제도 개선에 관한 연구. 지방자치법연구 제59호 제18권제3호.

이승종외(2015). 근린자치제도론. 박영사.

정정길외(2020), 정책학원론. 대명출판사.

행정안전부(2018), 지방자치법 전부개정안(제출자 국무위원 김부겸 행정안전부 장관) 법제처심사전.

행정안전부(2020.7) 보도자료, 32년만의 지방자치법 전부개정추진.

Suttles, G.(1972). The Social Construction of Communities. Chicago: University of Chicaco Press.

https://www.dtnews24.com/news/articleView.html?idxno=566657 동주민을 바보로 아는 자치지원관제.

https://m.facebook.com/korjachi01/posts/364412050900213/

http://www.citizenautonomy.co.kr/news/articleView.html?idxno=3796 도입2년 여전히 논란 끊이지 않는 자치지원관 제도.

http://관악저널.kr/12482 서울형주민자치회 예산낭비속 본격 추진.

제6장

읍면동 민주화

I. 문제제기

읍면동은 행정계층이다. 자치계층이 아니다. 이 점에서 읍면동을 민주화 한다는 것은 두가지의 차원에서 검토가 필요하다. 현재와 같이 행정계층으로 두면서 행정부문의 민주화를 도모하는 것과 읍면동의 자치계층화를 하는 것을 민주화로 보고 근린자치제도를 민주적으로 재설계하는 것이다.

먼저 전자의 경우는 행정부문에 주민들이 참여를 확대하고 증대시키는 것이다. 읍면동의 주민센터가 행정사무를 처리하거나 읍면동 관련 행정사무를 주민참여적으로 운영하는 것이다. 혹은 행정부문이 주민들을 하부행정조직과 같이 조직화하여 지시 혹은 전달하여 주민사회에 하향적으로 소통하는 방식이다. 이것은 통리장을 동장이 임명하거나 공모하여 행정사무 집행의 전달체계로 활용함으로써, 주민들을 행정과정에 참여시키는 것이다.

그러나 이것은 의제(擬制)적 참여로서 관치(官治)에 활용되는 참여라고 할 것이고, 주민들이 주권자로서 참여하는 자치(自治)적 참여와는 그 본질이 전혀 다른 것이다. 오히려 관치적 참여가 있음으로 인해서, 자치적 참여에 대한 자각을 주민들이 하지 못하게 만드는 부작용이 있을 수 있다.

최근에는 행정부문에 주민들을 참여시키기 위하여 주민참여예산제도를 도입한다든지, 공청회, 청책회, 주민조사 등의 제도를 도입하기도 하였는데, 이것도 어디까지나 행정이 그 사무를 수행하는 과정에 행정관료들만으로 처리하는 것이 아니라, 주민들을 참여시킨다는 점에서 민주적 방향으로 나가는 것은 분명하다. 그러나 읍면동 계층을 민주화하였다고 할 수는 없다.

그렇다면, 둘째로 읍면동을 자치계층화하면서 민주화하는 것이 온전한 민주화라고 할 수 있을 것이다. 읍면동을 자치계층화한다는 것은 주민들의 대표가 읍면동을 다스린다는 의미이고, 이것은 선거를 통해서 읍면동의회를 구성하거나 읍면동의 주민총회를 통하여 선거로 집행위원회를 구성하여 1년동안 자치관리한다는 의미이다.

이 경우 읍면동계층에 존재하는 읍면동장은 폐지하거나 읍면동 주민센터의 공무원을 읍면동 자치공무원으로 전환하고, 읍면동의회나 주민총회에 의한 집행위원회의 의사결정을 따르는 것이다. 한국적 현실에서는 이상적이고 이론적인 것에 불과하다고 생각할 수 있지만, 이웃나라 일본에서는 시정촌 계층에서 주민들이 선거로 지방의회를 구성하거나 주민총회로 지방의회를 구성하는 것이다. 일본에서 시정촌이 1700여개 존재하므로 그 인구규모가 한국의 시군구보다는 약 1/8이상 작은 규모인 것을 알 수 있다.

규모란 관점에서 보면, 인구가 1만명 이하인 경우에 자치계층화 되어 있는 것이 선진국의 상례이다. 미국의 경우도 기초자치계층의 규모가 7,713명이고, 독일의 경우도 약 7,000명, 프랑스의 경우는 1,702명이라고 한다(신용인, 2018:89). 이에 반해 한국의 기초자치계층인 시군구의 경우는 224,954명이어서 선진국의 기초자치계층의 규모와 비교할 수 없을 정도로 비대하다. 심지어 하부행정기관으로서 행정계층으로 되어 있는 읍면동의 경우도 14,802명이어서 선진국의 자치계층 규모보다 크다.

다시 말해, 주민주권에 입각한 생활자치를 경험할 수 있는 공간인 읍면동 계층의 공간이 여전히 행정계층으로 되어 있다는 것은 국가차원에서 민주주의가 성숙하고 있다고 할지는 모르나, 생활공간에서의 민주주의는 여전히 후진국수준에 불과한 것이다. 생활공간에서 민주주의가 경험되고, 학습되지 않는 나라의 민주주의는 사상누각에 불과한 것이다.

풀뿌리공간에서의 민주주의가 충분히 제도설계되어 있고, 경험하고 있으면서 민주주의를 배워나가는 국정시스템이 되어 있다고 하면, 국가차원에서의 대통령 권력의 비대화나 다수의 전제에 의한 스텔스적 민주적 가치의 침식(erosion)[78]을 방지할 수 있을 것이다.

한편, 생활공간의 자치계층화와 관련하여 민주화를 제도설계할 때, 고려하여야 할 공간이 도시지역의 아파트단지와 농촌지역의 리 공간이다. 즉 도시지역의 아파트단지의 입주자 대표회의나 농촌지역의 마을총회를 통한 리장선거의 경우 주민들이 공동체의 주권자로서 참여하여 의사결정기구를 구성한다는 점에서 민주화된 것이라고 할 수 있다.

요컨대, 읍면동 민주화란 폴리테이아(politeia)로서의 주민들이 주권자로서 읍면동정부를 구성하고 참여하여 지배하기도 하고 지배당하기도 하는 것이다. 결국 읍면동 민주화는 정치적인 정부구성에서의 주민주권성이 있어야 하는 것이다. 이하에서는 행정민주화에 대한 이론 검토를 해보고(2장), 읍면동 행정의 제도적 변천(3장), 그리고 민주화의 관점에서 읍면동 계층의 개혁방안(4장)에 대해서 살펴보도록 한다.

---

78) 임혁백(2020), 한국민주주의의 혁신: 대의민주주의의 위기와 한국민주주의의 재창조. p.32

Ⅱ. 행정 민주화에 대한 이론적 검토

1. 민주화

민주화란 국가나 공동체를 운영하는 주권자가 누구인가란 문제와 관련되는 것이다. 즉 국가나 공동체를 운영하는 주권자가 특정한 개인이나 소수의 집단이냐 전체의 구성원이냐라고 하는 폴리테이아(politeia, 정체)의 문제이다. 현대국가에서 헌법을 통하여 민주공화정이라고 선언하는 것은 국가를 구성하고 운영하는 주권자가 왕도 아니고, 귀족도 아니며, 구성원인 시민과 주민이 주권자로서 공공성과 공익을 모색해나가는 정치체제임을 밝히는 것이다.

그런데, 국가란 구체적으로 중앙정부와 지방정부(혹은 지방자치단체)로서 구성되고 시민과 주민들이 국가나 공동체속에서 생활하는 것은 정부로부터의 공공서비스(혹은 공공재)를 소비하는 것도 있지만, 시민과 주민의 자유를 바탕으로 자율적으로 필요에 따라 공동체를 구성하거나 자치체를 구성하여 공유서비스를 생산하고 소비할 수 있는 시민사회영역과 시장경제영역도 존재하는 것이다.

일반적으로 경제학에서 국가와 시장경제의 관계에 대해서는 이론적으로 잘 정리되어 있다. 즉 국가는 작은국가가 좋은 것이어서 야경국가에서 시작하였지만, 20세기에 들어오면서 점차 행정국가화되고, 복지국가화되면서 큰 정부현상이 나타났다는 것이다. 즉 국가영역이 시장경제영역에 개입하여 대공황문제를 해결하거나 국가산업경제의 발전에 대한 책임을 지지 않을 수 없게 되었다는 것이다.

그러다가 1980년대 영국의 복지병 혹은 재정파탄으로 인하여, 신자유주의적 개혁에 의하여 비대해진 공공부문도 시장경제원리인 경쟁과 가격원리를 도입하여 공공부문의 개혁을 하여야 한다는 '다시 작은정부로'의 개혁이 일어났다. 그 과정에서 정부의 역할은 공공서비스를 공급하는 네트워크에서 방향잡기(steering)의 역할로 한정하고, 그렇지만 공공서비스 공급체계가 효과적으로 작동하도록 조정과 협력유인의 역할을 하게 되었다.

한편, 국가와 시민사회와의 관계에서는 시민들의 자유권과 재산권을 보장하도록 국가의 핵심의사결정구조를 민주화하는 과정에서 양자간의 관계는 의회중심의 대의제 민주주의제도가 발생하게 되었다. 선거를 통하여 대표(representative)를 선출하고, 이들이 시민사회를 대변함으로써 주권자의 주권이 행사되는 간접민주주의 제도이다.

그러나 이러한 대의민주주의는 중앙정부 계층에서만이 아니라 지방정부 계층에서도 적용되어야 민주주의가 생활화하게 된다. 지방자치를 민주주의의 학교라고 하는 것도 지방정부와 풀뿌리 근린정부 계층에서 민주주의의 학습과 경험이 없이 중앙정부의 선거에만 참여하는 것으로서 시민사회의 민주주의 교육이 쉽지 않다는 것이다. 그것은 4년에 한번 혹은 5년에 한번 선거를 통하여 대표자를 선출하고 나면, 대의자들이 엘리트화되거나 정당조직의 구성원이 되어, 주권자들의 선호와는 다른 방향으로 행동함으로써, 민주주의의 가치에서 멀어지게 되었던 것이다.

이에 20세기 후반과 21세기에 들어와서 직접 민주주의에 대한 필요성을 인식하게 되었고, 정치학에서는 공동체민주주의에 대한 이론적 논의가 일찍부터 논의되어 왔던 것이다. 한편으로는 대의민주주의와 공동체민주주의의 한계를 극복하는 기법으로서 숙의민주주의 혹은 심의민주주의를 위한 제도적 장치들이 개발되어 왔다. 문제는 주권자와 주권을 결정하는 사람들 간의 소통의 문제이고, 서로 다른 가치와 이해관계에 있는 사람들을 어떻게 설득하고 공감하게 하는가의 문제이다. 충분한 사회적 자본으로서의 신뢰가 있다면, 하나하나의 생활문제나 공공문제가 논란을 불러일으키지 않을 수 있지만, 서로에 대한 신뢰가 부족하고 의심이 들기 시작하면, 사사건건의 의사결정에 대한 의혹이 생기게 되어 극단적인 비판과 감정적 분노가 일어나게 되는 것이다.

2. 행정민주화

그렇다면, 읍면동 민주화에 있어서 행정부문의 민주화란 어떤 개념인가? 행정이란 정치를 행하는 것이므로 정치부문의 민주화없이 행정부문만이 민주화되는 경우가 있을 수 있는 것인가?

이 부분을 확인하기 위하여 정치부문의 민주화와 행정부문의 민주화로 나누어서 2×2의 매트릭스를 만들어 보면 다음과 같다.

〈표1〉 행정민주화에 대한 정치-행정 유형화

행정 \ 정치	무민주화	민주화
민주화	〈2영역〉 주민자치위원회도입 주민참여예산제도 참여형 도시계획	〈4영역〉 주민의회 혹은 주민총회 /민료구성
비민주화	〈1영역〉 동사무소	〈3영역〉 주민총회/동사무소존치

여기서 읍면동계층의 행정의 민주화란 동사무소가 존재하는 상태에서 주민자치위원회 등의 주민이 행정에 참여할 수 있는 제도적 장치를 도입하는 것이다. 읍면동계층에는 주민들이 있고, 읍면동 행정구역이 있지만, 자치권이나 자치관리정부가 존재하지 않는다. 즉 자치의 3요소인 공간과 사람은 있지만, 행정관리사무소만 존재하는 것이다. 이 행정관리사무소는 상위 계층인 시군구의 지방자치단체장의 통제를 받는 관료제의 하부행정조직이다. 즉 시군구의 입장에서는 주민의 선거로 선출된 지방자치의회와 단체장이라고 하는 자치권 혹은 자치관리단체(정부가 아님)의 자치권이 작동하는 것이라고 하지만, 읍면동 계층의 주민입장에서 보면, 자치권이 이관(devolution)되어 있지 않은 것이다. 읍면동 주민의 입장에서 보면, 읍면동 생활자치가 보장되어 있지 않은 것이다. 즉 시군구의 수직적 통제를 받는 것이고 자치의 공백영역이 발생되어 있는 것이다.

시군구 행정의 입장에서는 읍면동 행정관리를 위하여 읍면동주민들과 소통을 해야 하고, 주민들의 지역현안이나 주민 공동체의 의견을 수렴하면서 행정관리를 해야 할 필요성을 있다. 이를 위한 제도적 장치로서 직접적 행정관리방식으로서 통리장제도를 도입한 것이고, 간접적 행정관리의 방식으로 주민자치위원회 혹은 주민자치회라고 하는 자치 의제(擬制)적 제도를 도입한 것이다.

주민자치위원회의 경우는 위원의 구성방식에서 관치적이다. 즉 동장이 임명하는 것이어서 상위정부의 관료행정의 권위(authority)로서 행정관리의 전달체계상에 있는 것이다. 따라서 세금에서 통리장에게 수당으로 지급하고 있고, 관료제가 지역주민사회를 관리통제하는 네트워크인 셈이다.

이 부분이 한국사회의 민주주의나 지방자치를 주민들이 자치적으로 경험할 수 있는 기회를 박탈하는 '관료식민통치'에 해당하기에 비판을 받았던 것이다. 1998년이후 읍면동에 대한 관치(官治)방식을 개혁하기 위하여 읍면동사무소폐지를 검토하기도 하였지만, 현실은 읍면동사무소의 축소와 의제적 주민자치로서 주민자치위원회를 설치한 것이다. 위의 표에서 〈1영역〉에서 〈2영역〉으로 이동한 것이다.

요컨대, 행정영역에서의 민주화는 아무리 노력해도 1영역에서 2영역으로 이동하는 정도이고, 이것을 정치적 패러다임에서 보면, 무민주화[79]에 불과하다. 즉 행정부문의 민주화도 필요하고 지향해야 할 방향인 것은 분명하며, 주민들의 참여를 통하여 민주화를 향한 일보 진전된 것임은 분명하다.

그렇지만, 행정부문의 민주화 방식으로 제시되고 도입된 것을 보면, 주민자치회 시범실시의 경우도 여전히 읍면동 관료제를 그대로 읍면동 공간속에 통치구조로서 조직을 설치해 둔 상태에서 행정사무의 일환으로 하는 것이기에 여전히 관치적 패러다임에 있는 것이고, 관치가 완화된 것은 분명하지만, 자치(自治)적 패러다임이라고 하기는 어렵다.

결국 행정부문의 민주화는 정치적 패러다임에서의 민주화없이는 어려운 것이고, 그것도 행정영역의 비민주화를 지속하고 있으면서 의제적 민주화

79) 무민주화는 정치적인 차원에서 민주화가 실질적으로 제도설계되지 않았다는 의미이고, 비민주화는 행정적인 차원에서 관료지배적 구조가 주도적이 되어 있는 상태를 의미함.

(제3영역)만으로서는 읍면동이 민주화되었다고 하기 어려운 것이다.

즉 진정으로 읍면동의 민주화의 이상은 정치영역의 민주화인 읍면동의회 혹은 통리의 주민총회에 기반한 연합의회로서의 제도설계가 되어야 가능한 것이다.

3. 분권과 참여의 균형을 통한 민주화성숙

민주화의 성숙은 읍면동 계층공간이 정치적으로도 행정적으로도 민주화 되어야 하는 것이다. 어느 한쪽만 민주화된다고 해서는 한국의 민주주의는 절름발이가 될 것이다. 다시 말해 읍면동 공간이 정치 행정적으로 민주화될 때, 한국은 중앙정부차원의 민주화에 이어 지방자치차원에서의 민주화가 완성되는 것이다. 읍면동 계층의 민주화 없이는 가분수의 민주화여서 풀뿌리가 부실하여 무너지기 쉬운 것이다. 다시 말해 지방정부 - 근린정부라는 2계층의 민주화가 제대로 이루어질 때, 한국의 민주주의는 성숙하게 될 것이고, 이 중에서도 근린정부에서의 풀뿌리 민주주의의 경험과 학습 없이는 국가적 민주주의는 불완전할 수밖에 없다.

그런데, 읍면동 공간이 정치와 행정적으로 민주화된다는 것은 곧 주민주권의 개념이 실현된다는 의미이고, 읍면동 공간이 마을공화국이 된다는 의미와 일치한다. 읍면동 공간의 마을연방민주공화국이 되어야 한다는 주장은 몇몇 학자들에 의하여 이미 제시되어 있다. 대표적인 것이 신용인(2018a)과 채진원(2020) 등에서 발견할 수 있다.

한국헌법의 제1조에서도 대한민국은 민주공화국이다라고 되어 있을 정도로 공화주의에 대한 이해는 헌법이해의 기본이다. 공화(republic)의 어원은 res publica에서 온 것으로 공공의 것, 공적인 것이라는 의미이다. 공화주의는 법에 의한 다스림과 공공의 이익을 위한 공동체성을 의미한다. 그래서 공화주의에 의한 정체(politeia)는 국가가 왕의 것이 아니라 공동체를 대표하는 대표자와 공동체를 구성하는 시민 한사람 한사람의 것이라고 하는 혼합정체를 의미하는 것이라고 할 수 있다.

공화주의에 대한 원형은 그리스의 폴리스(polis)나 로마 공화정에서 발견할 수 있다. 공화주의는 시민 모두가 통치과정에 참여하고, 권력을 공유하며, 견제와 균형을 통하여 특정개인이나 계층의 지배를 방치함으로서 공공선을 추구하는 것이라고 한다(신용인, 2018a:286).

또, 공화주의는 미국의 타운미팅이나 제퍼슨의 기초공화국 모델 헌법안에서도 그 원형을 찾아볼 수 있다(채진원, 2020:15). 자유시민의 생활습속으로서 국민주권의 원칙은 연방권력을 가로축으로서 입법, 사법, 행정으로 쪼개고 세로축으로서 연방-주-카운티-마을로 쪼개어서, 각 단위에 자치시민들이 자유로운 말과 행동으로 참여하면서 견제와 균형(check and balance)의 공론장을 가지도록 해야 한다는 것이다.

미국의 공화주의가 제시하는 민주화는 수직적 중앙집권적 통치구조를 거부하고 수평적 네트워크형 통치구조를 가지는 연방주의원리에 의하여 통치구조와 자치계층구조가 설계되어야 한다는 것이다.

이러한 민주공화정의 제도적 설계에 비추어보면, 한국의 경우 중앙정부에 권력이 집중되어 있고, 지방자치단체에 대한 수직적 통치구조로 인하여 여전히 국가전체적인 차원에서의 민주주의가 미성숙되어 있는 것을 알 수 있다.

이러한 자각을 가지고 있기에 지난 20여년간 국가권한을 지방으로 분권하려는 지속적인 노력을 해왔던 것이다. 그리고 중앙행정이든 지방자치행정이든 시민과 주민들의 참여를 높이려는 노력을 다양하게 시도해 온 것은 사실이다. 현재도 대통령소속의 자치분권위원회를 통한 권한이양일괄법 시행이라든지, 지방자치단체의 예산편성과정에 주민들의 참여를 법제화시킨 주민참여예산제도의 시행 등은 대표적인 분권과 참여를 통한 민주화의 성숙을 향한 노력이라고 할 것이다.

그러나 여전히 수직적 중앙집권적 통치구조를 그다지 벗어나지 못하고 있어, 수평적 네트워크형 통치구조라고 하는 연방주의 원리에는 이르지 못하고 있다. 특히 풀뿌리 계층공간인 읍면동 계층이 여전히 비민주적 상태에 놓여 있고, 국가로부터의 강한 통제속에 놓여 있다는 것이 한국의 민주주의를 역주행하게 만드는 근원이 아닐까 한다.

이러한 문제의식의 일부라도 가지고 있었기에 읍면동 계층에 대한 주민자치를 도입하고 주민들의 참여를 활성화시키려 노력하고 있지만, 행정에 대한 참여의 수준을 높이는 의제적(擬制的) 자치로서는 한국민주주의는 여전히 위기에 직면할 수 밖에 없을 것이다. 한국민주주의의 제도적 피로현상을 극복하고, 한국민주주의의 혁신을 위해서 연방주의와 협의주의, 보충성의 원리에 입각한 헤테라키(heterachary) 민주주의로 제도재설계가 필요하다(임혁백, 2020:47). 이하에서는 이러한 한국민주주의의 혁신으로서 읍면동 계층 민주화를 위한 제도재설계를 위한 소고를 제시하고자 한다.

Ⅲ. 읍면동 행정의 제도적 변천 분석

1. 읍면동 계층의 행정제도

읍면동의 행정계층은 지방자치법에 의하면 시군구의 하부 행정기관이다(지방자치법 제117조). 그리고 읍면동장은 일반직 공무원으로 하고 시군구청장이 임명하도록 하고 있다(동법 제118조). 또 읍면동장은 시군구청장의 지휘감독을 받으면서 소관 국가사무와 지방자치단체의 사무를 처리하고 소속직원을 지휘감독하도록 하고 있다(동법 제119조).

여기서 읍면동은 전형적인 행정계층이며, 국가의 하부행정기관이고 지방자치단체의 하부 행정기관임을 알 수 있고 읍면동에 대한 주민들의 자치는 법률적으로 인정되고 있지 않은 것이다.

그렇다면, 읍면동의 주민들도 선거를 통하여 지방자치단체장과 지방의원들을 선거로 선출하고 있으니 지방자치를 하고 있는 것이 아닌가라고 질문을 할 수 있다. 이에 대해서 명확히 말할 수 있는 것은 주민들이 시군구 자치계층에 선거를 통하여 그 대표자와 행정관리 책임자로서 시군구청장을 선출하는 것은 명확하지만, 주민들의 근린생활과 관련되는 공공문제에 대해서는 주민들이 선거를 통하여 자신의 근린정부를 구성할 수 있는 자치권이 없다는 것이다.

여기에 대해서 시군구의 자치계층에 참여하고 있으면 자치를 하고 있는 것이지 굳이 읍면동 계층까지 선거를 하는 자치를 할 필요가 있는가라고 문제제기를 할 수 있겠다. 이에 대해서는 국가의 중앙정부에 주민들이 국회의원과 대통령을 선거로 선출하면 되었지, 왜 지방자치를 굳이 30년전에 재도입(부활)하였는가에 대한 답변과 동일한 것으로 답할 수 있다.

즉 지방자치란 민주주의의 성숙을 위하여 반드시 있어야 하는 제도적 장치이고, 지방자치가 없다는 것은 민주주의가 불완전하다는 것이다. 즉 주민들이 민주주의를 경험하고 학습할 수 있는 역량을 함양하기 위해서는 중앙정부와 권한을 나누어 가지는 지방정부가 존재해야 하고, 이를 통해 국가권력의 전제화를 막을 수 있다는 것이다.

마찬가지로, 지방정부도 지방자치의 가치와 철학에 부합하게 구성되기 위해서는 풀뿌리의 근린정부부터 구성되고, 그 범위를 넘는 공공서비스에 대해서는 상위의 정부를 연합하여 구성할 수 있는 상향적(bottom-up) 제도설계가 되어야 하는 것인데, 이러한 보충성의 원칙에 입각한 제도설계가 되지 않으면, 여전히 하향적(top-down)적인 제도설계가 지배하게 되고, 이것은 여전히 관료제적 통제가 작동하는 관치(官治)가 되는 것이다.

풀뿌리 민주주의가 태동해야 하는 공간에 관치가 제도화되어 있으면, 자치(自治)의 싹이 자라나기 어렵다. 관치적 관료제는 자치의 공간까지 계서제적인 통제를 확장하게 되는데, 그것이 바로 통리장 제도이다.

통리장은 지방자치법 제4조의2와 지방자치법 시행령 81조에 의하여 읍면동장의 하부조직으로서 읍면동장이 임명하도록 되어 있다[80]. 그런데 읍면동장이 통리장을 임명할 때는 주민총회의 추천을 받거나, 추천이 없을 때에는 읍면동장이 공개모집을 실시하여 임명하도록 되어 있다.

통리장은 해당 지역에 주소지를 두고 거주하고 있는 사람 중에서 신망이 두텁고, 국가관이 투철하고, 통리주민을 직접 지도할 수 있는 능력과 열의를 가지고 있는 사람이어야 한다[81]. 또 통리장은 봉사정신이 투철하고 책

80) 파주시통리장임명에 관한 규칙(2012.7.12.) 제3조
81) 동규칙, 제2조

임감이 왕성한 사람이거나 통리발전을 위하여 사명감이 강하고 애향정신이 투철한 사람이어야 한다.

결과적으로 통리장에게 요구되는 조건을 구비한 사람인가에 대한 최종적인 판단은 읍면동장이 가지고 있는 셈이다. 최종적인 인사권을 가진 사람이 그 구역에서의 실권자가 되는 데, 통리에 대한 최종적인 인사권은 상위 계층인 읍면동장에게 있는 셈이다. 전형적인 행정통제 계층에 해당한다. 자치계층이 아닌 것이다. 읍면동 행정계층에 대한 비민주화이고 정치영역으로 보면 무민주화 단계인 것이다.

2. 읍면동 행정계층에 대한 참여 제도

읍면동 행정계층에 대한 참여제도를 도입하기 시작한 것은 1999년의 주민자치센터 설치와 함께 구성된 주민자치위원회를 들 수 있다. 주민자치센터는 지방자치법 제8조와 시행령 제8조에 의하여, 주민편의 및 주민복리증진을 도모하고 주민자치를 강화하여 지역공동체형성에 기여하도록 하기 위하여 설치하였다.

당시 한국은 IMF로 인하여 정부기능의 감축을 통하여 국가재정적 위기를 벗어나려는 노력으로 읍면동 사무소를 폐지하는 안도 검토하였지만, 읍면동 공무원의 감축이 용이하지 않아서, 읍면동 행정기능을 1/3로 축소하는 개혁으로 타협하였다. 그리하여 읍면동사무소의 여유 공간에 주민자치센터를 설치하여 주민들이 지역공동체를 형성하고 나아가서는 주민자치를 할 수 있도록 한다는 목표를 세웠다.

주민들이 지역공동체를 형성하려면 먼저 주민들이 정기적으로 만나고 서로 소통하면서 일정한 성취를 맛볼 수 있도록 해야 하는데, 이것을 위하여 취미 여가 프로그램을 개설하였다. 이것은 주민들이 취미 여가 프로그램을 통하여 공동체를 형성하고, 이 공동체가 그 지역의 공공문제에 대해서 서로 여론을 형성하고 정책의제를 형성하거나 정책집행과 정책결정과정에 참여할 수 있는 공동체를 만들어주는 것이 제도설계의 이면에 깔려 있는 목표라고 할 수 있다.

즉 주민자치센터와 주민자치위원회는 궁극적인 정책목표는 주민자치를 할 수 있도록 하여, 주민편의와 주민복리를 주민들이 스스로 증진할 수 있는 역량을 가지도록 하는 것이라고 할 것이다. 다시 말해, 취미 여가 프로그램을 통하여 공동체를 형성하는 것은 주민자치를 위한 정책수단이라고 할 것이다.

그런데, 현실에서는 취미 여가 프로그램 운영자체가 하나의 목적이 되어 그 다음단계인 주민자치를 통한 공공문제의 결정과 집행의 역량을 스스로 구비하는 단계로 나아가지 못하였을 뿐만 아니라, 마치 취미 여가 프로그램 운영을 주민들이 자율적으로 하는 것을 '주민자치'의 본질인 양 착각하게 만들었다는 점이다. 이것은 주민자치의 본질을 지향하고, 주민자치의 역량을 함양하여야 하는 시민사회영역의 관점에서 보면, 진정한 주민자치의 길을 생각하지 못하게 만들고, 마치 주민자치를 하고 있다는 허상을 가지게 함으로써, 진정한 주민자치의 역량을 함양하는 길을 잃게 만들어 버린 셈이다.

구체적으로 조례를 통하여 살펴보면, 자치센터는 주민자치기능 및 주민을 위한 문화복지편익기능을 수행한다고 한다. 그러면서 그 기능으로서 6가지의 기능을 예시하고 있다[82].

〈표2〉 주민자치센터의 기능

기능	예시
주민자치기능	지역문제 토론, 마을환경가꾸기, 자율방재활동 등
문화여가기능	지역문화 행사, 전시회, 생활체육 등
지역복지기능	건강증진, 마을문고, 청소년공부방 등
주민편익기능	회의장, 알뜰매장, 생활정보제공 등
시민교육기능	평생교육, 교양강좌, 청소년교실 등
지역사회진흥기능	내집앞 청소하기, 불우이웃돕기, 청소년지도 등

출처: 음성군 주민자치센터 설치 및 운영조례(2015).

82) 음성군 주민자치센터 설치 및 운영조례(2015.3.15.). 제5조

이 기능들은 전형적인 근린자치정부의 기능에 해당한다. 즉 근린자치정부는 주민들이 풀뿌리 민주주의를 경험하고 학습할 수 있도록 근린생활 공유서비스 혹은 공공서비스를 공급하는 것으로서 이러한 근린자치정부를 주민들이 주권자로서 구성할 수 있어야 진정한 지방자치라고 할 것이다. 이러한 근린자치정부는 주민들이 자유롭게 구성할 수 있는 자유를 가지고 구성할 수 있는 자치권이 권리로서 가지고 있을 때 가능하다.

그러나 근린공간에서 주민들에게 이러한 자치권이 부여되어 있지 않을 때에는 현대정부에서 이러한 자치를 하기 어렵다. 특히 한국과 같이 중앙집권적인 행정운영의 전통을 가지고 있었고, 여전히 국가의 권력이 지방의 권력에 비해 압도적으로 큰 경우에는 지방에서는 물론이고 근린공간에서 자치를 할 수 없다.

이런 현실에도 불구하고, 주민자치센터에 이러한 다양한 6가지의 기능을 부여하고 있다는 것은 근린자치정부의 형태는 취하였으나 그러한 근린자치정부의 사무로서 예시한 것은 기존의 행정관료제의 행정사무 중에서 일부이다. 이것은 주민자치의 영역을 행정사무로부터 유출된 것으로 보는 관료주의적 사고방식에서 벗어나지 못한 제도설계이다.

여전히 관치적 사고방식에서 벗어나지 못하고 있다는 것은 자치센터의 운영을 규정한 곳에서 여실히 드러난다. 즉 자치센터의 시설 및 프로그램의 운영은 위원회의 심의를 거쳐 읍면장이 한다 로 되어 있다[83].

읍면장은 위원회의 의견을 들어, 소속공무원, 위원회의 위원 또는 자원봉사자로 하여금 자치센터의 운영에 관한 사무를 전담 또는 분담하여 수행하게 할 수 있다고 되어 있다. 즉 자치센터의 운영은 읍면동장의 행정사무인 것이다.

그러면서 위원회는 위원회의 위원 또는 자원봉사자에게 업무량과 봉사시간 등을 감안하여, 수강료 징수액 중 일정금액을 봉사활동비로 지급할 수 있다고 되어 있다.

여기에서 알 수 있는 것은 주민자치위원회의 위원은 읍면동장의 행정사

---

83) 동조례 제7조.

무를 수행하는데 참여하는 것에 불과한 것이지, '자치'를 하고 있는 것은 아님을 알 수 있다. 자치란 자기입법과 자기통제를 그 요체로 하는 것으로서 일정한 공간과 그 공간속에 있는 주민들의 공동체에 필요한 공유적 서비스 혹은 공공적 서비스를 공급하는 데 필요한 조세징수와 자치정부를 구성하고 운영할 수 있는 자치권을 가지고 있어야 한다. 그 방식은 주민총회를 통하여 집행위원회를 선출하거나, 선거를 통하여 대의자를 선출하는 것이다. 공화정의 핵심은 법에 의한 통치와 주권자인 주민에 의한 지배가 가능하여야 한다.

이외에도 읍면동계층에 대한 참여제도로서 최근에는 다양한 참여제도가 도입되고 있다. 주민참여예산제도를 읍면동 단위에서 구성하는 것이라든지, 참여형 도시계획제도라든지, 개발위원회, 동정자문위원회 등도 읍면동계층의 참여제도라고 할 수 있다.

이 중에서 동정자문위원회는 읍면동 행정계층에 대한 전통적이고 전형적인 참여제도라고 할 수 있다. 즉 행정계층에 주민들이 참여하여 행정사무를 담당하는 동장에게 자문을 하는 방식으로 참여하는 것이다. 동정자문위원회는 동정의 주요시책에 대한 자문을 하기 위한 것으로서 자문위원회의 기능으로서 동의 봉사행정개선에 관한 사항, 주민의 편의 이용시설 설치에 관한 사항, 소규모 개발에 관한 사항, 주민의 문화복지후생에 관한 사항, 동방위 및 동예비군 운영협조에 관한 사항, 그 외에 동장이 회의에 부치는 사항으로 되어 있다[84].

요컨대 읍면동 행정계층에 대하여 주민의 참여를 시도하고 있다는 측면에서 행정의 민주화를 위한 시도를 하고 있는 것은 분명하지만, 정치영역의 관점에서 보면 여전히 무민주화의 단계에 해당한다.

3. 읍면동 행정계층의 자치계층으로 전환을 위한 시도들

주민자치위원회의 기능이 읍면동사무소의 자문기구에 불과하고 이것은

84) 광명시 동정자문위원회 조례(2018.7.31.) 제2조

의제적 자치에 불과하다는 비판을 받게 되었다. 이에 읍면동에 대한 주민자치를 제대로 도입해보려는 시도를 학계와 중앙정부차원에서 하게 된 것이 2011년 '읍면동 주민자치 모델개발' 이라고 할 수 있다[85].

이것은 대통령소속의 지방행정체제개편추진위원회에서 한국지방자치학회에 의뢰하여 읍면동 주민자치에 대해서 3가지의 모형을 제시하면서부터이다. 여기서 2012년 5월에 제시한 보고서에 의하면 협력형, 통합형, 주민조직형의 3가지 주민자치회 모델을 제시하였다.

협력형은 주민전원으로 구성되는 주민자치회안에 주민대표로 구성되는 의결과 집행기구로서 주민자치위원회를 설치하는 것인데, 읍면동사무소의 협력기구로서 설치 운영한다는 것이다. 통합형은 주민전원으로 구성되는 주민자치회안에 주민대표로 구성되는 의결기구인 주민자치위원회와 그 소속하에 공무원으로 구성되는 집행기능을 담당하는 사무기구를 설치 운영하는 것이다. 사무기구는 기존의 읍면동사무소를 활용하는 것이다.

주민주도형은 주민전원으로 구성되는 주민자치회 안에 주민대표로 구성되는 의결 집행기구인 주민자치위원회를 설치하고 기존의 읍면동 사무소를 폐지하는 것이다.

이 세가지안을 살펴보면, 읍면동 행정계층을 폐지하는 것은 주민주도형만이고 나머지 협력형과 통합형은 읍면동 행정계층을 그대로 유지하고 있는 것이다. 본 고의 행정민주화에 대한 이론적 관점에 의하면, 행정계층의 통제를 그대로 두고 있기에 여전히 정치영역의 관점에서 보면, 무민주화인 셈이다.

정치영역의 관점에서 민주화로의 제도설계가 된 것은 주민주도형뿐이고, 나머지 협력형과 통합형은 여전히 행정계층의 읍면동 공간구역에 대한 통

---

85) 주민자치강화가 목적이었다기 보다는 시군통합을 하는 과정에서 주민으로부터 더욱 멀어지는 지방자치를 보완하는 차원에서 주민과 가까이 있는 읍면동 행정계층을 주민에게 돌려준다는 차원으로 시도된 것이다. 주민자치강화에 대한 근거법이 2010년 10월 1일의 '지방행정체제개편에 관한 특별법'이 제정되면서, 주민자치회의 설치 운영에 관한 법적 조항이 만들어지게 된 것이다. 법18조에 지방행정체제개편을 하는데, 주민의 편익증진과 국가 및 지방의 경쟁력 강화를 위한 것이고 그 일환으로서 '주거단위의 근린자치활성화'를 제시하고 있다.

제장치를 그대로 둔채로 행정계층의 관리과정에 대한 주민들의 참여를 확대하고 조직화하는 정도인 셈이다.

통합형의 경우는 그나마 협력형보다는 진일보한 행정민주화이긴 하지만, 여전히 읍면동 사무소의 공무원을 시군구의 공무원으로 그대로 둔 채로 주민자치회가 구성되는 것이기에 시민사회영역에서 자치권에 기반한 주민자치라고 하기는 어렵다. 시민사회영역에서 자치권에 기반한 주민자치는 주민주도형으로 구성되는 경우에만 가능할 수 있는 것이다.

그런데, 한국의 현실은 통합형과 주민주도형은 현행 법령에 위반된다는 식의 검토의견으로 인하여 시범실시도 무산되게 된다. 즉 2012년 6월 지방행정체제개편위원회가 마련한 지방행정체제개편 기본계획에 대해 법제처와 안전행정부가 통합형과 주민주도형은 현행 지방자치법에 위반된다는 의견을 제출하였다. 이로 인해 지방행정체제개편위원회는 2012년 12월 협력형 모델을 우선 시범실시하고, 통합형과 주민조직형은 특별법 개정후 추진하기로 하여, 결국 읍면동계층에 대한 정치영역의 민주화를 포기한 셈이다. 읍면동계층에 대한 정치 및 행정 영역의 민주화가 온전히 이루어지지 않고서는 주민자치의 본질을 회복하는 것은 불가능한 것이다.

이후 2013년 5월 지방행정체제개편 특별법은 지방분권 및 지방행정체제개편에 관한 특별법으로 개편되었고, 여기서 주민자치회에 대한 근거규정을 법27조와 29조에 마련하였다. 행정안전부는 2013년 협력형을 일부 수정하여 시범실시계획을 수립하고, 5월 공모를 거쳐서 31개 읍면동을 주민자치회 시범실시 지역으로 선정하였다. 또 2015년에는 18개 읍면동을 추가로 선정하여 49개 읍면동에 수정된 협력형 모델을 실시하였다. 여기서 수정된 협력형 모델은 주민자치회 자체를 주민대표기구로 구성한다는 점에서 기존의 협력형이 주민 전원으로 구성되었다는 점과 대별되고, 이것은 자치의 본질을 훼손하는 심대하고 중대한 발상이다.

즉 주민들이 읍면동에 자치를 한다고 하면서, 주권자로서 주민자치회 구성에 참여할 수 있는 주민총회나 선거를 통한 대표성을 확보하는 것이 없는 것은 자치가 아닌 것이다. 여전히 행정계층의 관료들이 임명한 주민자치위원이라고 하면, 이것은 행정계층에 대한 '주민참여'일 뿐이고 Arnstein의 참여단계분류에서 형식적 참여에 불과한 것이다.

한편, 중앙정부 차원에서 읍면동행정계층에 대한 자치계층화가 저지되고 있는 상황에서 지방자치단체 중에서 선도적으로 읍면동행정계층을 자치계층화하려는 일련의 맹아들이 싹트고 있었다. 서울특별시에서 2016년 7월 '주민자치회 시범실시 및 설치 운영에 관한 조례' 개정을 통하여 전국 최초로 주민자치위원의 추첨선출제를 도입한 것이다. 즉 조례 9조를 보면, 주민자치학교 이수한 사람에 한해서 주민자치위원 정원의 60%를 공개모집한 후 추첨하고, 나머지 40%는 단체추천으로 선발하도록 한 것이다.

이어서 서울시 성동구에서도 2017년 7월 조례개정을 통하여 주민자치위원 추천선출제를 도입했고, 2017년 10월에는 금천구가 도입하였다.

요컨대 주민자치회의 위원 선출을 행정계층의 관료에 의한 임명이 아닌 '추첨제'가 도입되었다는 것은 주민들이 주민자치회에 대한 주권자로서 비지배자유를 가진 존재로 조례가 인정하고 있다는 것을 표현한 것이라고 볼 수 있다. 노예는 주인의 자비로 인하여 은혜를 베푸는 차원에서 노예의 행동에 간섭하지 않는다는 것에 감사할 수는 있지만, 여전히 노예의 운명은 주인의 의지에 좌우되는 것이다[86]. 그러나 노예가 공화주의에서 말하는 '비자유지배'를 가진 존재가 된다는 것은 지배로부터의 자유인 것이고 이것이 진정한 자유이다. 즉 자치는 진정한 자유를 가진 상태에서 시작되는 것이고, 이것은 본 고의 관점에서 보면, 정치영역의 민주화단계에서 가능한 것이다.

Ⅳ. 민주화의 관점에서 읍면동 계층 개혁방안

1. 행정계층과 자치계층의 상충 해소

읍면동 계층 민주화의 첫 출발점은 읍면동 행정관료조직의 폐지이다.

86) 신용인(2018). 마을공화국의 제도화방안. 법학논총30(3). p287 참고

1998년 IMF시절에 시도하였던 행정개혁을 완성하는 것이다. 읍면동 계층에 행정계층을 폐지하고, 자치계층으로 전환하는 것이다.

그러나 현실적으로 이런 개혁이 쉽지 않은 과제인 것은 분명하다. 전국에 산재해 있는 3500여개의 읍면동 사무소를 폐지하고 그 곳에 근무하는 지방공무원 5만5천여명을 시군구 공무원으로 배치전환하여야 하는 것이다.

그리고 자치계층으로서 읍면동에 주민총회 혹은 선거를 통하여 읍면동의회를 구성하는 것이다. 이것은 주민자치회가 대표성을 가지고 민주주의 국가에서 자치의 정통성을 가질 수 있는 법제도적 요건을 구비하게 해주는 방법이다. 근린지방정부로서 주민생활관련의 행정문제와 정책문제를 해결하는 위상과 역량을 가지도록 법적 근거를 마련해 주어야 한다.

여기서 근린지방정부로서의 위상을 구비한다는 것은 자치입법권을 비롯하여 자치조직권과 자치인사권, 자치재정권, 자치공간계획권 등 읍면동계층구역에 대한 전권한성을 가지도록 한다는 의미이다. 이것을 위해서는 근린지방정부를 구성하는 주민들에게 자치권을 부여하여 근린지방정부에 대한 주권자로서 자치에 참여할 수 있도록 법률적 권리와 비지배자유를 보장해 주어야 하는 것이다.

또 근린지방정부로서의 역량이라 함은 근린지방공공재 혹은 근린지방공공서비스에 대한 공급을 가능하게 하는 관리역량이 있어야 하고, 그러한 재원을 마련할 수 있는 세원으로서의 재정역량이 구비되어 있어야 한다. 관리역량을 확보하기 위해서는 근린지방정부의 자치사무를 계획하고 결정하고 집행할 수 있는 전문성을 가진 자치인재공무원을 채용하여야 할 것이다. 재정역량을 확보하기 위해서는 근린지방정부의 주민들에게 제공되는 공유서비스 혹은 공공서비스에 대한 댓가로서 주민으로부터의 '자치관리세'를 징수 할 수 있어야 하고, 부족한 재원은 상위정부로부터 혹은 자치정부연합체로부터 조정교부금으로 채울 수 있어야 할 것이다.

요컨대, 하나의 계층에 행정관리조직과 자치관리조직이 동시에 존재하여 서로 충돌하는 상황을 해소해야 한다. 읍면동 계층에서 행정통제조직이 폐지되어야 자치관리조직이 자치다운 자치를 할 수 있는 것이다.

이것은 행정(public administration)과 자치(self-government)의 관계

를 명확히 하는 것에서 시작되어야 한다. 행정은 관리의 전문성을 가지고 자격제시스템에 의하여 채용되는 관료제조직이다. 정치를 집행하는 역할로서 행정의 개념을 이해하게 될 때, 정치는 민주적 정당성을 가지고 있기에 정치에서 결정한 것을 행정은 집행하는 역할을 수행할 것이 기대된다. 여기서 문제는 행정이 정치적 중립성을 어떻게 가지고 관리와 집행을 할 것인가라는 난제에 부딪히게 된다.

즉 정치의 결정은 다수당과 소수당이 합의하여 국회로서의 의사결정인 법률로서 결정되는 것이고, 행정은 이러한 법률을 정당에 치우치지 않도록 관리하는 것이 정치적 중립성의 요체이다. 그런데, 법률 자체가 특정 정당에 치우친 내용을 가지고 있다고 하면, 이것을 그대로 집행하는 것은 특정 정당에 치우친 것이 되고, 정치적 중립성을 훼손하게 되는 것이다.

혹은 법률을 거치지 않고 당정청협의회를 통하여 의사결정이 이루어지고 이것을 행정으로 하여금 복종하여 집행하도록 한다고 할 때, 행정은 과연 정치적 중립성을 지킬 수 있는 것인가 하는 점이다. 당정은 다수당의 정치인으로 구성되는 것이고, 특히 청(청와대)의 경우가 여당에서 배출된 대통령인 경우, 결국 여당의 정치적 결정에 행정은 따르게 되는 셈이고 이는 정치적 중립성의 범주를 벗어나는 것은 아닌가 하는 의문이다. 행정이 정치적 중립성을 지키기 위해서는 당정청의 의견을 기본적으로 따르지만, 소수당의 의사표현과 내용을 참고로 하면서, 정치적 중립성을 통하여 국가적 공공성을 확보하려는 노력을 행정도 해야 하는 것은 아닌가 한다.

이러한 논의가 정치와 행정의 관계(politics-administration relation)에 대한 것이라고 하면, 행정과 자치(self-government)의 관계는 어떻게 설명되어야 할까? 자치(self- government)는 하나의 정부(government)이다. 정부에는 정치와 행정으로 구성된다. 자치정부이므로 자치정치와 자치행정으로 구성된다고 할 것이다. 다시 말해 자치 속에는 이미 행정이 포함되어 있는 것이기에 행정과 자치의 관계가 어떠해야 하는가라는 표현보다는 국가행정과 자치행정과의 관계가 어떠해야 하는가라든가, 국가행정과 자치정치와의 관계가 어떠해야 하는가라는 질문으로 바꾸어야 한다.

본 고의 논의와 관련하여 정리하면, 자치(self-government)가 제대로 하기 위해서는 국가 혹은 중앙정부의 행정은 읍면동 계층에서 폐지되어야 한다는 의미이다. 즉 국가의 행정계층은 중앙정부-광역지방자치단체(광역시도)-기초지방자치단체(시군구)-하부행정기관(읍면동)의 4계층으로 되어 있다.

여기서 하부행정기관에 해당하는 행정계층을 폐지하고, 자치계층을 새롭게 제도재설계(institution re-design)해 주어야 행정계층과 자치계층의 상충이 해소될 수 있는 것이다. 자치계층에 자치정부가 수립될 수 있도록 해야 읍면동계층의 민주화는 시작되는 것이다.

2. 근린자치공동체정부 형성 및 촉진을 위한 법제화 도입

읍면동 계층을 자세히 살펴보면, 동질적이 아닌 것을 알 수 있다. 전국에 읍이 218개, 면이 1195개, 동이 2083개여서 전체로서 3496개이다[87]. 읍면은 도계에 주로 존재하고, 동은 시계에 주로 분포하지만 도계에도 상당히 존재함을 알수 있다. 즉 도계에도 이미 도시화된 동구역들이 많아졌음을 알 수 있다.

〈표3〉 전국 읍면동 분포

	읍	면	동
시계	11	45	1105
도계	207	1150	978
합계	218	1195	2083

출처: 통계청(2020.11 검색)

다음으로 통리 계층도 살펴보면, 통이 57,513개이고, 리가 36,731개이다. 이 중에서 시계에는 통이 30,019개로서 주로 도시지역에 분포되어 있음을 알 수 있고, 리는 도계에 35,439개가 있어 상대적으로 많이 분포하지만, 도

87) 통계청 KOSIS(자료갱신일 2016.6.27.) 자료검색일 2020.11.22

계에도 통이 27,494개가 존재하여 역시 상당히 도시화된 하부행정기관이 존재하고 있음을 알 수 있다.

이러한 현황을 반영하면서, 읍면동 계층의 민주화를 위한 자치계층전환을 어떻게 해야 할 것인가?

읍면지역은 농촌지역으로서 공동체가 여전히 존재하는 경향이 있는 반면, 동지역은 도시화된 지역으로서 공동체가 소멸되었거나 원자화된 개인들이 주로 거주하는 공간이다. 이 점에서 공동체가 존재하는 곳에서는 먼저 공동체자치를 할 수 있는 법제도적 장치를 마련하여 주고, 공동체가 소멸되어 원자화된 곳에서는 공동체를 굳이 무리하게 관치적으로 만들려하기 보다는 일정한 공간구역의 공유서비스의 자치관리를 가능하게 하는 법제도적 장치를 마련해 주는 것이 합리적이고 현실적이지 않을까 한다.

읍면지역에서 공동체는 주로 리단위로 형성되어 있다고 할 수 있고, 리장선거를 통하여 주민들이 마을총회로서 모이는 경우가 많다. 이 점에서 리장선거를 하는 마을총회를 하나의 공동체자치를 제대로 할 수 있고, 민주공화정이 작동할 수 있도록 제도설계를 해 주는 것이다. 즉 마을총회를 통하여 리장만을 선거하는 것이 아니라, 마을을 다스려나갈 집행위원회를 선거로 선출하여 복수의 위원들이 마을을 합의하여 이끌어 가도록 하는 것이다. 그리고 필요하다면, 집행위원장으로서 마을리장을 선출하는 것이다. 즉 통합형의 기관구성에 입각한 집행위원회를 구성하고, 집행을 담당할 조직과 인력을 자원봉사 혹은 유급봉사, 풀타임직원의 형태로 채용하는 것이다. 이것은 그 리 자치공동체의 자치사업이나 자치사무를 통한 공유서비스의 규모와 수준, 그리고 이러한 재원을 부담할 수 있는 조세부담력과 관련되어 있을 것이다. 이것은 그 리 자치공동체의 선택과 결정으로 정할 문제이다.

이렇게 되면, 마을리장 혹은 리 집행위원회의 위원장들이 상위의 계층인 읍면의 연합체의 이사가 되어 이사회를 구성할 수 있을 것이다. 그리고 이들 중에서 읍면 연합체의 읍면 연합사무를 처리할 수 있는 읍면의회의 지방의회를 구성할 수 있을 것이다. 이렇게 읍면지방자치정부의 지방의회를 구성할 수 있다고 하면, 새로운 선거를 읍면계층에서 실시하지 않더라도 연방주의[88]에 입각한 지방자치정부의 구성이 가능하다.

한편, 도시지역의 경우 공동체가 거의 소멸되어있어, 주민들이 원자화된 아파트생활이나 직장이나 자녀교육 등의 이유로 이사가 빈번하여 공동체가 형성되기 어려운 여건에 있는 경우가 많으므로, 아파트단지별로 자치관리나 자치공동체관리를 하는 공동주택관리방식을 원용하거나, 비아파트단지의 경우 도로와 도로로 구성되는 일정한 구역별로 자치관리를 하는 자치공동체를 구성하도록 하는 것이다. 여기서도 아파트단지나 자치관리구역별로 주민총회를 통하여 근린자치운영 집행위원회를 구성하거나, 입주자대표회의를 활용하여 마을공화국의 조직원리[89]를 적용하여 근린자치공동체정부를 형성하는 것이다.

이것이 가능하기 위해서는 근린자치공동체정부 구성을 위한 특별법의 제정이 필요하다. 만일 헌법개정이 가능하게 된다고 하면, 헌법차원에서 풀뿌리민주주의의 실현을 위한 근린정부구성을 위한 자치권을 보장하는 것이 필요하다.

3. 분권논의의 패러다임과 초점전환 : 근린계층분권으로

읍면동 계층의 민주화를 위해서는 읍면동 계층에 대한 참여를 확대하는 정도의 기존 패러다임으로서 단체자치적 사고방식으로서는 한계가 있음을 지적하였다. 즉 행정의 민주화만으로서는 읍면동 계층의 민주화는 어렵고, 정치의 민주화가 병행해야 하는 것이다. 그런데 이러한 정치의 민주화는 결국 자치권을 가진 자치계층으로의 패러다임전환이 이루어지지 않고서는 불가능한 것이다.

---

88) 연방주의(federalism)는 수직적 중앙집권형 통치구조를 거부하고, 수평적 네트워크형 통치구조를 지향하는 조직원리로서 이해되고 있으나, 사회구성원리의 하나로서 보다 작은 공동체들의 자율성을 보다 크고 상위에 있는 공동체로부터 보장받고, 이들 하위 공동체들의 활성화를 통한 상위공동체를 지향한다는 특징을 가진 것으로 이해할 수 있다. 이는 알투지우스의 입장에 따른 연방주의의 이해방식이다(신용인, 2018a:292-294)

89) 신용인(2018a), 마을공화국의 제도화방안, pp.289-296 참조. 여기서는 자유와 질서의 조화, 보충성원리, 연방주의를 바탕으로 제도적 구현을 제시하고 있음.

그렇다면, 어떻게 읍면동계층에 대한 자치계층으로의 전환이 일어날 수 있은 것인가? 이미 주민자치회의 도입을 위한 특별법의 제정을 통해서도 그 한계가 드러난 것처럼, 현재의 법률체계에서는 협력형의 주민자치모형밖에 적용할 수 없다는 법제처와 행정안전부의 검토의견을 넘어서지 않고서는 자치계층으로의 전환은 불가능한 상태이다.

따라서 읍면동계층에 대한 자치계층으로의 전환은 헌법개정을 반드시 요청한다는 점이다. 헌법개정안을 통하여 자치분권국가선언과 함께, 지방자치단체를 지방정부로 그 위상과 역할을 전환하고, 풀뿌리민주주의의 경험과 학습을 위한 공간으로서 읍면동계층 혹은 통리계층(아파트단지 포함)에 마을공화국의 조직원리를 도입하는 것이다.

이것은 분권논의에서도 기존의 단체자치에 입각한 제도 속에서 중앙정부의 행정사무를 이양하는 식의 이양방식으로서는 광역시도나 시군구 지방자치단체에 행정사무가 이전되는 것에 불과하여, 하향적(top-down) 이양방식이란 궤도를 벗어날 수가 없다.

또 이러한 이양방식은 기존의 지방자치단체의 업무량만 늘어나는 것이고, 인력이나 재정이 추가로 증원되거나 이전되는 것이 아니라면, 오히려 지방자치를 더욱 어렵게 할 뿐이다. 여기서 발상의 전환이 필요하고, 지금까지 가보지 않은 방식의 분권논의가 창의적 돌파로서 시도되어져야 한다.

그것은 가장 기초적이고 풀뿌리에 해당하는 근린생활공간에 대한 자치권 부여라고 하는 자치헌장형 자치권부여를 하고, 이를 근거로 하여 연방주의의 조직원리에 의하여 읍면동계층에 상향적(bottom-up) 이양방식으로 읍면동 근린지방정부를 구성하는 제도설계방식의 대전환이 요구된다고 할 것이다.

이를 위해서는 분권논의도 중앙정부가 선점하고 있는 입법권과 재정권을 근린계층에 이관하는 방식으로 전환되어야 하고, 이러한 분권의 결과로서 주민총회형 마을정부(town government)제도 혹은 대표제 주민총회형 타운정부제도[90]의 제도재설계가 필요하다.

90) 신용인(2018b), 주민자치제도개선에 관한 연구, pp.99-104 참조.

요컨대 분권개혁의 논의를 현재와 같이 지방자치단체에 대한 행정사무 이양이나 단체자치패러다임하에 기능이양의 방식이 아니라, 근린계층에 대한 전권한성을 가진 자치권을 이양하고, 행정통제장치로 설치되어 있는 읍면동 행정계층의 조직을 폐지하거나 상위 지방자치단체로 이관하는 것이 필요하다. 분권논의에 대한 패러다임과 인식전환이 필요하다.

V. 결론

읍면동 행정계층에 대한 민주화의 논의는 기존의 지방자치발전을 위한 논의방식에서 보면 매우 파격적인 의제이다. 읍면동계층에는 당연히 읍면동사무소가 있어야 하고, 읍면동장이 국가과 지방자치단체의 깔대기형 집행기관으로서 읍면동계층의 의사결정과 행정관리의 주축이 되어 있다. 읍면동계층의 폴리테이어로 보면, 읍면동 행정공화국의 최고집행책임자(chief executive officer)라고 할 것이다. 어떻게 보면, 읍면동 계층에 파견된 총독과 같은 지위인지도 모른다. 즉 시군구 지방자치단체장이 파견한 총독이라는 이미지는 지나치게 과장된 것일까?

1991년 지방자치단체의 재도입(부활)이후에는 각 읍면동에 1/2 혹은 2/3의 대의자로서[91] 시군구 지방의원이 존재하여, 읍면동에 대한 완전한 대의자는 아닐지언정, 상당한 영향력을 가지는 읍면동 행정에 대한 참여자로서 지방의원이 있기는 하다. 이들 지방의원들은 3-4개동에 2-3명씩이 선거로 선출되고 있어, 읍면동 행정에 대한 상당한 정도의 대의자로서의 역할과 위상을 가지고 있다고 할 것이다.

따라서 지방의원들은 시군구 지방의회에서 읍면동에 대한 대의자로서 역할을 수행하고 있는 것이 사실이지만, 읍면동 행정에 대한 의사결정과정의 참여는 시군구 지방자치단체장을 통하여 하는 간접적인 것이라고 할 수 있

91) 어떤 동의 입장에서 보면, 동전체를 대의하는 의원일 수도 있으나, 소선거구가 아닌 중선거구이므로, 특정한 동에 대한 전적인 대의자라고 하기는 어려운 구조임.

다. 즉 직접적으로 읍면동장에 대한 행정집행과정에 지휘나 감독을 할 수 없다.

읍면동 주민의 입장에서 보면, 읍면동 주민들의 근린생활에 대한 민원이나 공유서비스공급에 대한 논의가 읍면동 계층을 넘어서서 상위 계층인 시군구차원에서 논의됨으로 인하여, 읍면동 공간구역에서 일어나는 고유한 지역특성을 가진 지역문제를 지역주민들의 참여와 공론, 그리고 이 과정에서 형성되는 신뢰(trust)자본을 형성할 수 있는 기회가 박탈되어 있는 것이다. 물론 읍면동 계층의 주민들이 하나의 근린공동체로서 서로 소통하고 합의하여 지역발전문제나 지역생활의 복리문제에 대한 갈등없이 해결책을 모색하고 그 문제를 풀어나갈 자치관리의 역량을 구비하고, 전문성을 가진 근린정부의 인재들을 채용한다는 것이 쉬운 문제는 아닐 수 있다.

오히려 주민들간에 갈등을 더 증폭시킬 수도 있고, 그 과정에서 지역주민들간에 이기적인 분파가 나누어져, 읍면동 계층에서 혹은 통리계층에서 더욱더 감정적인 갈등이 심화될 수도 있다. 그러나 풀뿌리 민주주의가 이러한 과정과 역경을 넘어서는 과정에서 배우고 체험하면서 공공선과 공공성을 확보하려는 치열한 투쟁이 없이 도달하기는 어려운 것일 수도 있다.

물론 이러한 풀뿌리 공간에서의 시민성과 민주주의를 제도화할 수 있는 모델과 벤치마킹할 모형들을 하나하나 만들어 가야 할 단계에 한국사회가 도달한 것이 아닌가 한다. 이점에서 읍면동 계층에 대한 민주화에 대한 담론과 논의없이는 한국의 지방자치는 여전히 제자리 맴돌기에 그칠 가능성이 크다.

지방자치법의 전부개정이 되어, 주민주권에 입각한 주민자치로의 전면적 개혁을 한다고 하니, 읍면동 행정계층에 대한 민주화의 방식과 제도재설계의 논의가 점화되어야 할 것이다.

참고문헌

김찬동. 2015. 주민자치의 이해. 충남대학교출판문화원.

김찬동. 2017. 주민자치제도의 재설계. 궁미디어.

김찬동. 2019. 주민자치정책론. 충남대학교출판문화원.

신용인. 2018a. 마을공화국의 제도화 방안. 법학논총 30(3). pp.275-314.

신용인. 2018b. 주민자치제도 개선에 관한 연구. 지방자치법연구 제59호제18권3호. pp.87-111.

임혁백. 2020. 한국민주주의의 혁신: 대의민주주의의 위기와 한국민주주의의 재창조. 2020제1회 지역혁신과 분권자치 컨퍼런스 자료집. 거버넌스센터.

채진원. 2020. 읍면동 민주화의 정치적 의미. 주민자치 2020년11월호 vol.109.

월간주민자치 각월호.

광명시 동정자문위원회 조례(2018.7.31.)

음성군 주민자치센터 설치 및 운영조례(2015)

파주시통리장임명에 관한 규칙(2012.7.12.)

통계청 KOSIS(자료갱신일 2016.6.27.) 자료검색일 2020.11.22.

제7장

자치분권개혁의 우선성

: 자치분권운동과 매니페스트

I. 문제제기

자치분권개혁의 길이 제대로 맞게 가고 있는 것인가? 지방자치 3법의 통과를 통해 한국의 지방자치의 새로운 장이 열렸다는 평가를 하기도 한다. 즉 주민주권의 실현을 반영하는 지방자치법 전부개정을 32년만에 이루어내었고, 이것은 2018년 국무회의를 통과한 자치분권종합계획의 6분야 33개 실천과제들을 상당한 정도 반영한 것이어서 자치분권 2.0 시대를 열고 있다는 것이다.

여기서 자치분권 2.0이라 함은 자치분권의 실질화를 의미하고, 지방자치의 주인으로서 주민이 되는 시대라는 것이다 즉 단체자치가 중심이 되는 것이 아니라 주민중심의 주민자치가 특색이 되기 때문에 자치분권 1.0과 구별한다는 것이다(자치분권위원회, 2021)

자치분권 2.0에서는 지방의 정치주체로서 지방정부로서 인정되어 자율적인 정책형성이 가능하게 되었고, 중앙-지방협력회의와 같이 지방정부의 지위를 인정하게 되었다는 것이다. 또 지방의회도 인사권의 독립과 정책지원 전문인력제도를 둠으로써, 그 지위가 견고해졌다.

다시 말해 자치분권 2.0의 논의는 지방자치개혁의 주된 분권 대상이 단체에서 '주민'으로 전환되었다는 것이고 여기에서부터 지방자치의 체계와 구조, 철학과 방식을 새롭게 만들어가야 한다는 논의이다[92)]

한편, 한국의 지방자치개혁이 나아가야 할 길로서 '대도시계획을 중심으로 한 광역행정체제(실제로는 초광역행정)'로 분권개혁을 해야 21세기 4차 산업혁명시대에 한국이 글로벌 경쟁에서 생존할 수 있고 국가로서의 복원력을 가질 것이란 주장도 있다. 여전히 중앙집권적인 구조와 수도권 중심의 산업과 인재가 집중하는 구조를 개혁하지 않고서는 비수도권의 지역은 소멸할 수 밖에 없고, 글로벌한 국가경쟁력도 잃게 될 것이란 위기의식이 있다. 그래서 충청도, 전라도, 대경도, 동남도 등 현재의 광역시와 도를 몇 개씩 통합하고, 4천여 개에 이르는 특별행정기관도 지역정부에 이관하는 분권개혁을 시도해야 한다는 주장도 있다(김근영, 2019).

이러한 논의에서는 지역분권 4.0을 제시하면서, 이것이 한국의 지방자치가 나아가야 할 길이라고 주장한다. 지역분권 1.0은 시읍면자치를 실시하였던 1949년에서 1960년까지의 시기로 잡고, 지역분권 2.0은 시군자치를 실시하였던 그러나 자치를 중단함으로써 국가차원의 시군의 지역발전을 도모하였던 시기로서 1961년에서 1990년까지를 들고 있다.

그리고 지역분권 3.0은 1991년 지방자치제도의 부활(재도입)으로부터 시작하여 내년인 2022년까지로 경계를 잡으면서 광역시도-시군구 2층자치를 통한 지역발전의 시대라는 것이다. 지역발전의 축이 광역지방자치단체

92) 이와 유사한 논의로서, 정치학계에서는 민주주의 3.0의 시대를 논의하고 있기도 하다. 즉 산업화시대에는 일대다의 '절차중시형 엘리트 민주주의' 이였다고 하면, 정보화시대에는 일대일의 '동원형 엘리트 참여민주주의'였고, 가치화시대에는 다대다의 협력이 요구되는 '가치주도형 시민민주주의'가 필요하다는 것이다. 민주주의 3.0의 가치주도형 시민민주주의는 의사결정을 분수형(bottom-up)으로 이루어지는 풀뿌리에서부터 상향적으로 조직화되어야 하는 것이다.

에 초점이 가 있는 시기로서, 예를 들어 국가균형발전정책의 경우 행정복합도시인 세종특별자치시를 '광역지방자치단체'의 위상을 부여한 것은 광역지방자치단체정도는 되어야 지방자치가 제대로 가능하다는 인식이 깔려 있었던 것이다. 즉 지역분권 3.0의 시대는 광역지방자치단체를 통한 지방자치발전과 지역발전을 도모하였던 것인데, 이것이 이제는 한계에 직면하였다는 것이다. 17개로 분할되어 각각 자신의 지역의 발전을 이기적으로 도모해서는 더욱더 중앙정부의 국고보조금을 더 획득하기 위한 적자생존의 경쟁에 노출되어, 더욱더 의존적인 중앙-지역 관계로 전락할 것이란 점이다. 또 국가의 중앙정부가 위기에 처할 때, 최소한 인구 500만에서 1,000만정도는 되어야 산업을 유지시키고, 혁신을 일으키며, 일자리를 지방자치정부내에서 만들어 낼 수 있을 것이란 점이다. 또 이러한 초광역지방정부를 통하여 대도시와 중소도시, 농산어촌의 다양한 지방자치단체들이 함께 참여하여 초광역권역의 자생적 발전을 결정하고 책임질 수 있는 자치분권이 가능할 것이란 점이다. 이것이 가능하게 하기 위하여 지역분권 4.0을 제시하고 있고, 이러한 지역분권이 가능한 시대를 열지 않으면 안된다는 절대절명의 인식에서 2022년의 지방선거와 대통령선거의 매니페스토로 제시하도록 하고, 모든 정당들이 함께 자치분권 매니페스토를 만들어 가서, 2026년 지방선거부터는 초광역지방정부를 통한 자치분권의 새로운 시대를 열어줄 책무가 현세대에 있다는 것이다.

과연 어느 길이 자치분권개혁을 통하여 우리가 살고 있는 한국에 적합하고 이 시대의 공공과제들을 해소해 나갈 수 있는 틀이 되는 것일까?

본고에서는 자치분권 개혁의 푯대가 과연 무엇인가에 대해서 학계의 입장에서 혹은 시민사회의 입장에서 합의가 이루어지고, 그러한 합의를 바탕으로 한국사회의 자치분권개혁의 길이 나아가야 할 방향에 대한 정파를 떠나서 만들어지는 '자치분권 매니페스토'가 만들어지길 기대하고, 이러한 매니페스토를 바탕으로 시민운동이 전개되길 기대해 본다.

Ⅱ. 지방자치부활30년의 자치분권과 지역분권

1. 지방자치 부활 30년의 여정과 성과

지방자치가 부활한지 30년이 되고 있는데 그 여정을 여러 가지 관점과 입장에서 정리하고 분석해 볼 수 있겠다. 지방자치분권개혁은 민주주의의 발전을 위해서 가장 기본적인 전략이란 점에서 라이샤워 교수가 김대중에게 조언하였고, 이에 김대중은 목숨을 건 단식투쟁을 하여서, 당시 노태우 대통령과 3당 합당을 이룬 여당이 다시 지방자치제도를 연기하려고 한 것을 단념시키고, 한국에 지방자치가 부활하게 하였다는 것이다.

다시 말해 한국의 지방자치개혁은 한 정치지도자의 목숨을 건 도전과 희생의 열매라고 할 수 있다.

그렇다면 현재의 한국의 지방자치는 과연 민주주의의 건강한 발전이란 열매를 맺고 있는가라는 푯대를 기준으로 얼마나 가까이 왔는지, 혹은 푯대를 향하여 어떻게 가야 하는지를 평가해 볼 필요가 있다.

1991년에 지방의회가 구성되어 시군구의회와 광역시도의회가 구성되어 지방자치가 시작되었다는 것은 민주주의의 궤도(fairway)에 들어온 것이라고 할 수 있다. 그러나 아쉬운 것은 기초지방자치단체로서 시군구계층이어서 주민의 풀뿌리자치에 가까울 수 있는 시읍면계층 자치가 이루어지지 않는 것은 옥에 티라고 할 것이다.

또 지방자치라고 하면서 지방의회중심의 자치권을 부여하기 보다는 단체장에게 기관위임사무를 처리할 수 있는 권한을 부여하여, 단체장우위의 기관구성제도를 선택한 것도 한국의 지방자치제도에서는 옥에 티라고 할 것이다.

정치적 결단에 의하여 준비 없이 도입된 지방자치제도는 제한된 구조에서나마 보다 발전된 지방자치제도를 향하여 한 걸음 한 걸음 진전되어 온 것이라고 할 수 있다.

이러한 한국의 지방자치의 여정에서 기억할만한 것은 2006년도에 명예제를 유급제의 지방의회제도로 변경한 것이다. 명예제의 지방의회는 그 위상이나 역할이 '거수기'의 역할을 한다는 비판을 받았던 것이어서, 보다 유능한 인재들이 지방의회의 의원으로서 활동할 수 있도록 의정활동비와 월정수당을 지급하도록 함으로서, 유능한 사람들이 의회에 참여하여 심의의결을 할 수 있는 의회상을 만들어 올 수 있게 되었다.

또 한국의 지방자치제도에서 1995년부터 도입된 기초지방자치단체에 대한 정당 무공천제도가 2006년부터는 정당공천제가 다시 도입되어, 정당에 의한 책임정치가 가능하게 되었다는 성과를 이야기하기도 하지만, 정당공천권을 가진 국회의원 등 중앙정부 구성원들에 대한 지방의회의원들의 의존적 행태는 주민들에 대한 대표자의 역할을 소홀히 하게 한다는 단점으로 이어지기도 한다.

한편 지방자치제도가 사무이양이나 권한이양일괄법 등을 통하여 국가사무를 지방자치단체 사무로 이양하는 20여년간의 지속적인 노력에도 불구하고, 결과적으로 자치분권개혁에 미온적이었던 것은 균형발전정책과의 관계속에서 역관계가 있기 때문이다. 즉 자치분권개혁을 가속화할 경우, 수도권과 비수도권간의 불균형이 더욱 심각해질 것이란 염려가 있다. 재정자립도가 높은 지방자치단체는 자치분권개혁에 의하여 더 많은 공공서비스와 질높은 지방공공재를 공급할 수 있는 반면, 재정자립도가 낮은 지방자치단체는 더욱더 지방자치재정이 어려워질 것이고, 자치단체로서 기관운영도 어려워지는 곳이 더 많아 질 것이다.

결과적으로 균형발전정책에 우선순위를 두는 국정운영기조를 가진 정권에서는 자치분권개혁을 실질적으로 진전시키기 어려운 딜레마에 봉착하게 되는 것이다. 행정수도이전정책이나 혁신도시 건설정책, 공공기관이전정책 등으로 수도권에서 비수도권으로의 공공기관 이전정책을 통한 균형발전을 시도하려는 노력을 하려면, 국가의 권한과 재정이 지속적으로 우월적인 지위에 있어야 하는 것이다.

요컨대, 한국의 지방자치제도는 민주주의 발전을 위하여 핵심적인 제도적 장치라는 인식을 가지면서도, 지역균형발전을 위해서 국가에 의한 정책조정과 재정조정의 우월적 지위를 유지하기 위해, 지연된 자치분권개혁을 추진하는 것에 묵시적인 동의를 하고 있었던 것이 아닌가 한다.

선거공약을 통하여 장밋빛의 자치분권개혁 그림을 그리지만, 정권 중반기를 접어들면서는 흐지부지, 용두사미가 되어 버리는 이유는 균형발전정책을 추진하려는 국정방향의 우선성으로 인해, 자치분권개혁의 시급성이 떨어지게 되었던 것이다. 결과적으로 자치분권정책은 포장을 그럴듯하지만 실상을 들여다보면, 내실이 빈약한 경우가 생기는 것이다.

2. 자치분권운동의 성과와 한계

2000년대 초반부터 시작된 자치분권운동을 2020년의 지방자치법 전부개정을 통하여 열매를 맺었다고 할 수 있다. 그런데 이번에 전부개정된 지방자치법은 32년만에 전면적 개정이라고 하기도 하고, 단체자치 패러다임에서 주민자치 패러다임으로의 전환을 알리는 획기적인 것이라고 그 의미를 말하기도 한다. 특히 주민주권구현이라고 하는 2018년 국무회의를 통과한 '자치분권종합계획'의 구현이라는 의미까지 부여하면, 자치분권운동이 상당한 성과를 거둔 것으로 평가하기도 한다.

특히, 분권3법이라고 할만한 지방일괄이양법[93], 지방자치법 전부개정, 자치경찰법[94]이 2020년말까지 통과됨으로써, 분권개혁의 성과를 상당히 거두었다고 평가하고 있다.

그러나 과연 현재의 자치분권의 열매들이 2000년대 초반의 자치분권 운동이 그렸던 열매인가라는 점을 비판적으로 생각해 볼 필요가 있다.

지방일괄이양법의 경우도 400여개의 권한이 지방자치단체로 이양되었다는 것으로 상당한 성과를 거둔 것으로 평가한다. 그러나 16년간 이렇게 행정사무를 3,000여개 이양하였다고 하지만, 어디까지나 '사무'단위의 이양

93) 정확하게는 중앙행정권한 및 사무 등의 지방일괄이양을 위한 물가안정에 관한 법률 등 46개법률 일부개정을 위한 법률안 임.

94) 정확하게는 국가경찰과 자치경찰의 조직 및 운영에 관한 법률임

이어서 조직의 이양이나 조세권의 이양과 같은 '거시적 분권이양'은 아닌 것이다. 사무단위의 이양으로서 미시적 분권이양만으로서는 과연 한국의 자치분권운동이 그렸던 그림에 도달할 수 있을것인가에 대한 회의가 드는 것이다.

자치경찰법의 경우에도 거대양당의 입법담합에 의하여 경찰개혁을 후퇴시킨 것이라고 하는 비판도 있다. 경찰개혁이 지향한 것은 경찰권한의 분산과 견제, 민주적 통제장치가 강화되어야 할 것인데, 이번의 경찰개혁은 경찰권 분산이 이루어지지도 않는 무늬만 자치경찰일 수 있다는 비판이다.

자치경찰사무는 있는데, 자치경찰로서의 조직과 인력에 대한 지방자치단체의 인사권이 확보되지 않아 국가경찰이나 다름없다는 것이다. 즉 자치사무를 통제하는 시도자치경찰위원회는 독립된 행정기구라는 무늬는 가지지만 시도경찰청장의 임명권이 지방자치단체에 없다는 것이다.

지방자치법의 경우는 주민주권을 구현하는 지방자치로의 전환이 이루어지는 성과를 거두었다고 평가하고 있지만 구체적인 부분들을 들여다 보면, 상당한 비판을 받지 않을 수 없다. 첫째 주민주권구현을 전부개정의 비전으로 제시하면서도 정작 주민자치에 대한 법률규정이 빠져있다는 점이다. 둘째는 주민자치를 통한 지방정부의 구성의 최초의 형태라고 할 수 있는 주민총회형 지방정부에 대한 제도설계가 이번에도 누락되어 있다는 것이다. 여전히 단체자치와 지방의회구성을 통한 대의제만이 지방자치라고 하는 인식에 갇혀있다.

셋째, 주민주권의 구현이라고 하면서, 대도시지역에서 주민들의 공동체가 해체되어 생활자치가 가능할 수 있는 규모가 어디까지 인가에 대한 성찰이 부족하다. 즉 도시나 대도시지역에서 과연 주민주권을 어떻게 구현하는 것이며, 무엇을 대상으로 주민자치정부를 형성할 것인가에 대한 구체적 논의가 부재하다. 주민주권에 입각하여 시민사회의 역량이 함양되지 않고서는 주민자치정부를 구성하기 어려울 수 있다.

넷째 지방의회의 정책지원전문인력에 대한 규정도 원래 광역지방자치의회에 한해서 법률안이 준비되었던 것인데, 국회논의과정에서 시군구의 기초지방자치의회까지 이 제도를 적용하는 것으로 되어, 현실 적합성이 떨어진다는 점이다. 즉 자치의 확대라는 평등의식에 잡혀, 제도설계에서 현실의 필요성과 적실성에 대한 면밀한 성찰이 부족하였다는 점이다.

다섯째, 특례시제도도 전형적인 무늬만 자치인 규정이다. 특례시가 되면, 어떤 권한과 사무를 도에서 이관받을 것인가에 대한 필요성과 효과성에 대한 제도설계가 있어야 하는데, 일단 이 제도를 도입하되, 재정구조의 변화를 가져올 수 있는 것은 금지한다는 규정이 들어 있어, 이 제도의 실효성이 상실되었다는 것이다.

요컨대, 32년만에 개정된 지방자치법의 전부개정은 2000년대 초반이후의 자치분권 운동이 그 열매를 맺은 것이라고 할 수 있는데, 과연 이러한 열매로서 21세기 한국이 직면하게 될 다양한 위기를 대응하고, 극복해 낼 수 있는 복원력을 가지게 할 수 있는 것인가에 대한 검토가 필요하다. 이러한 한계를 인식하면서 과연 어떻게 한국의 지방분권 논의에 대한 궤도수정을 할 수 있게 할 것인가를 논의하게 되고, 그러한 길로서 '대도시권역 지역분권'을 새로운 자치분권의 버전으로 제시하고자 하는 것이다.

3. 대도시권 지역분권을 통한 분권국가로의 전환

최근 수도권의 인구집중과 산업집중이 다시 심화되면서, 비수도권 지방자치단체들은 지방소멸과 인구유출의 위협을 느끼고 있다. 현재와 같이 지방행정체제로서는 21세기 4차산업혁명시대를 견뎌내기도 어렵고, 수도권을 중심으로 국정의 의사결정이 이루어지는 중앙집권 구조에서 지방의 생존이 위기에 처해있다는 것이다.

이에 광주와 전남의 통합논의가 있었고 대구와 경북의 통합논의, 그리고 부산과 울산, 경남의 특별지방자치단체화 논의도 일어나고 있다. 대전도 세종과의 통합, 더 나아가서는 충남과의 통합도 검토하기 시작한 것이다.

이처럼 광역시와 도를 통합하여 새로운 초광역지방자치단체를 구성하고, 그 초광역권의 '대도시권계획제도'를 도입하면 국정의 위기속에서도 국가가 복원력을 가지게 되어, 경쟁력있는 국가발전이 가능할 것이다는 것이다. 인구 5백만에서 1천만명의 인구와 산업관리능력을 가지고 자립경제력을 구비한 지역분권 자치정부를 구성하는 것이 중앙정부의 역할부담을 경감시켜줄 수 있을 것이다.

이러한 문제제기를 하는 것은 한국의 광역지방자치단체가 제대로 자치분권을 리더할 수 있는 역량을 구비하지 않고서는 그 어떤 자치분권개혁도 실현되기 쉽지 않고 중앙집권과 수도권집중은 해결되지 않을 것이라는 문제인식이 있다(김근영, 2019:24).

한국의 광역지방자치단체 17개는 그 규모에서 양극화되어 있다. 즉 인구 천만명에 이르는 서울시와 경기도가 있는가 하면, 2백만에서 3백만명대가 5개, 나머지는 백만명내외가 10개이다. 또 인구가 증가하는 것은 서울영향권의 경기와 인천, 충북과 충남이고, 부산영향권의 경남이다.

광역지방자치단체가 서로 양극화가 심한 상태에서 중앙정부의 국고보조금을 더 얻기 위하여 서로 경쟁하고 심지어는 기초지방자치단체와도 경쟁하는 과정에서, 지방자치단체는 더욱더 중앙정부의 정책과 사업에 의존하게 되어, 지역권역의 경제와 정치문제에서 자치권을 행사하기는 어려워지는 것이다.

또 하나의 문제는 한국은 도농분리형 광역행정구역개편으로 인하여 대도시와 주변지역이 분리되어, 광역교통, 주택공급, 혐오시설 입지 등에서 대도시 시장의 입장과 도지사의 입장이 충돌하고, 상호협력이나 조정이 어려워지고 있는 것이다. 최근 수도권의 쓰레기 매립장의 사용연장을 둘러싸고 인천시와 서울시가 갈등하고 있고, 인천시는 독자적인 매립지를 확보하겠다고 나섬으로써, 서울시는 쓰레기 매립지를 확보하기 어려운 상황에 처해지고 있는 것이다[95].

또 이들 대도시권역의 시장과 지사는 서로 각자의 정치적 위상을 위해 갈등하거나 방관함으로써, 이러한 갈등이 확대되기도 하는 것이다. 이때 중앙정부의 관계부처는 이를 기회로 삼아 중앙정부의 조직을 확대하고, 예산을

95) 이외에도 수도권에는 공공주택공급문제, 광역버스 노선 신증설갈등, 광역버스 회차문제, 외곽순환도로 도로명 변경문제 등이 있고, 동남권역에서는 부산신항 명칭, 식수원, 신공항입지 문제 등으로 심각한 갈등이 일어났다.

확대하는 계기로 삼는 것은 아닌가 하는 의구심을 가지게 된다. 수도권 교통위원회가 국토부 조직으로 만들어지고, 서울-경기-인천의 수도권교통본부가 폐지되었던 것은 그러한 사실을 대변하는 사례이다.

물론 이러한 문제를 해결하기 위하여 수도권정비계획, 대도시권 광역교통기본계획 등 법제도와 행정기구, 계획이 있지만, 광역권역문제를 근본적으로 다룰 정도로 역할과 권한, 예산과 조직이 통합되어 있지 않아 문제해결에 한계가 있는 것이다(전게서, 22).

요컨대 점점 대도시화되는 공간구조로 인해 생기는 균형발전의 문제를 근본적으로 해결하기 위해서는 현재의 패러다임에 갇혀있는 지방자치제도의 '계층체계'에 대한 근본적 혁신을 해나가지 않으면, 자치분권개혁 노력을 하고 있음에도 한국의 지방자치현실은 더욱더 중앙집권과 수도권집중이 심화되어 지방자치가 형해화할 가능성이 있다.

Ⅲ. 자치분권과 지역분권을 위한 매니페스트운동 현황

1. 매니페스트운동

매니페스트운동은 민주시민운동으로 보아야 한다. 즉 미래의 공공문제로서 행정과 정책문제에 대해 '과거의 잘못된 행적을 솔직히 반성하고, 새로운 미래를 위한 구체적인 약속을 공개적인 방식으로 책임성을 담아 문서로 선언'하는 것이다. 이것은 더 이상 거짓말을 하지 말자는 것이고, 시민사회로부터 스스로 약속을 정하고 용기있는 실천을 하고자 하는 시민운동이다.

자치분권과 지역분권에 대해서도 지난 20여년간 지속적으로 선거공약을 통하여 제시되었지만, 선거만 끝나면 현실적인 정당의 이익을 위하여 그야말로 공약(空約)이 되어 버리는 경우가 있었다. 대표적인 것이 기초지방자치단체에 대한 정당공천배제 공약이라든지 연방주의에 버금가는 자치분권을 지향하겠다는 공약 등을 들 수 있다.

매니페스토(manifesto)의 어원은 '증거' '증거물'이라는 어원인 라틴어의 마니페스투스(manifestus)에서 온 것이다. 과거행적을 설명하고 미래 행동의 동기를 밝히는 공적인 선언이라는 의미이다. 이 단어가 1644년 영어권 국가에 소개되었다고 한다(한국매니페스토실천본부, 2021)

1834년 보수당 당수 로버트 필이 탐워스 선거에서 더 이상 표를 얻기 위한 거짓말을 하지 않겠다는 반성적인 선언에서부터 매니페스토가 시작되었다고 한다. 6하원칙에 따라서 진심을 담아 쓴 거짓말을 하지 않겠다는 반성문이다.

자신만의 이익을 주장하면서 추호의 양보도 하지 않았던 것에 대한 반성과 함께 앞으로는 자신의 가치와 지향, 대안들로 상대방과 경쟁하겠다는 구체적인 계획을 공개적으로 약속하는 것이 매니페스토이다. 이러한 공약에도 불구하고 잘못을 저지른다면, 어떠한 처벌이라도 달게 받겠다는 약속과 함께 상대방이 실천내용을 쉽게 검증할 수 있도록 이행과정을 주기적으로 밝히는 것이다.

최근에 한국사회에서도 지방자치단체장들의 공약사항에 대해서는 지방자치단체의 홈페이지에 공약이행정도를 공개하여 현재시점에서 어느 정도 공약이 완성되어가고 있는가를 알 수 있게 하고 있는데, 한국사회에서 이미 지방자치단체장의 공약에 대해서는 매니페스토가 실행되고 있다는 것을 보여준다.

또, 매니페스트는 부탁이 아닌 약속과 계약이다. 선거에서의 공약은 부탁이 아니라 계약이고 약속이다. 정부부문에 책임을 가진 지위를 얻고자 하는 사람들이 시민사회를 향하여, 그리고 주권자인 유권자를 향하여 '계약'을 맺는 것이다. 사회계약론에서 주권자인 시민들이 계약을 통하여 국가를 형성하듯이, 매니페스토는 그러한 사회계약론의 구체적인 실천이라고 할 수 있다.

미국에서는 매니페스토를 플랫폼이라고 하는데, 정당대회(코커스)에서 인물과 함께 당의 정강 정책을 동시에 선택하는 것이다. 일본에서도 매니페스트 선거가 정착되어 있다. 일본은 2003년에 가나가와현의 지사선거에서 마쓰자와 시게후미 후보가 매니페스토 공약을 공표해서 당선되었다. 이를 통해 일본에서는 당선 후보자와 유권자가 부탁이 아닌 '약속'과 '계약'으로 이어지는 선거문화가 정착하였다고 한다(이광재, 2021).

독일에서도 각 정당의 정강에 매니페스토의 내용이 포함되어 있고, 작성 방법과 절차가 규정되어 있다고 한다. 그리하여 매니페스토의 작성과정을 매우 중시하고, 2년정도의 준비기간을 거친다고 한다. 독일의 경우 매니페스트속에, 핵심공약과 우선순위, 철학, 비전과 시대소명, 공약의 연계성 도표를 제시하고, 실행방안과 기대효과를 일목요연하게 제시한다고 한다(이광재, 2021).

한국에서는 2006년에 매니페스토 운동이 시작되었다. 한국에서 이 운동이 시작될 때는 이것이 불가능하다고 인식하였다. 한국사회에서 60여년 동안 정책선거를 도입하자는 시도가 실패하였기에, 불가능한 것이 현실이라고 하였다. 그렇지만 매니페스토 운동에 대해서 많은 사람들이 같은 꿈을 꾼다면, 때가 되면 이루어질 수 있을 것이다는 비전을 가졌다. 정치란 미래의 꿈을 그리는 것이고 정치가들에게 그것이 가능한 권력을 부여한 것이다. 시민사회는 정치에 참여하고 정치를 만들어가는 주권자로서 깨어 있어야 하는 것이다. 자치분권 매니페스토도 시민사회가 깨어있어서 더 이상 자치분권 관련의 공약이 거짓말 공약이 되지 않도록, 거짓말이 선거에서 표를 얻지 않도록 해야 할 것이다. 한국이 거짓말 공화국이 되지 않도록 만드는 것이 매니페스토운동이고, 자치분권 분야에서도 참말을 하는 대통령과 지방자치단체장, 지방의원들을 선출해야 할 것이다.

2. 매니페스트의 유형

매니페스토의 유형에는 선거매니페스토, 생활문화매니페스토, 사회적 책임 매니페스트가 있다. 선거매니페스토(elect manifesto)는 출마자가 과거의 당을 여러번 옮겨 다닌 철새정치인이었다고 하면, 그 불가피한 이유를 설명하고 앞으로는 그렇게 하지 않겠다고 공약한다거나, 과거에 어떤 사건에 연루된 적이 있으면, 그 경위를 밝히고, 앞으로는 그런 일은 없을 것이라는 고백을 하면서, 후보자로서 정책대안을 매니페스토 공약서나 매니페스토 도서에 담아서 유권자에게 공개적으로 약속하고 실천하는 것이다.

선거매니페스토운동은 정책공약을 만드는 과정부터 실천하는 과정까지 시민사회와 상시적인 소통을 하면서 시민사회의 의사를 반영하는 것이 중요하다. 또 선거과정에서도 정책공약이 유권자의 의사를 제대로 반영하고 있는지에 대한 평가와 당선후에도 시민사회의 의사를 반영하면서 실천하고 있는가에 대한 주기적인 평가가 중요하다는 것이다.

다음으로 생활문화 매니페스토(life culture manifesto)도 있다. 가정에서부터 따뜻한 약속문화를 만들고 실천해보자는 운동으로서 주로 인권이나 환경약속에 대한 협력사업의 확대를 하고자 하는 운동이다. 즉 생활문화 매니페스토는 사람과 사람사이의 약속문화, 사람과 자연사이의 기본적인 약속문화를 만들자는 것이다.

구체적으로는 매니페스토 리 프로포즈가 있다. 이것은 부부의 날에 부부사이의 단절된 소통의 끈을 이어주고, 첫마음으로 돌아가 부부사이에 지킬 수 있는 소박한 약속을 실천하면서 새로운 출발을 하는 계기로 삼고자 결혼 10년차의 부부들을 대상으로 '여보 사랑해 그리고 미안해'라는 슬로건으로 매니페스토 리 프로포즈 행사를 하는 것이다[96].

다음으로 생활문화 매니페스토에는 매니페스토 결혼식도 있다. 이것은 결혼이라는 것이 '약속'이고 그 약속을 지키는데서부터 부부의 '신뢰'가 싹튼다는데 착안한 것이다. 그래서 매니페스토 결혼식에서는 결혼생활에서 실천가능한 작은 약속들을 만들어 보고, 그것을 하객들에게 문서로서 선언하는 것이다. 결혼 기념일마다 서로의 약속을 실천하기 위한 노력들을 이야

96) 자치분권 매니페스트에서도 자치분권 운동 20년을 준비하면서 다시 한번 자치분권 운동의 첫마음인 시민사회의 주권의식을 상기시키는 자치분권 Re start 운동을 시도해 볼만하다. 즉 자치분권의 첫마음은 단체자치보다는 '주민자치'라는 첫마음을 상기하는 것이다. 다행히 지방자치법 전부개정을 통하여 주민주권에 입각한 개혁을 제시하고 있는데 이것이 거짓말이거나 빈수레가 되지 않도록 시민사회가 깨어 있어야 할 것이다.

기해보고, 대화를 통해 작은 약속부터 만들어서, 그것을 실천해 보자는 실천운동이라는 것이다. 이를 위해 웨딩플래너들이 이 역할을 수행하도록 한다고 한다.

또 생활문화 매니페스토에는 '생애 첫 약속 매니페스토'도 있다. 이것은 두사람의 사랑의 결실로 태어난 아이들의 첫돌 잔치에서 발표하는 매니페스토로서, 부부사이에 아이에 대한 미래에 대한 이야기를 나누고, 아이의 미래를 위해 생애 첫약속을 하객들 앞에서 문서로서 발표하는 것이다.

이외에도 다문화가정에서 가족약속문화를 만들고 그것을 가훈으로 선언하는 다문화가정 가훈만들기 사업 등도 실시한다고 한다[97].

다음으로 사회적 책임 매니페스토도 있다. 이것은 기업의 사회적 책임 매니페스토(economy manifesto)로서 사내 약속실천과 민주적인 운영, 소비자와의 공적인 약속, 사회적 책임에 대한 약속, 지역사회 기여에 대한 약속을 선언하고 실천하는 것이라고 한다. 거창한 방식으로 재산의 사회환원을 약속하고 시간이 지나면, 슬금슬금 넘어가는 식의 이벤트로 끝나는 것이 아니라, 기업의 사회적 책임과 의무라는 것을 명확히 하는 것이다.

여기서, 본고의 논의와 관련되는 것으로 매니페스토의 유형에 이렇게 선거매니페스토만이 아니라 생활문화로서의 매니페스토가 약속문화의 가장 기저에 해당하는 부부관계에서부터 시작되도록 한다든지, 시장경제영역의 가장 기초단위인 기업의 사회적 책임 매니페스토를 하나의 운동으로서 전개하고 있는 것을 참고로 할 필요가 있다. 그리하여 시민사회가 시민사회로서의 역량과 자생력을 가지기 위해서는 주권자로서의 시민이 국가형성을 위한 계약인 '국정선거 매니페스토'만이 아니라 지역사회의 지방정부를 형성하는 계약에서도 '자치선거 매니페스토운동' 그리고 자치분권이 가능하게 만들어주는 제도적 기반을 설계하기 위한 '자치분권 매니페스토'를 제시하고 이것을 차기 대선과 지방선거에서 각 정당들이 '계약'하도록 명확한 자

97) 자치분권 매니페스토도 선거공약으로서만이 아니라 자치분권의 삶의 방식을 우리 생활주변에서부터 실천할 수 있는 생활자치 매니페스토도 기획하고 실천하는 것이 필요하겠다. 즉 생활문화로서 자치분권이 실행될 수 있는 것으로서, 아파트단지의 자치관리와 같이 비아파트단지에서도 '자치관리'가 가능할 수 있는 제도적 설계도 하나의 대안이지 않을까 한다.

치분권의 약속들을 문서로서 제시하는 것이다. 여기에는 지금까지의 자치분권 공약들의 거짓 행적들을 반성하고, 앞으로는 반드시 실천할 수 있는 공적 선언을 하도록 하는 의미가 있다.

3. 자치분권 매니페스토

유권자가 변해야 한국의 자치분권은 실현될 수 있는 것이다. 자치분권 매니페스트가 실현될 수 있으려면, 자치분권을 위한 시책들이 국회의 시간적 경계나 국회 구성원들의 권력구조를 감안할 때, 가능하게 하기 위한 우선순위(priority), 정부의 권력적 배치를 어떻게 하여야 자치분권 매니페스토가 실현될 수 있게 할 것인가?

이 점에서 시민사회는 깨어있어야 하고, 선거의 공약들이 쇼비지니스의 대상이 되도록 해서는 안된다. 자치분권 공약과 그 실천과정에 대한 모니터링을 통해 더 이상 시민사회의 눈속임을 하기 위한 자치분권 선거공약이 되지않도록 '자치분권 매니페스토'가 제시되어야 한다.

선거공약이 실현되지 못하는 유형을 보면, 표리부동형, 빈수레형, 붙고보자형, 급조형, 기만형이 있다고 한다. 표리부동형은 선거전의 말과 선거에서의 말이 다른 유형이라고 하고, 빈수레형은 메가톤급 정책을 내놓으면서 구체적인 재원조달 방안이 없는 유형이다. 또 붙고보자형은 무조건 이것도 저것도 다 해주겠다고 약속하는 유형이라고 하고, 급조형은 선거와 임박해 공약을 제시하는 급조된 유형이다. 기만형은 이미 추진되고 있는 정책을 새로운 공약인 것처럼 기만하는 것이라고 한다(이광재, 2021).

이러한 선거공약이 실현되지 못하는 유형에 비추어서 자치분권에 대한 공약들을 평가해 보면, 표리부동형에도 해당되고, 빈수레형에도 해당된다. 즉 '연방주의에 버금가는 자치분권'이란 공약은 메가톤급의 정책이지만, 구체적으로 이것이 구현되기 위해서는 헌법개정이 뒷받침되어야 하는데, 이것이 실현가능한 국회의 권력구조가 구비되지 않았는데도 공약으로 제시된다면 빈수레형이 되는 것이다.

혁신도시 시즌 2와 같은 공약은 전국에 새로운 신도시를 건설하거나 새로운 공공사업을 벌이겠다는 것으로 표를 얻기 위하여 기획되는 공약에 해당할 수 있다.

자치분권 매니페스토가 2022년이나 2027년 대통령선거에서 구현될 수 있도록 하기 위해서는 시민사회가 깨어있어야 한다. 거짓말 공약들을 분별할 수 있도록 균형발전정책의 문제와 자치분권개혁의 문제에 대해서 전문적인 식견을 가지고 다양한 관점을 가진 사람들들의 입장을 서로 대화하고 소통하면서 합의된 매니페스토를 만들어 내는 것이 중요하다. 논점마다 서로 입장과 논리가 다를 수 있기에 과연 시민사회의 관점에서 혹은 학계라고 하는 중립적이고 객관적인 관점에서 자치분권개혁에 대한 매니페스토를 만들 수 있을 것인가가 관건이다.

시민사회관점에서 자치분권 매니페스토를 어떻게 구성할 것인가도 중요하다. 먼저 시민사회 일반이 서로 네트워크를 구성하여 이슈를 제안하고 토론하고 합의하여서 공통되고 합의된 매니페스토를 만들어 두고, 이를 준거로 하여 대선 후보자들과 지방선거 후보자들의 선거공약을 비교평가하여 자치분권 매니페스토의 관점에서 선호하는 후보자는 어떤 후보자이다는 식으로 제시하는 방법이 있다.

그렇지 않다고 하면, 대선후보자들과 지방선거 후보자들의 선거공약을 평가할 때, 자치분권개혁을 선도적으로 이끌어갈 후보자를 유권자들에게 알려주거나, 후보자의 공약에 자치분권개혁에 대한 우선성 있는 공약들이 추가되도록 시민사회의 합의된 의견을 제시하는 방법도 있다.

어떤 방식이 되었든, 시민사회의 관점에서 자치분권개혁의 방향과 폭대에 대한 합의와 절충된 내용이 결정되어 있어야 하는데, 쉽지 않은 것 일수도 있다. 즉 본 고에서 다루었던 자치분권개혁의 최종 종착지로서 주민주권에 입각한 자치권을 제도화하는데 우선할 것인가, 그렇지 않고 중앙집권행정의 뿌리를 직접 치료하기 위하여, 대도시권역을 중심으로 한 초광역행정이 이루어질 수 있는 체제를 구축하도록 분권개혁을 하는데 우선할 것인가라는 점에서의 토론과 합의가 필요하다.

이 문제에 대한 합의가 이루어지지 않는다고 하면, 후보자들간에 선호하는 자치분권개혁의 폭대가 각각 달라질 수 있고, 양립되는 개혁방안을 병립하여 제시할 수밖에 없을 수도 있다.

만일 자치분권개혁에 대한 시민사회일반의 합의된 대안들이 합의되고 결정된다고 하면, 또 그 대안들이 현재의 헌법이 가진 가치나 철학을 변경하거나 추가하지 않으면 안된다고 하면, 이것을 헌법개정안에 반영할 수 있어야 할 것이다.

87년 체제 헌법의 경우에도 1노3김의 여야 정치지도자들이 헌정사상 최초의 합의한 개헌헌법이라고 한다. 즉 5년 단임의 대통령 직선제, 국회의원 소선거구제, 헌법재판소 신설을 핵심적인 가치로서 헌법내용을 변경한 것이었다. 이 때의 최고가치는 대통령을 직선으로 국민이 선출한다고 하는 '주권재민' 조항의 실현이었다.

이처럼 지방자치제도가 부활한지 30년이 되는 이 시점에서 자치분권개혁의 본질적 가치가 무엇이어야 하는가와 그 우선순위의 체계를 정립하는 시민사회의 토론과 숙의, 합의가 있어야 할 것이다.

그것이 지방자치법 전부개정이 주창하고 있는 '주민주권구현'의 가치와 이의 실천과제로서의 제도설계이든지, 그렇지 않으면, 자치분권운동의 한계와 반성에 입각하여, 수도권집중심화와 국가재정의 리바이던화를 견제하고 제어하기 위한 '대도시권역 기반의 초광역연합정부'의 구상이다. 즉 후자의 경우 큰 틀에서 광역지방자치단체의 통합과 초광역의회의 주민직선을 통한 선출, 권역내의 메가시티중심의 도시계획과 관리체제, 그리고 초광역지역정부의 통합조정기능 강화 등을 그 내용으로 하는 것이다(김근영, 2019:24)

그렇다고 하면, 시민사회의 기반의 자치분권 매니페스토 운동이란 무엇이고 어떻게 추진해 나가야 할 것인가를 살펴보자.

Ⅳ. 지역분권 매니페스트 운동추진방향

1. 지역분권

지역분권은 지방분권과 유사한 개념이지만, 지방은 중앙에 대응하는 주변이라는 이미지가 있어서 국가에 상응하는 지역이란 의미와 지역으로서의 주권성을 부여하려고 할 때 사용하는 개념일 수 있다. 지역주권이란 개념은 단일국가의 국민주권에 상응하여 지역의 자치성과 독립성을 강조하고자 하는 경우에 사용하기도 한다.

일본에서 지역주권은 지역의 주민 한사람 한사람이 주체적으로 행동하고, 그러한 행동과 선택에 책임을 지도록 한다는 의미를 가지고 사용되었다. 민주당정권의 지방자치제도개혁을 대변하는 용어로서 사용되었던 것이다(岩崎忠、2012)

지역주권을 구현하기 위하여 2009년 당시 일본 민주당정권은 '지역주권전략회의'를 내각부에 설치하였다. 내각총리대신이 의장이 되었고, 내각부특명담당대신(지역주권추진)을 부의장으로 하여, 관계각료와 유식자들로서 구성되었던 것이다.

이전에 설치되어 있던 지방분권개혁추진위원회와의 차이는 시책을 검토하여 바로 실시할 수 있도록 '정치주도'의 개혁이 바로 가능하도록 한 것이다. 즉 지방분권개혁추진위원회는 유식자만으로 구성된 심의회여서, 이 권고를 받아서 내각총리대신이 본부장이 되는 지방분권개혁추진본부에서 결정을 하도록 2분화되어 있었던 것이다. 그런데, 이것을 통합한 조직으로 지역주권전략회의를 설치한 것이다.

한국에서 지역분권 4.0을 논의하려고 한다면, 지역이 어느 계층의 지방행정조직을 지칭할 것인가라는 문제와 분권(decentralization)을 어느 정도의 국가권한을 이양하는 것을 말할 것인가에 대한 개념적 정리가 필요하다.

즉 지역이라고 하면, 시군구와 같은 기초지방자치단체를 의미할 것인지,

광역시도와 같은 광역지방자치단체를 의미할 것인지를 먼저 떠올리게 된다. 또 지역의 이미를 보다 근린생활구역과 관련된 읍면동구역이나 통리구역 등을 생각할 수도 있고, 보다 거시적으로는 광역경제권정책을 추진할 때의 5+2 구역을 의미할 수도 있다.

지역분권 4.0의 개념을 지방분권국가로 가는 길로서 보기도 하고, 대도시권만이 경쟁력을 가지고 21세기에 생존할 수 있을 것이라는 의미를 가지고 주장하려고 할 때, 지역의 의미는 한국의 지방행정체계에서 '초광역권역'을 의미하게 되고, 충청도, 경상도(혹은 대경도와 동남도, 가칭), 전라도, 경기도 등을 의미하게 된다.

다시 말해 초광역권역을 대도시중심으로 재편하고, 이들 초광역권역에 국가로부터의 지역자치에 필요한 권한을 대폭이관하여, 국가는 슬림화하여 국가로서의 국방과 통상 등에 특화하는 분권국가로 나아가는 플랫폼으로서의 지역분권을 의미하게 되는 것이다.

여기서 지역분권 4.0의 의미를 '대도시권역인 메가시티가 중심이된 초광역권역'을 의미한다고 하고, 이것이 21세기 4차산업혁명시대의 한국을 위기에서 벗어나 기회로 전환시킬 수 있는 둘도 없는 기회라는 관점에서 접근한다고 하면, 지방자치의 단위(규모)가 4번째로 커진다는 의미를 가질 수 있다.

즉 지역분권 1.0은 한국에 지방자치가 처음으로 도입되었던 제1-2공화국의 시기로서 당시에는 읍면자치를 실시하였다. 즉 자치의 단위가 읍면으로서 생활자치의 규모였던 것이다. 그러다가 지방자치의 중단기인 1961년부터 1990년까지는 지역발전이란 관점에서는 시군을 국가차원에서 발전시키는 단위로 삼아, 시군자치를 실시하였다. 이점에서 지역발전의 단위가 읍면에서 시군단위로 지역규모가 커진 것이다. 이 점에서 지역분권 2.0이라고 할 수 있다.

한편, 지역분권 3.0의 시대는 1991년 지방자치를 재도입(부활)한 시기로서 1991년부터 2022년까지로 설정한다고 한다(김근영, 2021). 이시기는 지방자치가 광역시도와 시군구에 2층제 자치로 도입된 것으로 지방자치의 중심이 광역시도로 이동한 것으로 볼 수 있다. 즉 지역발전의 관점에서는 광역시도로 지역규모가 커진 것이다. 이점에서 지역분권 3.0이라고 할 만하다.

요컨대, 지역분권 버전(version)은 지역의 규모를 읍면에서 시군, 시군에서 광역시도로 지역발전의 중심을 옮겨오는 것에서 버전을 1.0에서 한단계 한단계 올린 것으로 볼 수 있다.

그렇다고 하면, 자연스럽게 지역분권 4.0은 지역발전의 중심 축을 보다 넓은 지역규모인 초광역권역으로 하는 것으로 정의할 수 있고, 이 점에서 지역분권 4.0을 2022년 이후부터로 정의하고, 2022년 지방선거와 대통령 선거를 통하여 2026년 부터 '신 지방자치'체제를 구축하자는 의미로서 사용하게 되는 것으로 정의할 수 있다.

이 점에서 지역분권 4.0은 자치분권 계층체제의 대폭적인 개혁과 전환을 염두에 두고 있는 것인데, 단지 지방자치의 단계를 한단계 올리자는 의미를 넘어서, 이것만이 21세기 4차산업혁명시대에 저출산과 고령화에 빠져 지방소멸의 위기에 직면한 한국을 구해내는 절체절명의 정책대안이라는 의미가 함유되어 있다. 이런 의미에서 지역분권 4.0을 매니페스토로 만들어서 시민사회의 운동차원에서 전개해나가야 한다는 위기감과 전략적 선택을 촉구하는 의미가 들어 있다.

2. 지역분권 매니페스트 운동

매니페스트 운동은 6하 원칙에 따라서 설계되고 추진되어야 한다. 왜 해야 하며, 무엇을 할 것인지, 그리고 어떻게 할 것인지가 명시되어야 한다. 왜(why) 해야 하는가를 표현하기 위해서는 지역분권에 대한 철학, 시대소명, 비전이 제시되어야 한다.

무엇을(what)을 할 것인가는 비전을 구현하기 위한 지표를 제시하고, 원칙과 우선순위를 제시하여야 한다. 어떻게(how) 할 것인가는 핵심과제와 재원조달방안을 제시하면서, 세부 실천과제를 도표로서 제시할 수 있어야 할 것이다.

지역분권 매니페스토 운동은 한국사회가 당면한 위기를 극복해 보려는 시민사회의 운동이어야 한다. 통계청의 자료에 의하면, 2031년에는 한국의 인구가 정점에 달하고, 감소하기 시작한다고 한다. 또 4차 산업혁명에 의하여, 한국산업의 쇠퇴와 고용위기가 밀려오고 있고, 새로운 변신을 하지 않으면 안 되는 시대적 흐름을 읽는데서 시작한다.

한국의 국가적 운명을 위협하고 있는 또 하나의 흐름은 한국발전의 배경이 되었던 2차대전이후의 세계질서가 변하려 하고 있다는 점이다. 미국이 서서히 세계질서의 리더역할에서 벗어나려 하고 있다는 점이다.

이제 한국은 스스로 '나라다운 나라'를 만들기 위한 체제를 만들어 두어야 하는 것이다. 이러한 주제로서 내각제, 연동형 비례대표제, 지방분권국가 등의 이슈들이 제시되고 있는데, 지역분권 4.0 매니페스토는 '지방분권국가'로의 국가운영의 패러다임 전환이 한국을 새롭게 하는 길이라는 주장이다(김근영, 2019:378).

'초광역권의 지역주권정부'가 그 권역의 대도시, 중소도시, 농촌지역을 포함하고, 그 권역의 모든 자치체들이 참여하면서, 초광역권역의 이견을 조정하고, 통합된 발전방향을 이끌어 낼 수 있어야 한다는 것이다. 이러한 초광역권의 지역주권정부는 '대도시권 메가시티 계획'을 통해 도시계획과 주택, 도시기반시설과 교통, 산업과 고용, 상수도와 쓰레기 관리, 에너지와 환경, 재난관리 등 초광역행정문제를 해결하는 권한과 책임을 지도록 하는 것이다.

이것이 가능하기 위해서는 87년 헌법체제를 개혁하여, 초광역권의 지역주권정부에 '확대된 재정권'과 집행부를 견제할 수 있는 위상과 권한을 가진 초광역권 의회를 새롭게 구성하도록 하는 것이다.

최근 수도권에 대한 인구와 산업이 재집중이 심화되고 있고, 신도시 3기 개발이라든지, GTX건설을 통한 초광역교통체제를 구축하는데 국토부가 정책화하고 있는 것들은 더욱더 한국에서의 수도권인구집중을 가속화시킬 것이다.

이에 비례하거나 가속화하여 시군구 단위와 읍면동 단위의 지방소멸은 더욱 심화될 것이고, 심지어 광역시 도시권역도 침체와 소멸의 여파에 비수도권의 지역은 생존의 존망에 처해질 위험이 있다.

이 문제를 한국의 지역발전과 자치분권의 가장 중요한 국정과제로 생각한다면, 이 문제에 대해 헌법적 개정의 합의를 거쳐서 미래의 30년 대계를 수립할 필요가 있다.

최근 대구와 경북의 통합논의, 광주와 전남의 통합, 그리고 대전과 세종의 통합논의도 이러한 위기의식에서 발로된 것이라고 할 수 있다.

이러한 흐름의 본질에는 지역권역이 주권을 가지고 중앙정부와 수도권 지역정부에 흡수되어지지 않을 수 있는 자생적 지역기반을 구축하여야 하는데, 이것은 현재의 지방자치법의 일부나 전부개정만으로서는 쉽지 않다. 지방세법과 지방재정법, 헌법의 지방자치 관련 규정 등 근본적으로 개혁되어야 할 부분들이 남아 있는 것이다.

한편, 남아 있는 얼마 안되는 기한안에 이러한 자치분권개혁의 합의를 만들어가는 것이 쉽지 않은 시민사회의 과제일 수 있다. 최근 자치분권운동을 20여년간 해온 시민단체는 자치분권운동의 한계를 절감하고, 새로운 방식의 자치분권개혁운동이 필요하다고 하면서, 그 방향성을 어떻게 잡을 것인가를 고심하는 것을 보았다. 그 방향성의 하나로 읍면동 자치계층화하는 운동에 우선성(priority)를 가지고 나가야 하는 것이 아닌가 하는 것이다.

따라서, 다양한 자치분권개혁 방향과 폿대에 대한 논의가 시민사회에서 합의가 이루어지지 않을 수도 있다. 그러나 다양한 관점과 논리에 의하여, 시민사회가 깨어 있음을 보여주고, 할 수 있는 사람들과 단체들간에 네트워크를 형성하여 연대하면서 한 걸음 한 걸음 나아가야 하지 않을까 한다.

V. 결론

한국의 지방자치제도는 정치적 결단에 의하여 얼떨결에 도입되어 지방자치에 대한 원리와 가치에 대한 제도적 설계없이 건축되어 30년이 된 셈이다. 30년동안 수십차례에 걸친 지방자치법 개정을 해왔고, 이번에 지방자치법 전부개정을 하였지만 이것은 재건축이라기 보다는 리모델링 정도의 수준이지 않은가 한다.

즉 리모델링을 위하여 예상 건축설명안을 제시하는 정도로서, 이제부터 구체적인 법령의 제정과 집행과정에 대한 세부적인 설계를 해 나가야 하는 단계라고 할 수 있다.

또 지방자치에 대한 개혁이 지방자치만을 위한 것이 되어서는 안된다는 것도 현실적으로 자명하다. 즉 수도권과 비수도권의 격차가 심해지고 있고, 대도시지역과 중소도시, 농촌지역의 지방자치단체간의 격차가 너무 심해지고 있는 상황에서 국가균형발전이라고 하는 국정과제도 놓칠 수 없는 정책과제이기도 하다.

과연 우리는 이렇게 복합적이고 다루기 어려운, 그러면서도 상호 모순되는 듯한 '까다로운 정책문제'를 어떻게 다루어야 할까?

까다로운 정책문제는 그 입장과 철학에 따라서 상반되는 대안들이 제시되기 때문에 정책결정자나 미래를 위한 공약개발자의 선택이 딜레마에 봉착하게 되는 것이다. 자치분권개혁에서도 과연 어떤 푯대와 지향점을 목표하는가에 따라서 개혁전략이나 평가기준이 달라지게 되는 것이다.

우리의 현실이 시민사회의 자치와 자율적 역량이 생활속에서 경험하거나 제도기반이 구비되어 있지 않는 상태에서, 매우 이기적이고 원자적인 행태와 문화에 익숙한 상황에서 이상적으로 자치분권의 철학과 가치만 강조해서는 공약이 겉돌 수밖에 없다.

우리 현실과 문화가 그렇게 행정 의존적이고 공동체적 자율관리 역량이 부족하다고 하면, 자치분권의 개혁전략도 이것을 감안하여 이상과 현실을 적절히 균형잡힌 분권개혁전략을 제시해야 하고, 매니페스토의 내용구성이나 그 평가도 적절한 수정이 필요할 수 있다.

이번 자치분권 매니페스토의 내용과 체계를 구성하는 작업을 할 때, 자치분권의 중심축을 어디로 둘 것인가에 대한 논쟁을 정리하고 합의할 필요가 있다.

지방자치학회에서 주장하고 있고 현재의 지방자치법 전부개정이 푯대로 정한 주민주권에 입각한 자치분권개혁이라고 하는 이상론에 기반할 것인지,

아니면, 도시행정학회에서 주장하고 있듯이 변하지 않고 여전히 강고하게 구축되고 있는 '수도권집중과 중앙집권적 국정운영체제'에 대한 현실을 감안하여, 전략적으로 광역지방자치단체의 통합에 기반한 초광역지역정부를 만들고, 여기에 조직-세원-권한을 삼위일체로 이관하여, 지방자치와 지역발전에 대한 자치권을 국가로부터 독립시켜, 그 운영과 책임을 지역주민들 스스로 결정할 수 있도록 할 것인가이다.

이에 대한 합의가 쉽지 않겠지만 학회연합의 논의를 통하여 의견을 수렴해 나가서 '자치분권 매니페스토'가 구성되길 기대해 본다.

참고문헌

김근영, 2021. 학회연합 지방분권 4.0 매니페스토 운동 추진계획(안)

김근영, 2019. 지방분권국가로 가는 길. 한국학술정보.

김성호. 2014. 지방분권개헌: Great Korea로 가는 길, 선진통일한국으로 가는 국가발전전략. 삼영사.

김순은. 2020. 우리나라의 지방자치와 지방분권: 자치분권으로 가는 길. 조명문화사.

김찬동. 2017. 주민자치제도의 재설계. 궁미디어.

박기관. 2021. 주민과 함께 하는 지방의회. 자치의정 24권 제3회. 지방의회발전연구원.

안성호. 2016. 왜 분권국가인가. 박영사.

이광재. 2021. 표를 얻기 위한 거짓말과 매니페스트운동. 고려대학교 사이버대 고려특강
https://www.youtube.com/watch?v=3TupPGO-L6w

이형용외. 2018. 거버넌스형 지방정부조직과 운영모색. 도서출판 휴머니즘.

최진혁외. 2019. 대한민국국가경쟁력강화를 위한 지방분권개헌. 한국지방자치

학회.
한국매니페스트실천본부. 2021. 매니페스로란. http://manifesto.or.kr/?page_id=3614
한국지방자치학회. 2019. 신지방의회론. 박영사.

제8장

자치철학과 근린자치정부 구성

I. 문제제기

한국의 주민자치는 어디로 가야하는가라는 질문을 던져 보게 된다. 길을 잃어버리게 된 배경에는 자치에 대한 인식상의 오해에서 생긴 것이 아닐까 한다. 즉 자치를 자기입법과 자치통제가 가능한 정부의 구성으로 인식하지 않고, 행정에 대한 '참여'를 주민자치라고 인식하였던 것에 그 원인이 있다고 볼 수 있다.

자치라 함은 구역, 주민, 자치권이라고 하는 3요소를 구비하여야 하고, 자치권은 구체적인 자치정부로서 구현되어야 하는데, 자치정부 없이 '관치행정'이라고 하는 대체품으로서 자치를 하려고하기 때문에 주민자치는 왜곡되어 있는 것이다. 즉 주민이 자치에서 핵심적인 3요소 중의 하나인데, 그것을 행정공무원이 대체하고 있기에 주민자치는 자치의 요소를 온전히 구비하고 있지 못한 것이다.

주민자치만이 아니라 지방자치도 30여년의 역사를 가지고 있지만 더 이상 한국의 지방자치가 실질적으로 진전되어, 중앙집권적 국정운영 시스템을 중앙과 지방이 협력하는 거버넌스 시스템으로 변화시키기에는 여러 가지 측면에서 한계를 노정하고 있다.

구체적으로 보면, 한국의 지방자치가 정당지배체제에 의해 당리당략과 보스 정치가들의 정치적 사익에 종속되는 위선적 자치로 전락했기 때문이라는 것이다(전영평, 2022). 자치에 대한 역사적 경험과 정치 문화적 의식이 형성되지 않은 상태에서 2계층 자치를 획일적으로 실시함으로서, 기초자치단체로 갈수록 더욱 열악한 지방자치를 하게 되었다는 것이다. 기초지방자치단체까지 정당공천을 받게 함으로써, 주민들이 지나치게 정당 정치화되고, 지역감정과 전근대적 연고에 기초한 선거로 인해, 지방자치 자체를 부정적으로 인식하게 되기도 하였다는 것이다. 더구나, 정치권은 정당공천을 통하여, 시군자치구의 기초지방자치단체까지 행정적으로 장악하게 되었고, 정치적 세력기반으로 삼고 있다는 것이다.

여기에 더하여, 시군자치구의 하부 행정구역에 해당하는 읍면동 계층에 대하여, 주민자치까지 정당지배체제로 넘어가는 것이 아닌가 하는 위기감이 지방자치법 전부개정에서 주민자치 관련의 규정을 삭제하게 된 배경이라고 할 수 있다.

결과적으로 주민자치회가 2020년 12월 지방자치법의 전부개정을 통해 국회에서 법제화하려는 과정에서 주민자치회 관련 조항만을 삭제한 채로 입법화되었기에, 현재 신지방자치법(2022년 1월 13일 시행)에서는 주민자치에 관한 조항이 없다. 지방자치법 전부개정된 것이 주민주권을 구현하려고 하고 있고, 주민들의 지방자치행정의 정책결정과 집행에 대한 참여권을 제17조에서 조문화하고 있지만, 현재 전국적으로 확산되어 실시되고 있는 주민자치회는 신지방자치법에서는 법률적 근거를 가지고 있지 못한 것이다.

즉 현재의 주민자치회가 1,300여 읍면동에서 실시되고 있는 것은 지방자치분권 및 지방행정체제개편에 관한 특별법(이하, 지방분권법)의 제27조에서 29조 주민자치회 관련 조항을 근거로 실시되는 사업이고, 행정안전부 장관이 시범적으로 설치 운영하는 것이어서, 중앙정부 차원의 행정적

재정적 지원에 의한 것으로 관치(官治) 영역에 속한 것에 불과하다고 할 수 있다.

현재의 한국의 지방자치에서 '풀뿌리자치'가 여전히 부진하다. 지방자치 선거에 공약으로 주민자치를 약속하고 있었지만, 지방정부의 운영을 시민사회와의 파트너십을 통하여 하여야 한다는 '풀뿌리자치 마인드'가 형성되어 있지 않다는 것이다. 즉 여전히 지방자치단체는 단체장이 지방에서 제왕적 권한을 가지고 있어, 지방자치단체의 인사권을 장악하고 있고, 지방공무원들에게는 인사상의 불이익을 받지 않기 위하여 단체장의 부당한 요구에도 충성하지 않을 수 없게 되어 있는 것이다(전영평, 2022:106).

또 지방자치 논의를 분권논의로 대체함으로써, 중앙정부의 일을 지방정부로 얼마나 더 가져 오는가 로 인식함으로써, 정부권력의 배분을 정치가와 중앙정부, 그리고 지방자치단체가 더 많은 권한을 갖는 것을 가지고 자치분권의 진전으로 논의하고 있다는 것이다.

결과적으로 주민참여와 자치의 학습의 장을 마련하는 '풀뿌리 민주주의 학습의 장'이 되어야 하는 지방자치가, 실질화 되지 못하고 있다는 것이다. '선(先)분권 후(後)자치'라는 자치분권 논의만으로는 풀뿌리자치가 실질화 되기에는 요원한 셈이고, '선 자치 후 분권'으로 개혁논의를 새롭게 전환하는 데서 길을 찾아야 하는 것은 아닐까 한다.

이 점에서 본고에서는 '선 자치'로서의 길을 찾기 위하여, 민주주의와 자치철학에 대한 이론을 개략적으로 검토해 보고, 지금까지 한국의 주민자치의 역사를 되돌아보면서, 앞으로 주민자치의 가야 할 길을 탐색해 보고자 한다.

Ⅱ. 민주주의와 자치철학적 관점[98]에서 이론적 검토[99]

1. 로크의 정치사상과 정부구성의 권리

로크(John Locke, 1632-1704)는 사회계약론이나 자연권의 절대성을 강조한 정치 사상가이다. 로크는 이성과 계시, 국가와 교회, 공적영역과 사적영역의 '분리'를 통해, 개인으로 하여금 종교와 양심의 자유, 경제활동의 자유, 학문의 자유 등의 권리를 향유할 수 있도록 하였다. 이 점에서 로크는 자유주의 사상가로 분류할 수 있다.

로크는 자연권의 핵심이 사적 소유권을 확보하기 위한 것이라고 한다. 그래서 정치사회로부터 사적 소유권의 유지가 확보될 수 있도록 정치사회의 구성과 정부의 구성이 이루어져야 한다는 것이다.

정치사회의 구성은 생명과 자유, 그리고 재산에 대한 권리를 확고하게 보

98) 자치철학적 관점에서 주민자치제도의 나아갈 방향에 대한 연구는 김석태(2019)「지방자치 철학자들 그리고 한국의 지방자치」(한국학술정보)가 선구적인 연구임. 여기서 국민국가 형성 이래 국가주의가 팽배하여 지방자치에 대한 규범적 연구 자체가 드물었다는 지적을 하고 있음. 특히 인민주권의 원리를 뉴잉글랜드 지방자치에서 찾았다는 토크빌의 논의는 한국 주민자치의 잃어버린 길을 찾는데 푯대를 제시해 주는 것이라는 관점에 동의하면서 이 글의 이론적 검토를 추가하고자 함

99) 이하의 논의에서 로크의 '정부구성의 권리'는 한국의 주민자치제도가 잃어버린 길 중의 하나인 자치란 정부구성이어야 한다는 측면을 자치 철학적 관점에서 검토하기 위하여 제시한 것이고, 슘페터의 '엘리트민주주의의 한계'와 다운스의 '비참여의 합리적 선택'은 한국의 주민자치제도가 행정에 의존하는 길을 선택해 버리게 된 배경에는 바로 자치를 선거로 대의자를 선출하는 것으로만 인식하는 오류, 그리고 주민자치라는 공간에 참여하는 것 자체가 경제적으로 비합리적이라는 인식을 가지고 있는 것을 이론적으로 조명해 주는 것이기에 검토하려는 것이다. 마지막으로 페이트만의 논의는 주민자치가 궁극적으로 나아가야 할 이상적인 모습으로서 '참여사회(participatory society)'로 나아가는데 있어, 푯대를 제공해 주기에 검토하려는 것이다. 즉 주민자치제도의 길을 찾아가는 데는, 정부구성의 권리와 참여의 합리성과 참여의 주권성이 회복되어야 한다는 관점에서 네 사람의 정치 사상가를 탐색해 본다.

장받기 위하여 암묵적으로 개인들이 사회계약에 의하여 동의하여 이루어지는 것이다. 그런데 정부의 구성은 별개의 방법으로 이루어지는데, 정부는 전체사회에 대한 신탁의 관계로서 구성된다는 것이다. 즉 정부권력은 신탁권력(fiduciary power)라고 하는 것이다. 정부권력을 이렇게 신탁권력으로 보게 되면, 이론적으로는 특정정부가 주어진 기능이나 임무를 제대로 수행하지 못하는 경우, 사회 구성원 다수가 정부를 재구성할 수 있게 되는 것이다. 또 정부에 대한 신임의 철회는 정치사회를 탄생시킨 원래의 계약에 담긴 의도와 정신을 재확인하는 의미도 있다는 것이다.

로크는 정부조직에서 권력의 자의적 행사를 막기 위해 입법권과 집행권의 분리를 주장하였고, 사회 구성원들의 의사를 대변하는 입법부의 우위성을 강조하였다. 요컨대 로크의 정치사상에서 '제한정부론 혹은 최소정부론의 대안제시'는 개인의 자유를 어떻게 효율적으로 보장할 수 있도록 하는 정치시스템을 구축할 수 있는가의 논의였다.

로크의 논의를 21세기 한국사회의 읍면동계층에 적용해 보면 어떨까? 읍면동계층에 거주하고 있는 주민들도 근린구역에서 주민으로서의 자유, 생활문제의 해결을 통하여 자신의 재산권이나 행복권을 추구하기 위하여 암묵적인 사회계약에 의하여 '자치사회(autonomy society)'를 구성하고, 근린 자치사회는 근린정부의 구성을 위한 신탁을 할 수는 없는 것일까?

지방자치법 전부개정에 의하여 주민주권의 구현이 중요한 이슈가 되었고, 자치분권 2.0 시대에서 행정과 자치의 쌍방향의 소통에 의해 함께 지역사회 만들기가 이루어져야 하는 시대적 흐름에서, 읍면동 계층을 행정계층의 하부조직으로 두어서는 안 될 것이다. 읍면동 계층에 주민주권에 입각하여, 근린계층의 지역사회 문제를 해결할 수 있는 근린정부를 만들 수 있게 해 주어야 한다. 그리하여 주민들이 주권자가 되어 공공서비스 공급에 대한 의사를 형성하고, 결정하며 책임질 수 있는 자치계층으로 '명확한 자치권'을 부여해 주어야 할 것이다.

주민자치제도의 실질화의 논의에서 3가지가 없다고 한다. 즉 주민자치회에 주민이 주권자로서 보이지 않고, 주민이 자치회의 회비를 스스로 충당할 수 있는 제도적 장치가 없고, 근린생활 공유서비스 혹은 공공서비스를 공급할 수 있는 자치권이 법제도적으로 보장되어 있지 않다는 것이다. 현재 주민은 행정사무에 '참여'하는 고객이고 관치에 대한 협치의 파트너이지 '자치의 주권자'는 아니라고 할 수 있고, 행정예산을 가지고 행정예산의 결정과정에 '참여'하는 것이어서, 행정사무감사의 통제대상이 되는 것이다. 그러기에 주민자치가 스스로 자율적으로 자립적으로 사용할 수 있는 재원이 없는 것이다. 또 근린공유서비스 혹은 공공서비스를 대부분 행정자치사무로 규정하고 있어, 근린시민사회가 스스로 결정하고 책임질 수 있는 시스템의 틀이 존재하지 않는다는 것이다.

요컨대 로크의 정치사상을 통하여, 근린구역에 대한 공공서비스를 공급하는 근린정부를 구성하고, 주권자로서 참여하며 통제할 수 있는 정부구성이 가능할 수 있어야 한국의 주민자치는 실질화 될 수 있을 것이다.

2. 슘페터와 다운스의 정치사상과 합리적 선택 : 근린자치에 무관심

20세기 이후의 민주주의 논쟁에서 민주주의를 최소주의로 보는 관점을 취할 것인가 최대주의로 취할 것인가에 따라 독해법이 달라질 수 있다(김주형, 2020:20). 최소주의자들은 자유민주주의의 기본 원리와 제도를 긍정하면서, 그 이상의 실질적인 가치를 달성하려는 시도를 기대하지 않는 입장이다. 반면, 최대주의로 민주주의를 인식하는 사람들은 현실에 존재하는 민주주의의 한계와 문제점을 예리하게 지적하면서, 보다 진정성 있는 정치적 이상을 민주주의를 통하여 구현하여야 한다는 입장을 취한다.

슘페터(Joseph A. Sumpeter)는 민주주의를 특정한 이념이나 가치체계로 보기보다는 정치권력을 획득하기 위한 엘리트들 간의 경쟁이라는 것이다. 공공선이니 일반의지니 하는 것들은 낭만적인 것에 불과하고, 일반인들의 비합리적인 정념과 선동에 쉽게 휩쓸리는 것을 생각하면, 복잡한 정치적 사안과 갈등적 상황에서 합리적이고 성숙한 판단을 인민들이 할 것이라는 것 자체가 착각이라는 것이다. 민주주의를 '인민에 의한 지배'라고 하는 것은 어불성설이라는 것이다.

결국 현실은 선거를 통해 지도자를 선출하고 정부를 구성해 내는 것이 일반국민들의 역할인 셈이고, 이것은 결국 민주주의가 '국민에 의한 정부'가 아니라 '국민에 의해 승인된 정부(a government approved by the people)'에 불과하다는 것이다. 정치의 본질이 권력을 위한 투쟁이고 이를 위해 동원되는 정치적 기법에 있다고 할 때, 민주정치라고 해서 본질이 달라지지 않는다는 것이다. 단지 유권자를 설득하는 방식이 독재와 다른 것이다.

즉 유권자들의 표를 얻기 위해서 정치인들이 경쟁하는 것이고 이는 시장에서 소비자의 선호를 얻기 위해서 경쟁하는 것과 다를 것이 없다는 것으로 민주주의를 본다. 민주주의를 경제학적 관점에서 시장(market)과 마찬가지로 분석하는 것이다(김주형, 2020:20).

그렇다면, 슘페터가 말하는 민주주의와 같은 엘리트들 간의 경쟁이 아닌, 주민들이 주권자로서 자치를 할 수 있기 위해서는 다른 방식의 민주주의를 설계할 필요가 있는 것이다. 한국의 시군구나 시도에는 이런 정당에 의한 엘리트들 간의 경쟁이 적용되는 민주주의라고 할 때, 이러한 정치로부터 독립된 공간에서 시민성이 함양될 수 있어야 실질적인 민주주의가 한국에서 가능할 것이다. 그것은 정당지배가 작동하지 않는 근린공간에서 주민들이 시민성을 가지고 근린정부를 형성할 수 있는 체험과 실험을 할 수 있어야 한다.

또 다운스(Anthony Downs)는 유권자들이 정치적인 문제에 대해서 무지하고 무관심한 이유를 시민성이 부족하기 때문이 아니라, 한 표를 행사하기 위해 정보를 얻는데 드는 비용이 투표를 통해 얻게 될 편익을 초과하기 때문에 공공문제에 대한 참여를 하지 않게 되는 것이다 고 한다. 이것은 유권자로서는 합리적인(rational) 선택이라는 것이다.

읍면동 계층의 공공문제에 대해서 유권자들이 관심을 가지지 않는 것은 주어진 환경에서 비용-편익 계산을 해보니 자신에게 유리한 판단으로서 지극히 합리적인 행동을 하는 것인 셈이다. 이미 행정이 읍면동의 공공문제를 행정사무로서 처리해 주고 있는 상황에서 유권자들이 무관심해져버리는 선택을 한 것이다. 주민자치회를 통하여 참여를 할 수 있는 기회를 만들어 주어도, 그러한 참여를 통한 편익이 그다지 높지 않다고 볼 때, 일부의 한정된 유권자만 참여하게 될 것이고, 참여를 통한 편익이 있다고 인식하는 사람들이 주로 참여하게 될 것이다. 전체적으로는 대부분의 주민들이 읍면동의 주민자치에 무관심해져 있는 상태이고, 이념이나 이상, 윤리 등을 내세우면서 참여하는 정치행위자들은 뭔가 이면에 존재하는 편익추구를 하는 숨은 동기를 가지고 있는 수사적 장치에 불과하다는 것이다(김주형, 2020:22).

한국의 현실에서 주민자치회는 시군자치구의 지방자치단체장이 위촉하는 것으로서 이들은 특정정당에 소속된 사람들이므로, 특정한 정당지배에 영향을 받을 가능성이 높다. 즉 정치적 중립성을 지켜야 하는 주민자치회가 사실은 특정한 정당의 지배를 받는 현실에 노출되어 있는 것이다.

한국의 민주주의가 균형있게 성장하기 위해서는 정당지배를 받는 영역과 탈정당화된 정치가 생존할 수 있는 영역으로 구분되어 있어야 한다. 근린정부가 형성되어 시민사회의 시민성을 함양하는데 있어, 한국에서 읍면동이 탈정치화 되어야 하는 이유이다. 그래야 근린지역의 주민들이 자신의 생활문제에 공공성을 가진 관심과 열정을 가질 수 있는 가능성이 생긴다.

3. 페이트만의 민주주의의 민주화로서 근린정부구성과 강한 의미의 참여

주민자치를 통한 근린정부의 필요성은 주민들을 사적인 개인을 넘어서, '공적시민'으로 변화되고, 지적 도덕적으로 성장하기 위해서도 필요하다. 도시화로 인하여, 전통적인 인간관계와 공동체가 무너져 있는 상태에서 공적인 문제는 행정 관료제가 행정사무로서 공급하게 되었고, 결과적으로 공적문제에 관심을 가지고 타인과의 교류를 통하여 집합적 문제에 대한 해결책을 모색해 볼 수 있는 기회의 공간이 사라짐으로써, '민주적 공중'이 형성되지 못했다는 것이다.

참여의 교육적 의미를 강하게 강조한 사람이 페이트만(Pateman)이다[100]. 민주주의에서 누적된 참여의 경험을 통하여, 개인과 사회가 공적시민으로 변화할 수 있다는 것이다. 여기서 참여는 소극적으로 의견 표명을 하는 정도가 아니라 자신이 소속한 조직의 의사결정과정에 동등한 구성원으로서 함께 하는 것을 의미한다. '강한 의미의 참여'라고도 하는데, 공동체의 상호작용의 조건을 구성하는 권위 구조가 구성원에 의해 직접 형성된다는 의미이다(김주형, 2020:26).

참여가 이렇게 중요한 것은 사적 개인으로서 생활을 유지하는 것 만으로서는 현대 사회가 당면하고 있는 여러 공공문제 혹은 공유문제를 해결할 수 없기 때문이다. 개인들이 공적 혹은 공유문제에 대한 관심을 가지고 적극적인 관여와 참여를 통해서만이 현대사회가 당면한 공적 문제를 해결해 나갈 수 있다.

물론 현대사회에서 민주주의가 작동하기 위해서는 시민들의 지적 수준, 관심도, 공동체의식 등이 구비되어야 한다고 하지만, 이러한 조건들은 진공상태에서 주어지는 것이 아니라, '참여'를 통해서만 길러질 수 있는 것이다.

이 점에서 한국의 읍면동 계층에서 해결해야 하는 공공문제 혹은 공유문제들을 누가 어떻게 해결하는가를 보면, 주로 행정 관료제가 행정사무로서 처리하고 있는 것이고, 그 구역에 거주하는 주민들이 자신들의 생활문제를 해결하는데 '참여'할 법제도적 틀이 부재하였던 것이다. 결과적으로 주민들은 공적 시민으로서 변화하거나 성장할 수 있는 경험이 가능할 수 있는 장치 자체가 없었다고 할 수 있다.

단지 존재한다고 하면, 행정 관료제로부터 일정한 사무를 위탁받거나, 행정 관료제의 행정과정에 소극적 의미의 참여를 할 수 있는 장치밖에 존재하지 않았던 것이다. 또 읍면동 구역의 주민들이 선거를 통한 참여를 하는 것도 읍면동 계층의 근린정부를 구성하는 것이 아니라, 그 계층의 상위계층인 시군구 구역의 지방의회를 구성하는데 '대의자를 선출하는 참여'만을 하고 있는 것이고, 이것을 지방자치의 핵심이라고 인식하고 있었던 것이다. 그렇기 때문에 한국의 지방자치나 민주주의는 더 이상 발전하기가 어려웠던 것이고, 오히려 민주주의의 퇴행이라고 하는 현상이 나타나고 있는 것은 아닌

100) 서울대학교정치외교학부정치학전공교수진, 정치학의 이해, 2020. p.25.

가 한다.

요컨대, 페이트만이 '민주적 정체를 실현하기 위한 필수 조건으로서의 참여사회(participatory society)'가 가능할 수 있는 강한 의미의 참여는 한국의 읍면동계층의 주민들에게는 존재하지 않고 있다. 단지 한국의 지방자치에는 시군구의회와 시도의회를 구성하는 선거권을 가진 참여가 있을 뿐이고, 주민들이 자신의 생활구역의 공동체 문제를 해결하는 강한 의미의 참여는 존재하지 않는 셈이다.

Ⅲ. 한국의 주민자치 제도의 방황

1. 관치로 시작된 주민자치위원회

주민자치에 대한 길을 잃어버리게 된 연원을 찾아보기 위해서는 주민자치가 한국에서 태동하게 된 배경과 그 시대의 자치에 대한 철학을 살펴보아야 한다. 한국에서 주민자치가 현실적으로 도입된 것은 읍면동 사무소에 주민자치센터가 설치되고, 이 센터의 운영위원회로서 주민자치위원회가 구성되면서 부터이다. 주민자치위원회는 지역의 유지들로서 구성되었고, 이들에 대한 위촉은 동장에게 있었다. 자치라는 개념을 사용할 것이 아니라 '행정참여'라고 해야 할 것이었는데, 자치에 대한 인식의 왜곡이 있었던 것이고, 자치와 민주주의에 대한 무지의 소치라고 해야 할 것이다.

1997년 IMF로 인하여, 행정계층에 대한 효율화를 목적으로 1998년에 읍면동폐지안이 대통령인수위에 보고되었었다. 그리고 최종적으로는 읍면동 폐지대신에 기능전환을 추진하기로 하였던 것이다. 그리하여 1999년 읍면동기능전환정책이 추진되었고, 그 일환으로서 주민자치센터가 설치되었다. 어디까지나 행정사무의 일환으로 '주민자치센터'가 설치된 것이다[101].

101) https://www.archives.go.kr/next/search/listSubjectDescription.do?id=010310&sitePage=1-2-1. 행정안전부 국가기록원 참조.

여기에 주민자치센터의 운영을 위한 '자치'조직으로서 주민자치위원회를 설립하도록 한 것인데, 행정사무에 대한 '참여'조직인 것이지, 자치조직은 아닌 것이다. 자치가 성립하려면, 구역이 있어야 하고, 주권자로서의 주민, 자치정부를 구성할 수 있는 자치권이 있어야 하는 것인데, 주민자치센터라는 '사무'에다가 그 운영위원회로서의 조직에는 주권자로서의 주민도 없고, 자치정부를 구성할 수 있는 자치권이 있는 것도 아니었다.

읍면동 사무소는 시군자치구의 자치행정을 수행하는 하부행정기관이고, 중앙정부의 국가기관위임사무를 처리하는 하부행정조직이기도 하였다. 현재의 지방자치법에서도 읍면동을 폐지하거나 설치하거나 나누거나 합칠 때에는 '행정안전부 장관의 승인'을 받아 그 지방자치단체의 조례로 정한다[102] 라고 하여, 여전히 읍면동에 대한 통치권은 중앙정부에 있음을 알 수 있다.

또 지방자치법 상으로 주민은 '지방자치단체의 구역'에 주소를 가진 자를 '지방자치단체의 주민'으로 규정하고 있다[103]. 읍면동에 거주하는 것도 주민이라고 할 수 있을 듯이 생각되지만, 법률적으로는 시군자치구에 거주하는 자를 '주민'이라고 하고 있기에 읍면동에 거주하는 것은 주민으로서의 법 적 위상을 가지지 못하고 있다.

이처럼 읍면동 구역과 읍면동 주민에 대한 이러한 인식을 가진 지방자치법의 자치에 대한 철학과 민주주의에 대한 인식은 어떤 것일까?

지방자치에 대한 자치권의 유래에 대해서 고유권설인가 전래권설인가로 학설은 나누어져 있다. 한국의 지방자치는 단체자치의 패러다임에 입각하여 자치권은 국가로부터 유래한다는 전래권설에 입각하고, 자치에 대하여 법률적 의미를 부여하는 것이었지 민주주의를 제도화한다든지 하는 정치적 의미를 부여하지 않았다. 단체자치의 패러다임에서는 주민참여는 행정에 대한 참여이거나 지방자치단체에 대한 선거과정에 참여하는 것에 그치는 것이다. 또 단체자치에서는 중앙정부의 통제가 강하며, 중앙과 지방의 관계를 권력적 감독관계로 보는 것이다. 지방자치란 것도 국가와 자치단체와의

102) 지방자치법 제7조 1항
103) 지방자치법 제16조

관계를 규정하는 것이지, 주민과 자치단체에 대한 관계로 인식하지 않는다.

결과적으로 한국에서 주민자치위원회로 시작된 주민자치는 전형적인 관료제에 의한 통치(관치, 官治)에 해당하는 것이다. 단체자치의 패러다임 하에서는 하부행정조직에 대한 주민들을 동원형으로 참여시키는 것에 불과한 것이라고 할 수 있고, 주민자치센터라는 행정사무의 운영위원회에 '참여'하는 것이다. 근린정부구성이라고 하는 주민자치제도의 궤도에서 벗어난 OB(경계밖 구역, out of bounds)의 길로 들어선 셈이다.

2. 민치의 가능성을 삭제한 주민자치회

주민자치제도가 궤도로 들어설 수 있는 기회가 2010년 주민자치회의 제도설계에서 있었다. 즉 지방행정체제개편위원회에서 주민자치회의 세 가지 모형으로서 협력형, 통합형, 주민 조직형을 제시하였는데, 주민 조직형으로 주민자치가 궤도로 수정하였다면, 관치를 벗어난 민치(民治, 시민사회에 의한 자치)가 가능했을 것이다.

당시에도 한국의 지방자치가 단체자치에 몰입하여, 그들만의 자치가 되어 버린 문제점을 해결하기 위해, 주민자치 실질화를 통하여 해결해야 한다고 지적하기도 하였다(심익섭, 2012:59). 미래의 주민자치모형을 제시하면서, 협력형은 주민자치센터모형과 그다지 차이가 없고, 주민 조직형은 읍면동행정이 철수하여야 하기에 실현가능성이 낮다고 하면서, 통합형이 바람직하다는 의견을 내었다. 그리고 이러한 통합형으로의 선택도 주민들이 직접 선택하도록 하는 것을 제시하고 있다.

그런데, 세 가지의 모형의 명칭은 지방자치에 대한 개념에 혼돈을 불러일으키는 측면이 있다. 민주주의와 자치철학의 관점에서 보면, 주민 조직형만이 주민자치라고 할 수 있고 나머지 2개는 주민자치라고하기에는 무리한 측면이 있다. 즉 자치의 기본요소라고 할 수 있는 자치정부의 구성에서 주민이 주권자로 참여하는 것이 아니고, 여전히 상위 행정계층의 명령과 통제에 노출되어 있기 때문이다. 특히 사무기구의 공무원이 상위계층인 시군구의 공무원을 그대로 임용하는 것으로 되어 있기 때문이다.

주민자치는 읍면동 구역에 대한 근린자치정부를 형성할 수 있어야 하고 이에 대하여 주민이 주권자로서 참여하고 통제할 수 있어야 한다. 이것이 가능하기 위해서는 주민들이 직접 총회(타운미팅)를 구성하여 입법권과 인사권, 조직권, 재정권을 통제할 수 있어야 한다. 총회에서의 자기결정에 대한 자기책임도 질 수 있는 자유민주공화정의 시스템이 있어야 하는 것이다. 이런 관점에서 보면, 협력형은 상위행정조직과 인력이 그대로 읍면동계층의 조직과 인력이 되고 있기에, 비록 주민자치회를 주민들의 대표로서 구성한다고 해도 자치의 손발이 타자(他者)의 것인 것이다. 주민자치회가 제대로 기능과 역할을 할 수 없다. 더구나 주민자치회에 유급사무원과 자원봉사자를 둔다고 하여, 주민자치회의 손발 기능을 할 수 있는 흉내를 내고 있으나, 여전히 관치(官治)의 틀 속에 있는 것에 불과하다. 행정(관료제)과 주민(자치회)이 협력한다고 '협력형'이라고 이름을 붙인 듯하나, 자치는 먼저 자치다운 구성과 제도로 형성되고 운영되는 것이 전제조건이 되어야 하는 것이다. 이것이 없는 상태에서 협력형이라고 하는 것은 우월적 영향력을 가진 행정 관료제에 의존하게 되는 것이기에 협력이 아니다. 먼저 자치제도가 내적으로 민주주의와 자치철학에 입각한 조직구성이 이루어져 있어야 하는 것이다.

통합형도 무엇과 무엇의 통합인지 애매하다. 당시 제시한 통합형 주민자치회 모형(안)을 보면, 주민자치위원회와 사무기구가 통합되었다는 것으로 보이는데, 사무기구가 상위 행정계층의 공무원이라고 할 때, 주민(자치위원회)과 행정(기구)이 통합한 '자치'라는 것이 어불성설이다. 통합형은 지방자치단체의 기관구성에서 지방의회가 집행부를 분리하여 않고 통합하여 구성한다고 할 때, 사용하는 개념이라고 할 때, 주민자치위원회가 지방의회에 상응하는 구성방식을 가지고, 법적 위상을 가진다는 의미를 부여하였는가 하는 점이다. 당시 이 문제를 검토한 논문을 보면, '통합형에서는 주민자치위원장이 소속직원의 업무와 복무에 대한 지휘감독권을 가진다는 점'을 지적하고 있고, 결과적으로 새로운 읍면동 사무소로 전환되는 것이라는 표현을 사용하고 있다(심익섭, 2012:71). 당시 읍면동 사무소의 기능은 특별법

규정대로 시군구로 넘어가고, 새로운 사무장개념의 사무기구가 된다는 개념으로 이해된다는 설명을 붙이고 있다. 만일, 통합형이 말하고 있는 것처럼, 새로운 읍면동사무소로 전환되었다면, 통합형부터 민치의 가능성을 구현하게 되었을 것이다. 그러나 결과적으로 통합형에서 기존의 행정기구를 전제한 것이기에 기관구성에서 말하는 통합과는 거리가 먼 개념으로 사용되었다.

그리하여 현실에서 주민자치는 협력형만을 시범 실시하였고, 현재 1,300여개의 주민자치회의 시범실시는 특별법에 의거한 사업으로서 협력형만을 확산함으로써, 통합형과 주민 조직형은 시범 실시되지 못하였다.

요컨대, 주민자치를 확대하여 시범 실시한다고 하면서도 여전히 경계 밖(OB)구역에서 혹은 모래벙커(sand bunker)에서 나오지 못하고 있는 셈이다. 물론 그 과정에서 자치에 대한 연습은 하겠지만, 잘못된 인식과 지식을 가지고 여러 번 시도하더라도 제대로 탈출하여, 바른 궤도로 들어올 수 있을지 지켜볼 필요가 있다.

3. 정치권력과 시민단체의 융합에 의한 재관치화

문제는 한국의 시민사회가 공공문제와 공유문제에 대하여 스스로 결정하고 스스로 책임을 질 수 있는 역량을 가지고 있는가이다. 다시 말해, 민주주의와 자치철학이 제시하는 근린정부를 구성할 수 있는 시민참여의 역량이 있는가와 그러한 시민참여를 구조화할 수 있는 정부구조를 가지고 있는가라는 점이다.

읍면동 계층의 경우, 시민사회는 읍면동 민주주의에 대해서는 그다지 논의가 없었다고 할 수 있다. 지방자치발전에 대한 논의를 할 때도, 시군자치구나 시도차원의 지방자치가 제대로 작동하지 못한다는 문제제기는 한 것이지만, 읍면동 계층의 지방자치나 읍면동의 민주주의에 대해서는 그다지 주목을 받지 못한 것이다.

이러한 상황을 반전시키는 계기가 된 것이 2011년 이후의 서울시에서 시도한 마을공동체 만들기 사업이라고 할 수 있다. 서울시의 마을공동체정책은 이웃과 관계망의 회복을 통하여, 호혜적 생활문제를 해결해 나가는 것을 목표로 하였다. 이를 위해 간접지원과 직접 지원으로 나누고, 직접 지원은 마을사업을 지원하는 데 보조금을 주는 것이었다.

2012년 서울시 마을공동체기본계획이 수립되었고, 서울시 마을공동체 만들기 지원조례에 의하여, 서울시의 행정사무로서 '공동체 계층'의 사업이 체계적으로 시작된 것이다. 자치란 관점에서 보면, 시민사회가 자치를 위한 역량과 재원이 부족하여, 자치를 스스로 발화(發火)할 수 있는 토대가 없으니, 이를 행정사무로서 지원하는데 이것을 '주민이 주도'하도록 한다는 것이었다.

마을사업에는 5단계를 가지고 진행되어, 자치의 씨앗이 발아하여 자라도록 사업구조를 구성하였다. 첫 단계는 '모임을 지원'하는 것이고, 둘째단계는 '활동을 지원'하는 것이다. 셋째는 공동체 활동을 위한 '공간을 지원'하는 것이다. 넷째는 '모임 간 연계를 지원'하는 것이고, 다섯째 단계는 '종합적 마을계획 수립을 지원'하는 것이다(안현찬외, 2017).

마을사업의 5단계를 보면, 모두 '지원'하는 사업인 것을 알 수 있고, 이것은 자치의 씨앗을 발아시키는 목적을 가진 전형적인 '행정사무'인 것이다. 자치는 행정과 구분되어 독립적인 영역이어야 한다는 것을 잊어버린 것인 듯하다. 행정이 개입하여, 가부장적인 보호와 지원으로서 만들어진 공동체는 행정에 의존적일 수밖에 없는 전형적인 관치사업이 될 수밖에 없다는 점을 잊은 듯하다.

2013년부터 지역공동체담당관의 행정사업으로서 관리되었고, 서울시의 여러 부서에서 담당하는 단위사업들을 재정비하여 '마을사업'으로 종합 관리하였던 것이다. 2012년부터 2015년까지의 사업 성과들을 보면, 5단계사업은 40개, 3단계사업이 77개, 1단계 사업이 1,026개 이어서, 서울시의 442개의 동별로 보면, 1단계 사업조차 동마다 2-3개정도이고, 5단계사업은 자치구별로 1-2개정도에 불과한 것을 알 수 있다.

이 사업이 추진되기 시작할 당시 서울시에는 자생적인 마을공동체가 85곳 정도 있었고, 돌봄과 육아 등의 공동체도 240개 정도 있었다고 한다. 1

천만 명의 서울시민이 거주하는 곳에 공동체라는 것이 각 동에 1개정도도 존재하지 않는다는 것은 지역사회의 자치역량을 구비한 사회적 토양이 거의 부재하였다는 것을 의미한다.

시민단체출신의 시장으로서 서울시 행정관리의 책임을 맡은 수장(首長)이 되어, 행정 관료제를 혁신하여, 시민사회가 자치할 수 있는 기반을 만들어 주는 정책을 시도한 것이었지만, 이 사업의 추진구조를 보면, 행정 관료제의 예산과 인력, 그리고 조직을 활용하면서 오히려 관치화 되어 버린 것으로 보인다. 즉 서울시 행정 관료제의 수장이 된 정치권력은 시민단체와 융합하여, 마을공동체사업이라는 '행정사무'를 통하여 새로운 관치(관료제 통치)의 길을 만들어 낸 것이다. 이 새로운 관치는 시민사회의 자치라는 외피를 가지면서, 실제로는 행정사업을 통하여 마을공동체를 만들어 낸다는 '다시 관치'(재 관치)하는 역설에 직면하게 된 것이다.

Ⅳ. 주민주권구현과 주민자치 실질화 방안

1. 자치분권위원회의 주민주권구현 논의

대통령소속 자치분권위원회의 '자치분권 종합계획(안)'(2018.9)을 보면, 우리 삶을 바꾸는 자치분권이라고 하면서, 지방자치를 제도자치를 넘어서 생활 자치를 구현하고자 하는 비전을 제시하고 있다. 그러면서 추진과제로서 6대전략과 33개 과제를 제시하고 있는데, 추진전략의 첫 번째 내용이 '주민주권구현"이다.

이를 위하여 주민참여권을 보장하는 과제라든지, 숙의기반의 주민참여방식을 도입한다든지, 주민자치회 대표성 제고 및 활성화, 조례 제·개정의 주민직접 발안제도 도입, 주민소환 및 주민감사청구 요건의 합리적 완화, 주민투표 청구대상 확대, 주민참여예산제도 확대 등 7가지를 제시하고 있다.

여기서, 주민주권의 개념을 여전히 '행정에 대한 참여'를 확대하고 심화하는 것으로 인식하고 있는 것을 알 수 있다. 주권자로서 단지 행정에 참여하는 것을 넘어 '정부를 구성하는 참여'로서의 자치가 아닌 것을 알 수 있고, 구체적으로는 근린정부를 구성한다든지, 기존의 중앙정부의 정당정치나 지방자치단체의 정당지배체제로부터 일정한 정도의 거리두기와 독립적인 시민사회 영역의 자율적 운영에 기반 한 참여가 아닌 것을 알 수 있다.

단, 3번째 과제인 '주민자치회 대표성 제고 및 활성화'라고 하는 부분이 시민사회의 근린정부 구성을 위한 자치로서의 가능성이 있는 과제인데, 자치분권 종합계획안의 추진방안을 살펴보면, '근린정부 구성으로서의 참여'에 관한 제도형성에 대한 논의가 없는 것을 알 수 있다.

주민주권에 대한 논의를 제기하면서, 주민주권구현을 위한 과제와 대안들이 자치철학과 민주주의에 대한 논점들과 깊이 연결되어 있지 못함을 알 수 있다.

먼저 자치철학과 관련하여 주민개념이 제대로 정립되어 있지 않은 점이다. 여전히 단체 자치라는 패러다임 속에서 국가가 제도적으로 보장한 자치권의 범위 내에서 자치단체의 정책결정과 집행과정에 참여하는 권리로서의 주민권리를 부여하고 있는 것이다. 물론 이러한 주민규정[104)]은 주민을 단지 지방자치단체의 행정서비스를 균등하게 혜택을 받을 권리 정도로 인정하고 있는 것보다는 진전된 것임은 분명하다(박채정외, 2022:21).

그러나 주민참여예산제도와 같이 지방자치단체의 예산과 사업의 결정에 일정한 정도의 참여를 가능하게 하는 제도적 장치는 결국 행정 관료제의 통제와 책임 하에 운영되는 타치(他治) 영역에 속하는 것이다.

또 주민의 권리 중에는 선거에 대한 권리도 규정하고 있다. 즉 '국민인 주민은 법령이 정하는 바에 의하여 그 지방자치단체에서 실시하는 지방의회 의원과 지방자치단체의 장의 선거에 참여할 권리를 가진다[105)]'라고 하고 있어 지방자치단체의 구성에 주권자로서 참여하는 것으로 볼 수도 있다.

---

104) 구 지방자치법에서는 제13조 주민의 권리 규정에서 '주민은 법령이 정하는 바에 의하여 소속 지방자치단체의 재산과 공공시설을 이용할 권리와 그 지방자치단체로부터 균등하게 행정의 혜택을 받을 권리를 가진다' 라고 규정하였음

105) 구 지방자치법 제13조 2항

그런데 문제는 여기서 지방자치단체는 여전히 국가로부터 부여되거나 제도적으로 보장된 자치권의 범위 내에서 선거를 통해 '개별적인 행위'로서 특정한 투표공간에서 참여하는 것이지, 주민이 주권자로서 공동체회의로서 동일공간에 모여서 총회의 구성원으로 참여하는 의사결정권이라고 보기는 어렵다.

주민이 주권자이기 위해서는 주민들 상호간에 공동체를 이룰 수 있어야 하고, 주민들 간의 관계에서 의사결정권을 공동체 회의로서 동일 거주 공간에서 행사할 수 있어야 할 것이다. 즉 주민이 주권자이기 위해서는 국가의 총체적 기획에 의한 개념공간에서부터 벗어나서 지방의 사안에 대한 종국적 의사결정권능이 부여되어야 할 것이다(박채정외, 2022: 16). 획기적인 지방자치 철학이 반영되고, 의사결정권이 주어짐으로써 주민주권에 대한 개선된 제도적 처방이 있어야 한다는 것이다.

요컨대 주민주권 구현이라고 할 때, 자치철학에 기반 한 의사결정권을 주민에게 부여하고 지방문제와 거민으로서의 주민의 일상생활문제를 스스로 결정하고 책임질 수 있는 '계약적 권능'[106]을 어떻게 부여할 것이냐가 정리되어야 할 것이다. 그런데 민주주의의 이론적 전개과정에서 로크의 정치사상에 비추어보면, 주권자로서의 주민에게 다양한 정부 구성의 권리가 있음을 알 수 있고, 이것은 단지 국가의 중앙정부를 구성하는 권리만이 아니라, 다양한 공공문제와 공유문제를 풀어나갈 수 있는 다층적인 정부구성을 위한 주권이 부여되어 있는 개념으로서 주민주권의 개념을 이해할 필요성이 있다. 이것이 한국의 민주주의를 보다 실질화 시키고, 시민사회의 자율적 역량을 강화해 나가는 방향일 것이다.

---

106) 로크의 사회계약론처럼 박채정 최태현(2021:32)은 '땅이 제공하는 삶의 가능성의 실현을 둘러싼 땅과 사람간의 계약적 권능'이라고 정의함으로써, 땅에 대한 주민의 생태 환경적 지속성을 확보하여야 하는 책임, 주민으로서 삶의 지속가능성을 스스로 책임 있게 보장하도록 하기 위해서는 땅과의 관계에서의 책무도 있음을 제시하면서, 땅과의 계약, 땅에 거주하는 사람과의 계약이라고 하는 개념을 가지고 주민주권개념을 논의하고 있음

2. 전부 개정된 지방자치법의 한계

한국의 지방자치법은 그 입법목적을 보면, 구 지방자치법까지는 '국가와 지방자치단체의 관계'를 정하는 것에 있었던 것을 알 수 있다. 그리고 이번 전부 개정된 지방자치법에서 주민주권의 구현을 위하여 새롭게 '주민과 지방자치행정과의 관계'에서 '지방자치행정의 참여'에 관한 사항을 추가한 것을 알 수 있다.

구체적으로 살펴보면, 1949년 제정 지방자치법의 제 1조를 보면, '지방의 행정을 국가의 감독 하에 지방주민의 자치로 행하게 함으로써, 대한민국의 민주적 발전을 기함을 목적으로 한다'고 함으로써, 중앙정부는 지방자치를 하게 하지만, 그것을 감독하게 한다고 함으로서, 국가가 우월적 지위를 가지고 민주적 발전을 목적으로 감독할 수 있음을 제시하고 있다. 또 주민은 제한된 자율성을 가진 지방행정의 주체라는 것이다(박채정·최태현, 2021:17).

이처럼 제정 자치법의 경우, 지방 '주민의 자치'를 행하게 하는 전제하에, 지방의 행정을 국가가 감독한다는 구조를 가지고 있기에, 국가영역과 주민자치의 영역이 분리되어 운영되는 전제하에 '지방의 행정'을 국가가 감독한다는 구조로 되어 있다. 즉 주민자치 패러다임에 의한 지방자치를 하게 하면서, 그 지방자치행정에 대해서는 국가가 감독하여, '민주적 발전'을 기하도록 하겠다는 것이다. 그래서 제정자치법에 의하여 시읍면 자치가 이루어졌고, 주민이 선거에 의하여, 시읍면의회를 구성하였다. 그리고 시읍면의회에 의하여 시읍면장을 선출하는 지방의회 중심의 지방자치가 운영되었던 것이다.

그런데, 1988년 지방자치법의 전부개정에 의하여 지방자치법의 목적 규정이 바뀌어져서 주민자치 패러다임이 사라져 버렸고, 지방자치라 함은 국가와 지방자치단체간의 관계를 정하는 것이고, 지방자치단체의 종류로서도 시군자치구와 시도라고 하는 2가지의 종류의 단체자치단체만을 규정함으로써, 근린생활계층에서의 주민자치 패러다임이 소멸되어 버린 것이다. 이것은 제6공화국의 민주화로 인하여 지방자치를 부활시키게 된 취지를 후퇴시키는 방향의 제도선택을 한 셈이다. 지방자치제도에서 주민자치 패러다임 없이 단체자치 패러다임만으로 균형 잡힌 자치가 이루어질 수 없게 된 셈이다.

구체적으로 1988년 지방자치법 전부개정에 의하여 30년간 지속되어온 지방자치법의 목적조항을 보면, '지방자치단체의 종류와 그 조직 및 운영에 관한 사항을 정하고, 국가와 지방자치단체와의 기본적 관계를 정함으로써, 지방자치단체의 민주성과 능률성을 도모하며, 지방자치단체의 건전한 발전을 기함을 목적으로 한다'(제1조)라고 하고 있다.

여기서 확인할 수 있는 것은 '지방주민의 자치'가 사라져버린 것이다. 지방자치단체와 국가와의 기본적 관계라고 하여, 단체자치 패러다임만 남아있고, 민주주의의 개념도 주민에 의한, 주민을 위한, 주민의 지방자치가 아니라, '지방자치행정의 민주성'이다. 즉 행정의 민주성을 도모하는 것이 목적이고, 주민에 의한 민주주의를 의미하는 주민자치 패러다임이 실종되어버린 것이다. 이것은 지방자치의 부활을 정당 정치가들에 의하여, 정권획득을 위한 수단으로서 지방자치를 바라봄으로써, 지방자치를 도구화시켜 버렸기 때문에 나타난 현상이다.

이 과정에서 지방자치제도의 기본 개념이라고 할 수 있는 '주민의 자치'가 사라져 버렸고, 주민의 자치를 행함으로써 형성되고 함양되는 민주주의의 학교가 제도설계에 누락되어 버린 것이다. 자치철학과 주민에 의한 민주주의에 대한 가치와 사상이 결여되어 있는 것이다.

다음으로 2021년 전부개정에 의하여 신 지방자치법에서도 여전히, 지방자치법의 목적은 '국가와 지방자치단체 사이의 기본적인 관계'를 정하는 것이 들어 있고, '주민의 지방자치행정 참여'라고 하는 것이 병기됨으로써, '지방을 균형 있게 발전' 시키고, '대한민국을 민주적으로 발전'시키는 것으로 되어 있어, '주민의 행정참여'가 들어있지만, 주민에 의한 민주주의라는 자치철학은 들어 있지 않을 것을 알 수 있다.

여기서 확인할 수 있는 것은 주권자로서의 주민이 시민사회의 공동체생활문제를 자치적으로 풀어갈 수 있는 근린정부의 구성에 대한 권한에 대한 논의는 명기되어 있지 않다는 것이다. 지방자치법 제17조에서 규정하고 있는 주민의 권리도 '지방자치단체의 정책의 결정과 집행과정'에 '참여'할 권리이고, '주민생활에 영향을 미치는 근린정부'의 구성에 대한 언급은 없는 것이다.

또 주민의 권리로서 조례의 제정과 개정 폐지의견제출(제20조)이라든지 주민에 대한 정보공개(제26조), 주민투표를 통한 지방자치단체 기관구성의 다양화(제4조) 등에서 주민이 지방자치단체에 실질적으로 참여할 수 있는 규정을 만들어 두고 있지만, 이러한 것들은 주민의 지방자치단체에 대한 '참여'에 대한 권리이고, 주민에 의한 근린정부를 형성하며, 근린정부의 의사결정에 '공동체적 참여'를 하는 것은 아니다. 지방자치단체에 대한 '개별행위'로서의 의사결정과정에 참여하는 권리일 뿐이다.

3. 읍면동계층에 '강한 의미의 참여' 제도화 방안

이처럼 한국사회에서 '주민주권의 구현'이라고 하는 자치철학과 민주주의의 진전을 위한 제도적 논의가 제시되었고, 2021년 이후 지방자치법의 전부개정에 의하여, '주민자치 패러다임의 복원'이 논의되고 있지만, 여전히 단체자치 패러다임이라고 하는 제도경로를 벗어나지 못하고 있는 것으로 보인다. 민주주의와 자치철학에 대한 이론적 논의의 흐름을 보면서, 한국사회 속에 국가행정이나 지방자치행정에 의한 관치화와 정당지배 영향에서 어느 정도 거리를 두고 자유롭고 자율적인 시민사회의 자치관리 역량을 함양할 수 있는 토양과 공간을 만드는 것이 필요하다. 주민주권에 의한 자치관리의 제도설계는 주민들의 공동체에서 공유할 수 있는 서비스 혹은 공공서비스가 특정되어야 할 것이다. 그리고 그러한 공유서비스 혹은 공공서비스를 제공하는데 필요한 자치세원을 징수 할 수 있어야 하고, 그러한 자치관리를 통하여 민주주의의 학교로서 기능할 수 있어야 한다.

이것이 가능하기 위해서는 페이트만의 '강한 의미의 참여'에 해당하는 '공동체의 상호작용의 조건을 구성하는 권위 구조가 구성원들에 의해 직접 형성되는 것'이 필요하고, 읍면동의 주민들은 주권자로서 공동체자치

(community self-government)에 참여함으로써, 사적인 개인을 넘어, 공적 시민으로서 성장할 수 있어야 한다.

아파트단지라는 거주공간은 각 세대의 주민들의 공유서비스의 자치관리를 위하여 입주자 대표회의를 구성하고, 주민들의 참여에 의하여, 대표자들을 선출하여 두었지만, 이들의 주된 역할이 관리사무소의 사무집행에 대한 심의의결을 하는 것이다. 아파트단지라는 공간에서 세대의 주민들이 공동체자치에 참여할 수 있는 시스템을 구축해 둔 것은 사실이지만, 아파트단지에 거주하고 있는 세대들은 아파트를 재산권으로서만 인식하고, 세대의 참여로 인한 편익이 참여로 인한 비용보다 크지 않다고 보기 때문에 입주자대표회의를 선출하는 과정에만 형식적인 참여를 하고 그치는 것이 아닌가 한다. 이러한 인식과 가치관을 가지고서는 아파트단지라는 생활공간에서 공적인 주민은 형성될 수 없다. 문제는 아파트단지에 거주하는 주민들을 어떻게 해야 주권자로 참여하게 할 것인가이다.

즉, 아파트단지의 관리비집행을 입주자의 대표들에게 위탁해 두고, 각 세대의 주민들은 아파트 단지관리에 무관심한 경우가 대부분이다. 아파트단지의 세대들을 아파트단지의 주권자로 보기 보다는 아파트단지관리서비스를 받는 소비자로 보고, 사적 영역의 관리서비스를 제공하는 것으로 간주하고 있어, 아파트단지의 주민도 주권자일 수 있다는 점을 간과하고 있는 것이다.

곰곰이 생각해 보면, 아파트단지의 세대의 주민들이 아파트관리란 전문영역에 굳이 참여하라고 강제하기는 쉽지 않다. 다양한 직업을 가지고 생활공간을 벗어난 직업공간에서 주된 활동을 하고 시간을 보내는 개인들에게, 거주하는 공간에서까지 하나의 새로운 일에 관심을 가지도록 강요할 수 없는 것이 현대사회의 문화이다.

그렇다고 하면, 아파트단지란 생활공간에서의 자치란 과연 어떻게 가능할 것인가? 현재의 아파트단지의 자치관리시스템은 '주민을 아파트단지의 개인으로서 보고 있는 것이 아니라, 주민을 각 세대의 구성원으로 보고 있는 것에 불과하고, 아파트단지란 생활공간의 구성 요소를 세대로 보고 있는 셈'이다. 즉, 세대들이 주권성을 가지고 근린생활공간의 운영체를 구성하는데 참여하도록 의무를 부여하고 있는 것'인 셈이다. 그래서 아파트관리비를 내는 것은 주민 개개인이 아니라, 세대로 되어 있는 것이다.

그런데, 아파트 단지의 주민을 주권자로 본다는 것은 아파트단지라는 공간의 생활자치 관리를 하는데 있어, 세대가 아닌 '주민'이 참여하고, '주권자'로서 공적 존재로서 보아야 한다는 것이다. 현재의 공동주택관리법에서는 아파트단지의 공간적 관리를 위하여 입주자대표회의와 관리사무소라는 운영체를 설계해 둔 것은 아파트단지라는 공간을 시장경제적 영역으로서의 공간으로 본 것이고, 여기에서의 관리의 구성원은 '세대'가 구성원이 되는 것이다.

그러나, 아파트단지라는 근린생활공간에서 근린자치정부로서 '입주자대표회의와 관리사무소'를 보게 되면, 주민이 주권자가 되므로, 입주자대표회의는 대표자들만의 회의로서 '위탁자'로서만 운영할 것이 아니라, 주민 총회 방식으로 운영을 함으로써, 회의과정을 주민총회 앞에서 운영하도록 하여야 할 것이다[107]. 이것이 입주자대표회의를 지방의회식의 '대의 미팅'으로 운영해선 안 되고, 주민 총회 앞에 '타운미팅' 식으로 운영해야 하는 이유이다.

물론, 동일한 입주자대표회의와 관리사무소라고 하는 시스템에 대해 세대를 구성원으로 보든, 주민을 구성원으로 보든 운영자체는 변함이 없는 구조이지 않은가라고 문제제기를 할 수도 있지만, 아파트단지 공간을 단지 재산권의 민주적 관리로만 볼 것이 아니라, 주민들이 주권자로서 근린생활정부를 구성하는 공간으로 본다고 하면, 공동주택관리정책이 본질적으로 재구성되어야 할 것이고, 주민자치정책과 융합하게 되어야 할 것이다.

---

107) 4차 산업혁명 시대에 전자투표를 활성화하는 것이 보다 많은 참여와 총의를 모으는데 역할을 할 수 있다. 이미 2017년 공동주택관리법 개정을 통해, 동 대표와 입주자대표회의 임원 선출 등 5가지 조항에 대해 전자투표를 도입하도록 하였고, 2021년 3월에는 전자투표를 활성화하는 '공동주택관리법 개정안'이 통과되어, 입주민 투표 시에 전자투표를 우선적으로 사용할 수 있도록 노력의 의무를 부과하였다(아파트관리신문, 2021.4.8.)

V. 결론

'선 자치 후 분권'의 논의는 쉽지 않을 수 있다. 이미 지방자치분권의 논의의 주된 흐름이 되고 있는 것은 국가가 가진 사무를 지방으로 이양하는 논의이고, 국가가 가진 재정예산의 일부를 지방세원으로 혹은 국고보조금을 통하여 지방으로 사업비를 보조해주는 것이다. 그렇기에, 주민들의 생활공간에 대한 자치권을 실질적으로 이관하여 주고, 그 공간에서 주민들이 주권자로서 공동체자치에 참여하게 하여, 그 과정에서 공적 시민으로서의 역량을 함양하는 '주민자치제도의 혁신' 혹은 '민주주의 철학의 풀뿌리화'는 쉽지 않은 과제임은 분명하다.

그러나 분명 한국의 민주주의가 성숙하고, 선진화되려고 한다면, 새로운 길을 찾아야 한다. 현재와 같이 정당지배의 대의정부 시스템만으로 중앙정부와 지방자치단체가 운영되어서는 제왕적 대통령제의 문제와 수도권 인구집중과 지방소멸의 문제, 거대 양당 정당에 의한 네거티브 선거와 거짓 뉴스 만들기의 병폐를 해결해 낼 수 없다.

민주주의 정치와 자치에 대한 철학과 가치관을 새롭게 하는 데서부터 길을 찾아야 하는데, 그것은 정부영역에서라기 보다는 시민사회 영역에서 주민들의 주권성(主權性)을 회복하고 활성화하도록 해 주는 것이 아닐까 한다. 이것이 가능하기 위해서는 주민들이 자신이 거주하고 있는 생활공간, 근린공간에서 공적인 존재로서 직립할 수 있어야 한다.

로크의 민주주의 철학의 기초가 되었던 공적영역과 사적영역의 분리와 사적 소유권과 자유가 확보될 수 있도록 정부구성이 이루어져야 한다. 이것은 풀뿌리 생활공간에서부터 시작되어야 하고, 그것이 가능할 수 있도록 학교교육과 대학교육, 그리고 사회교육도 새롭게 강조되어야 한다. 국가교육만으로는 국민을 길러낼 수 있을지 모르지만, 그러한 국민은 민주주의를 선거를 통한 대의정부를 구성하는 것만으로 편향적으로 행동하게 된다. 시민사회의 주민자치 교육과 경험을 통하여 민주주의를 체험하고 균형 있게 시민으로 자랄 수 있도록, 그리고 그러한 경험에 입각하여 리더를 길러낼 수 있는 근린자치정부 시스템이 구축되어야 한다.

사회계약에 의하여, 근린정부를 형성할 수 있는 주권, 이것이 주민주권이다. 이것을 한국 지방자치법에 규정하여야 하고, 그러한 근린정부가 형성되고 설계될 수 있는 공간은 읍면동계층이거나 통리구역 혹은 아파트단지 구역일 가능성이 높다. 이곳에 주민들이 생활자치가 가능하도록 생활 공유서비스가 특정되어야 하고, 그러한 공유서비스를 공급하기 위하여, 관리비(혹은 자치세)를 내도록 하고, 그것을 세대별로 징수 할 수 있어야 한다. 주민이 거주하는 공간에서 생활 공유서비스를 계약으로 확정하고, 그에 필요한 재원을 세금으로 내어서 관리주체를 세우고, 이들에 대하여 주민총회를 통하여 통제할 수 있는 풀뿌리민주주의의 경험이 가능한 주민자치 시스템이 구축되어야 한다.

슘페터(Joseph A. Sumpeter)의 논의처럼, 정당정치가 지배하는 국회나 지방의회는 정치가들의 경쟁이고, 이들은 자신의 재집권을 위해 온갖 정치적 기교를 사용하는 그룹들이다. 따라서 근린정부의 자치에는 정당정치가 배제되어야 한다. 철저히 근린자치와 정당정치는 분리되어야 한다. 근린정부의 자치공간에는 정당이 스며들지 못하도록 철학적으로 이론적으로, 그리고 실천적으로 막아주어야 한다.

물론, 다운스(Anthony Downs)가 말하듯이, 근린자치정부에서 조차, 주민들은 자신들의 비용편익분석에서 편익이 크지 않다고 하면, 자치에 참여하지 않을 수 있다. 그래서 교육이 필요하다. 교육은 자신의 행위에 의미를 부여해 준다. 즉 자치참여가 공적인 사람이 되는 길인 것이고, 그러한 공적인 존재가 됨으로 인해, 삶의 의미와 행복을 찾을 수 있으며, 인간다운 인간이 된다는 철학을 가르쳐주는 것이다. 물론 이것에 동의하지 않고 그럼에도 사적인 사람으로 존재하겠다고 한다면, 그것은 자유이다. 그러한 자유까지 허용하는 것이 주민을 주권자로 세우는 것이다.

이 점에서 주민들이 근린 생활공간에서 자유인이 되도록 정치와 자치 시스템을 구축하여야 한다. 이를 위해서는 민주주의가 풀뿌리 공간에서 작동하도록 해야 하고, 그러한 민주주의는 주민의 자유에 대한 권리를 최대한 보장하는 것이어야 한다. 그것이 주민에게 주권성을 부여하는 것이라고 할 수 있다. 그리고 대의정치의 가장 큰 병폐인 정당지배 정치와는 분리된 '비정당 자치시스템'을 구축할 수 있어야 한다.

마지막으로 이렇게 비 정당 자치시스템으로서의 근린공동체정부(neighborhood government, community government)가 구성되더라도, 광역자치정부 및 국가의 중앙정부의 정책과정에 대한 참여는 필요하다. 주민이 개인적으로 그러한 광역자치정부와 중앙정부의 선거에 참여하는 것은 물론이고, 그러한 정부의 정책과정과 행정과정에 참여하는 다양한 참여제도는 유지되어야 한다. 즉 현재 단체자치 패러다임에 입각하여 운영되고 있는 참여민주주의 시스템들이 유지되는 것은 필요하다. 차이는 무엇인가 하면, 풀뿌리 근린정부 구성의 과정에서 자치하였던 경험을 가진 주민들이 그러한 광역 및 중앙정부 정책과정에 참여하는 것으로서, 참여의 균형성(balance of participation)을 가지게 되어야 한다는 점이다. 그리고 풀뿌리 근린공동체정부의 자치를 통하여 길러진 정보와 역량들을 가지고 광역 및 중앙정부를 견제(check and balance)할 수 있다는 점이다.

요컨대, 선(先)자치와 후(後)분권의 논리가 필요한 이유는 바로 선 자치를 통하여 페이트만(Pateman)이 말한 민주주의의 민주화가 가능하고 이를 통하여 '민주적 공중'이 형성되기 때문이다. 한국의 주민자치제도가 가야할 길은 근린공동체정부를 형성하는 주권을 가진 '민주적 공중'을 형성해야 하는 길이라고 본다.

참고문헌

김석태. (2019).「지방자치철학자들 그리고 한국의 지방자치」. 한국학술정보.

강원택편. (2016).「지방정치의 이해」1 2 박영사.

김주원 곽현근 김병국 김순은 김중석 김찬동 김필두 박철 신윤창 전용태. (2019).「한국주민자치 이론과 실제」. 도서출판 대영문화사.

김주형. (2020). 민주주의「정치학의 이해」제2판 박영사.

김태영. (2021). 자치권의 주체에 대한 이해와 오해:기관구성의 다양화에 대한 논의를 중심으로,「한국지방자치학회보」33권1호 pp.1-26.

김찬동. (2021). 주민자치회 모델의 다양화 방안: 행정복지센터기능분석을 중심으로.「시민정치연구」제3호. 건국대학교 시민정치연구소.

김찬동. (2019).「주민자치정책론」. 충남대학교출판문화원.

김찬동. (2014). 주민자치의 제도설계: 일본의 주민자치회와 주민자치센터를 사례로.「한국지방자치학회보」26(1). pp.117-138.

바바라 크룩생크. (2014).「시민을 발명해야 한다:민주주의와 통치성」. 갈무리.

박재정 최태현. (2021). 땅과 사람의 관계로서 주민주권 개념과 제도의 모색.「행정논총」제59권 제4호(2021.12). pp.1-37.

서울대학교정치외교학부정치학전공교수진. (2019). 정치학의 이해 제2판. 박영사.

서병훈. (2020).「민주주의: 밀과 토크빌」. 아카넷.

스티븐 레비츠키 대니얼 지블랫. (2018). 어떻게 민주주의는 무너지는가. 박세연 역. 어크로스.

심익섭. (2012). 주민자치회의 제도화방안과 발전방향에 관한 연구.「지방행정연구」제26권제4호(통권91호) pp.57-84.

안광현 김필두 박철. (2018).「주민의 자치:지방자치와 주민자치」. 도서출판 소망.

안현찬 구아영. (2017).「서울시 마을공동체지원사업 성과 평가와 정책과제」서울연구원.

이승종 김대욱 김혜정 노승용 모설문 서재호 안성호 오승은 유희숙 최영출. (2015). 근린자치제도론. 박영사.

전영평. (2022). 자치의 오류를 보며 성찰적 자치를 기대한다.「월간주민자치」 vol.124, pp.104-111.

조광수 김영일 이동윤 류태건 강경태 이헌근 이대희 이정호 차재권 황영주 김흥수 박재욱 이병화. (2012).「지방정치학으로의 산책」. 한울아카데미

존 스튜어트 밀. (2012).「대의정부론」. 서병훈 역. 아카넷.

최태욱. (2014).「한국형 합의제 민주주의를 말하다: 시장이 우위에 서는 정치를 위하여」. 책세상.

토크빌. (1997).「미국의 민주주의」I, II 한길그레이트북스.

티머시 스나이더. (2018). 가짜 민주주의가 온다: 도둑정치 거짓위기 권위주의는 어떻게 권력을 잡는가. 유경은역. 부키(주).

피시킨. (2020).「숙의민주주의」박정원역. 한국문화사.

Downs, Anthony. 1957. An Economic Theory of Democracy. New York:Harper and Row.

Pateman, Carole. 1970. Participation andn Democratic Theory. Cambridge: Cambridge University Press.

Schumpeter, Joseph A. 2008. Capitalism, Socialism, and Democracy. 3rd ed. New York: HarperCollins.

제9장

일본 정내회 사례가 한국통리 주민자치에 주는 시사점108)

I. 문제제기: 자치계층과 구역제도 설계

주민자치를 어떻게 해야 할 것인가와 이렇게 하는 것이 정말 제대로 주민자치를 하는 것인가에 대한 논란이 많다. 지방자치를 시작한지 32년째가 되어가고 있고, 지방자치의 풀뿌리라고 할 수 있는 주민자치를 하자고 주민자치위원회와 주민자치회 시범실시를 시작한 지도 각각 23년, 10년째가 되고 있다. 그런데 주민자치위원회나 주민자치회 시범실시가 제대로 된 근린생활자치를 하고 있지 못하는 비판이 많았고, 이에 대한 해결방안으로서 주민주권에 입각한 주민자치를 하자고 지방자치법 전부개정(안)을 마련하였으나, 정치적 합의를 하지 못해 주민자치는 공전 중에 있다.

---

108) 이 글은 주민자치의 제도설계(2014, 한국지방자치학회 제26권제1호)를 주로 하여 본 고의 주제에 맞게 수정하여 한국행정학회 하계학술대회(2022.6.22.)에서 발표한 것임

현재는 특별법의 근거를 가지고 주민자치회 시범실시를 1,031개 읍면동에서 실시하고 있다(2021년 12월31일 현재). 주민자치회의 시범실시는 협력형을 주로 하고, 통합형과 주민조직형은 실시가 유보되었지만, 주민자치회가 실질적 주민협의체로서 주민의 대표성을 확보하고, 의사결정의 민주성을 확보하기 위한 다양한 노력과 혁신적 시도를 해 왔다.

그리하여 주민자치를 통하여, 주민들이 마을에 대한 공동의 목표를 가지게 하고, 주민자치회의 시범실시를 통해 마을의 필요한 의제를 발굴하며, 해결방안을 찾아 공동의 활동을 하게 하는 것이다. 주민자치회를 통해 지역공동체간의 연대를 화보하여 지역문제해결의 플랫폼이 될 수 있어야 실질적인 대표성을 확보할 수 있게 된다는 것이다.

여기서 주민자치정책과 마을공동체 정책간에 할거적 및 분절적으로 진행되어 오던 것을 융합할 수 있는 방안을 혁신적으로 제시하게 되었고, 그것이 '융합형 주민총회' 모델이라고 할 수 있다.

융합형 주민총회 모델은 읍면동 내에 각각 존재하는 주민조직이나 마을공동체들이 사전에 총회를 개최하고, 이를 통해 발굴된 의제를 주민총회에 상정하는 방식으로 주민총회가 이루어지게 함으로써, 주민자치회가 지역문제해결의 전반적 과정을 총괄하는 역할을 부여하는 것이다. 여기에 더해서, 주민참여예산제도나 주민세 활용 등을 결합하면서, 주민자치회를 중심으로 다양한 주민조직인 마을공동체, 공동주택 공동체, 학교교육 공동체 등과 연계하여 정책융합이 읍면동 단위에서 종합적으로 이루어지게 한다.

이런 의미에서 융합형 주민총회는 주민자치회 활동의 꽃이라고 할 수 있다(자치분권위원회, 2022:217). 융합형 주민총회는 주민자치회가 의제를 선정하고, 지역의 자치계획을 수립하여 상정하는 곳으로서 하위단위의 마을총회의 상위 계층의 총회라고 할 수 있을 것이다.

여기서 행정안전부와 자치분권위원회에서 어떤 주민자치 제도를 구상하고 설계하고 있는지를 엿볼 수 있다. 즉 읍면동의 주민자치회를 전국적으로 시범실시하고 있지만, 궁극적으로는 읍면동의 주민자치회는 융합형의 주민총회를 운영하는 것이고, 그 하위 계층에서 다양한 마을총회를 통한 풀뿌리 민주주의가 구현될 수 있는 기반 만들기를 구상하고 있는 듯하다. 주민자치도 중층제의 총회를 통하여 주민자치의 대표성을 확보하려고 시도하고 있는데, 이러한 자치계층의 중층화를 통한 구역제도 설계에 대한 모형을 일본의 정내회 사례를 통하여 비교해 보는 것도 의미 있는 작업일 듯하다.

Ⅱ. 일본의 정내회 자치의 사례

1. 현황과 제도

일본에는 자치회 혹은 정내회는 정(町)이나 구역 등 시정촌내의 일정한 구역에 주소를 둔 자의 지연(地緣)에 기초하여 형성된 단체를 말한다. 명칭으로서는 지치회, 정내회 외에도 정회(町會), 부락회, 구회(區會), 구(區) 등 다양하게 불리고 있고, 전국에 298,700개가 존재한다(2013년 4월1일 총무성조사).

자치회와 정내회 등의 활동으로서는 주로 경조, 지역행사, 방재방화, 문화활동, 사회복지활동, 행정기관에의 요망 등이다. 자치회 등은 구역의 주민상호간의 연락이나 환경의 정비, 집회시설의 유지관리 등 양호한 지역사회의 유지 및 형성에 관한 지역적인 공동활동을 하는 것이다.

인가지연단체에 대해서는 일본 지방자치법 제260조의 2에 규정이 있는데, 이 제도의 특징은 첫째 지연에 의한 단체이고, 인가를 받은 지연단체에는 권리능력이 부여된다. 이 경우에는 법인격을 가지게 되고, 토지나 집회시설 등의 부동산을 단체명의로 등기할 수 있게 된다. 또 단체의 활동에 필요한 자산을 단체명의로 소유하고 운영할 수 있다.

이 경우 허가요건으로서는 지역적인 공동활동을 행하는 것을 목적으로 하고, 현재 그 활동을 행하고 있다고 인정되어야 하고, 그 구역이 주민에게 있어 객관적으로 명확하게 정해져 있어야 하며, 그 구역에 주소를 둔 모든 개인이 구성원이 되어야 하고, 상당수의 주민이 현재 구성원으로 되어 있어야 한다. 이러한 것들이 규약으로 정해져 있어야 한다. 인가현황을 보면,

44,008단체여서 지연단체의 15%정도만이 법인격을 가진 단체로 등록하고 있는 것을 알 수 있다.

일본에서도 커뮤니티(자치회, 정내회 등)에 대한 시책을 보면, 그 필요성이 증가하고 있다. 즉 지역에서 커뮤니티기능이 저하되고 있고, 자치회 등 가입률이 저하되고 있다. 또 구성원들의 고령화나 담당자 부족, 주민의 연대감이 희박화되고 있고, 종래의 공동작업이나 전통문화의 계승이 곤란해지나, 동일본대지진 등에 의해 지역커뮤니티의 역할이 더욱 중요해지고 있는 것이다. 이런 점들은 커뮤니티 시책을 필요로 하게 만든다.

한편 지방자치체의 입장에서 보면, 인구감소와 저출산 고령화사회가 되면서, 공공(公共)이 담당해야 할 수비범위가 확대되고 있는 것이다. 즉 지방자치체의 행정이 공급해야 할 공공서비스의 제공에 한계를 느끼고 있고, 지방자치단체는 재정상황이 더욱 어려워지고 있다. 또 일본에서는 행정개혁에 의하여 공무원의 수를 감축시키고 있기에 이러한 난관을 타개하기 위하여 커뮤니티 시책이 더욱 필요하게 된다는 것이다.

2. 일본정내회의 객관적 특성

일본정내회(자치회)의 기본적인 특성을 주민자치란 관점에서 5가지로 정리해 볼 수 있다. 물론 일본정내회가 집단주의의 산물이라든가 최근에는 그 가입율도 낮아지는 등 문제점도 지적하고 있지만, 어떤 측면에서는 일본의 지역사회의 안정성[109]은 바로 정내회와 같이 지역사회를 틈이 생기지 않도록 조직화된 자치회의 존재로 인한 것이지 않느냐는 긍정적 평가도 있다(나가다, 54).

주민자치란 관점에서 일본의 정내회의 객관적인 특정으로서 주목할 부분

109) 일본사회의 안정성과 관련하여 정내회의 존재이외에도 지역에 밀착해있는 파출소(일본어로는 고우반 (交番)이라고 함)의 존재와 주민들이 방범활동에 직접 참여하는 것을 들기도 한다. 즉 퍼트남이 말하는 사회적 자본을 형성하는 제도적 기반이 정내회라는 긍정적 평가를 하기도 한다(나가다, 53)

은 다음과 같다[110].

첫째, 일정한 지역구획을 가지고 있고, 그 구획이 상호 중복되지 않는다.

둘째, 세대를 단위로 하여 구성된다.

셋째, 원칙적으로 전 세대(가구)를 가입하는 것으로 한다.

넷째, 지역의 여러 문제를 포괄적으로 관여한다. 그리하여 공(公)적 문제, 공유(共有)문제, 사적(私的) 문제 등의 전체적인 사업을 담당 한다.

다섯째, 그 결과로서 행정이나 외부의 제3자에 대해서 지역을 대표하는 조직이 된다.

여기서 주민자치가 구획을 가진다는 점은 매우 중요한 요소이다. 일본의 정내회는 지연형(地緣型)사회가 성립한 이래, 역사적으로도 현상적으로도 특정의 구획을 가지고 활동하는 조직이다(나가다, 18). 정내회의 구획은 통상적으로는 그다지 의식하지 않지만, 사실은 도시계획을 어떻게 할 것인가, 혹은 소학교(초등학교)의 통학구를 어떻게 나눌 것인가를 생각할 때는 주민들의 삶에 매우 영향을 크게 미치는 것이다.

그런데 최근에는 주택개발에 의하여 이러한 정내회의 구역에 변경이 생기기도 하고, 시정촌 합병에 의하여 구획이 넓어지기도 한다. 또 교통이나 통신의 발달로 인하여 현재의 시정촌의 구획이 너무 좁은 것은 아닌가하는 문제를 제기하기도 한다.

그렇지만, 주민자치를 설계한다고 할 때는 그 구획을 어디까지로 하고, 그것이 상호중복되지 않으면서도 틈이 없이 구분하는 것은 가장 기본적인 요소라고 할 것이다.

다음은 주민자치가 지방자치와 다른 점은 세대를 단위로 하는 점이다. 여기서 주민자치의 기본 단위로 개인으로 하지 않고 세대로 하는 것은 어떤 이유가 있는 것일까? 일본의 정내회의 경우에는 회비납부의 단위가 개인이 아니고 세대이며, 회의의 성립도 세대단위로 결정된다고 한다. 또 정내회의 주요한 자치내용 중에 쓰레기처리나 방재문제를 다룰 때, 개인단위가 아니라 세대단위로 다루기에 공동생활의 단위조직으로서 그 기본단위를 세대로

---

110) 이하는 나가다(2017:16-17)을 참고로 함

하는 것은 합리적이라고 할 수 있다.

물론 정내회가 세대단위로 한다고 해서, 개인이 정내회활동의 대상이 되지 않는다는 것은 아니라고 할 것이다. 정내회에는 운동회나 축제행사시에 개인단위로 참여하도록 하고 있기에, 세대에 속하는 개인의 자유를 침해하는 것은 아니라고 할 것이다.

그런데 문제는 현대도시생활에서 가족형태가 다양화되어서 2세대주택이나 일인가구의 경우 부모세대와 자녀세대를 하나의 세대로 간주할 것인가 두개의 세대로 달리할 것인가의 문제가 생기기도 하는데, 이러한 문제는 기계적으로 다룰 것은 아니고, 개별 정내회가 자율적으로 정할 문제라고 할 것이다.

또 다른 문제는 정내회에 전세대를 가입으로 하는 것을 원칙으로 한다는 것인데, 이것이 과연 현실적으로 가능한가이다. 일본 정내회에 가입율은 지역에 따라서 다르나, 20%대에서 70%대까지 편차가 있고, 가입율도 점점 낮아지고 있어, 결국 현실적으로는 전세대가 가입하고 있지 않은 것이다[111]. 개인에 따라서는 정내회가 주관하는 마츠리(축제)나 운동회에 참여하지 않을 자유가 있다거나, 회비를 내고 싶지 않기에 정내회를 탈퇴하고 싶은 경우도 있다. 일본의 최고재판소의 2005년의 판결에 의하면, 자치회(정내회)의 탈퇴는 개인의 자유라고 하여, 정내회에 가입하지 않아도 된다는 결정을 내렸다.

그런데 현실적으로는 지역에서 생활하면서, 정내회에 가입하지 않아도 정내회와 관계를 가지지 않고 살기는 어렵다는 것이다. 즉 건축기준법이나 도로교통법, 혹은 쓰레기 무단방치, 노상금지조례 등에서 법령이나 행정에

111) 전세대 가입을 강제하는 것이 최고재판소의 판결에 의하며 불가능하다면, 결국 정내회는 '임의가입제의 조직'이라고 해야 할 것이고, 이것은 결국 다른 지연단체와의 차이가 없게 되는 것은 아닌가 하는 문제제기를 하기도 한다. 즉 정내회다운 정내회의 모습은 강제가입이어야 하지 않느냐는 것인데, 정내회가 구획을 단위로 하는 지연조직이기에 구획안의 구성원을 전원 대상으로 하는 것은 바람직하지만, 이것이 정내회의 본질이라고 하기는 어렵다. 오히려 정내회의 본질은 지역형조직으로서 지역생활에서 필연적으로 발생하는 '공유서비스'를 '자치관리'하는 커뮤니티관계만들기를 지향하는 '지연적 자치조직'으로 보는 것이 합리적이라고 보여진다.

의한 규제를 받게 되어 있고, 쓰레기당번이나 방화방재순찰, 맨션의 소음이나 애완동물사육 문제 등에서 지역주민조직이 결정하고 실행하는 규정(rule)도 있는 것이다. 지역주민으로서 생활하면서 이러한 규제나 규정들과 무관하게 살기는 어렵고, 결과적으로 어떤 형태로든 정내회와 관련을 가지게 된다는 것이다. 그래서 최고재판소의 판결에서도 정내회의 탈퇴는 자유이지만, 그 구역에 거주하는 한 공익비의 부담은 면제되지 않는다는 결정을 내렸다고 한다(나가다, 21-22).

다음으로 정내회가 다루는 문제를 보면, 구획에 관련된 모든 문제를 포괄적으로 다룬다는 것인데[112], 이것은 과연 근대적인 조직으로서 부적합한 것이 아닌가 하는 비판을 받기도 한다. 특히 정내회가 행정의 하청조직으로서 공적사무를 담당하게 함으로써 사적조직인 정내회가 공사혼동을 불러일으킨다는 비판을 하기도 한다. 즉 근대적 조직으로서 이렇게 공사혼동을 일으킬 정도로 지구의 모든 문제를 포괄적으로 다룰 수 있느냐는 것이다.

또 정내회가 다루는 문제 중에서 가장 비판을 받는 것은 정치적 종교적 활동을 다루는 점이다. 즉 이것은 개인의 인권을 침해하는 것이라는 것이다. 지역의 토착적 역사를 배경으로 하는 종교적 활동은 주민들의 가치관의 변화나 새롭게 주민들이 영입되는 상황에서, 관행으로서 지속하는 것이 바람직하냐는 것이다. 이 부분도 역시 정내회의 운영에서 민주적 운영절차에 따라서 해결해야 할 부분이라고 할 수 있다.

마지막으로 일본의 정내회가 과연 단체로서의 자치권능[113]을 가지고 있는가의 문제와 관련되는 것이 대표성의 문제이다.

일본의 정내회는 전원가입의 총회제를 채택하고 있기에 운영이 민주적으로 운영되고 있다고 한다면, 단체자치로서의 정통성을 가지는 것으로 보아야 하지 않을까 한다[114]. 일본의 정내회는 임원회(일본어로는 야구인가이

112) 참고로 프랑스의 아미앙시의 주구(住區)위원회의 경우는 주구위원회헌장에서 주민에 관한 모든 사항에 대해서 권능을 가진다는 조항을 가지고 있음(제1장 III-4).(나가다, 23).

113) 단체자치권이라고 함.

114) 대의제민주주의에서는 의원(위원)이 선거로 선출되어지는가가 그 단체의 정통성을 가지는가를 결정하는 기준이 되고 있음.

(役員會)라고 함)의 결정을 실질적으로 주민의 의사를 대표하는 것으로 보는데 무리가 없지 않나 한다.

3. 일본정내회의 역사와 문제점

일본 정내회의 5가지 객관적 특징 중에서 가장 본질적인 것은 무엇일까를 생각해 보면, 전세대가입성이라고 하는 세 번째 요소이다. 왜냐하면, 전세대가입성이 있기 때문에 5번째 요소인 지역대표성을 가지게 되기 때문이다. 만일 일본 정내회가 임의 단체임에도 불구하고, 지역대표성을 가지게 되는 것으로 간주되는 이유는 바로 전세대가 가입할 수 있도록 개방되어 있다는 점에 있을 것이다.

그런데 이런 특성으로 인해서, 자칫 잘못 해석하면, 정내회라고 하는 공동체자치조직이 개인의 다양성을 억압하게 될 위험성이 있다. 만일 정내회가 전세대 가입성이란 것을 지나치게 강조하여 그 권위를 가지고 운영 면에서 비민주적으로 운영하면서 구성원인 개인을 억압하는 결과를 초래한다면, 민주 정체(politeia)의 현대 헌법질서 속에서 일본 정내회는 그 존립의 가치를 확보하기 어려울 것이다.

정내회가 원래 일정한 지역구획을 기반으로 하는 지연조직이라고 할 때, 민주정체이전의 시기에는 그 지역의 지주나 지역지배층의 조직이 있었을 것이고, 이들의 지배를 위한 지배자에 의한 집단이 되었을 것이다.

그런데, 일본 정내회의 경우 1912년 대정데모크라시 시대이후 명망가층 이외의 사람들에게도 개방되었다는 것이 오늘날 정내회의 중요한 특성의 하나를 구성하게 된 것이다. 그리고 제2차세계대전 중에는 전국민이 '강제적이고 획일적으로' 참여하고 구성하도록 하였기에, 역사적으로 일본의 정내회는 전세대로 구성된다는 특성을 가지게 된 것이다.

그런데 이러한 전세대 가입성으로 인하여 2000년이후 일본의 지방분권개혁이후에 정내회가 다시 주목받게 되는 계기가 된다. 즉 중앙정부의 권한을 지방으로 분권하고, 지역이 주권을 가져야 한다는 지역분권논의에서 정내회도 일정한 지역의 문제해결을 위한 자치권을 가지도록 해야 하고, 그 주민에게 하나의 권리로서 정내회의 자치에 참여하도록 해야 하는 것이 아닌가 하는 문제제기를 하게 된 것이다.

즉 단지 지역에 거주한다는 것만으로 지연단체인 정내회에 회비를 납부하고 의무를 부담해야 한다는 측면만을 볼 것이 아니라, 오히려 지역분권시대에 정내회를 일정한 지역구역에서의 자치권을 가지게 하고, 그 지역구역에 거주하는 주민에게 주권자로서의 권리를 인정해주어야 하지 않느냐는 것이다.

이렇게 되면, 민주적 정체(politeia) 하에서 정내회의 운영을 얼마나 민주적으로 운영할 것인가가 논의의 중심이 되게 된다. 만일 지역주권개혁으로서 정내회에 자치권을 전국 획일적으로 인정해주었는데[115], 그 운영이 비민주적으로 운영되는 관행이 여전히 잔존한다면, 이것은 민주적 헌법질서에 부합하지 않는 것이 되게 된다.

정내회도 헌법질서와 법령의 지배를 받는 것은 국가나 지방자치체나 동일하다고 할 때, 정내회 조직의 민주적 운영은 필요조건이 되어야 할 것이다.

만일 정내회의 운영을 회장에게 전권을 위임하는 독단적인 방식을 인정할 것인가의 문제를 생각할 수 있다. 현실적으로 풀뿌리민주주의사회라고는 하지만, 풀뿌리의 사회에서 주민이 끈질기게 자기의 주장을 설득력 있게 전개하는 사람이 그렇게 많지 않다고 할 때, 민주적인 논의를 활성화시키는 것은 용이하지 않을 수 있다. 이렇게 되면, 일본사회전체의 민주화의 성숙도 떨어지게 될 것이다.

또 정내회에서 이러한 민주적 운영방식이 채택되고 있지 않다면, 정내회의 객관적 특성 중에 하나인 '지역대표성'도 그 가치를 잃게 된다. 지역사회를 구성하는 주민들이 정내회의 의사결정에 참여하는 '주민에 의한 자치'의 기능이 정당성을 잃기 때문이다. 즉 지역대표성의 권한이 부여되지 않

---

115) 여기서 정내회에 대한 자치권을 어느 정도 어떤 방식으로 인정해 줄 것인가를 전국 획일적으로 정하기보다는 이것역시 지방자치의 영역으로 두고, 지역의 자원이나 역사의 고유한 특성을 반영하여, 지역과 주민들에게 남겨진 과제로 해두는 것도 정내회의 다양성을 확보하는 길일 수도 있다(나가다, 43).

은 임원들이, 아무리 결정하더라도 이것은 지역의 의사로 간주하기 어려운 것이다.

비록 지역대표성의 정당성을 가진 정내회의 임원들이라고 할지라도, 구성원의 의사를 적절히 반영하지 않았다고 한다면, 경우에 따라서는 임원불신임을 제기할 수도 있는 것이다. 즉 혐오시설이나 공해발생의 우려가 있는 공장이나 상업시설을 건설하려고하는 기업이나 행정의 요청에 대해서 정내회의 임원들이 승인했다고 해도, 구성원 전체의 의사를 반영하는 민주적 절차를 거치지 않았다고 한다면, 반대하는 주민들의 철회요구가 일어나는 것이다[116].

즉 정내회의 경우에도 지방자치의 구성요소인 주민자치의 '민주적 참여'가 요구되는 것이고, 이것이 결여된 경우에는 정내회를 지역정부의 행정참여의 파트너로서 고려하기가 어렵게 될 수 있는 것이다.

4. 자치회의 조직과 재원

일본의 자치회는 지역의 공동관리를 위한 주민자치조직이다. 자치회는 여전히 정내회, 정회(町會, chokai)의 형태로도 존재한다. 자치회는 지역 거주 세대로 구성된다. 가입과 탈퇴의 자유가 있다.

자치회는 총회, 임원회로 구성되는데, 총회는 정기총회와 임시총회로 구분된다. 임원회는 임원과 전문부회로 구성된다. 임원은 회장, 부회장, 서기, 회계, 회계감사, 전문부장 등으로 구성되고, 전문부회는 총무기획, 방재방

116) 이러한 문제는 정내회만이 아니라 지방자치단체에서도 일어날 수 있다. 즉 단체장이나 지방의회의원의 경우에도 법률에 기초한 선거로 공평하게 선출되었고, 법령에 의하여 공공적인 사무로서 업무를 집행하도록 위탁되어 있지만, 최근 선거율이 낮아져서 2-3할에 그치고 있고, 소수의견을 존중해야 한다는 민주주의의 원칙을 무시하게 되면, 다수의 횡포에 의한 의회운영을 하게 되는 셈이고, 대의민주주의는 그 정당성을 잃게 될 것이다. 이에 최근에는 주민들의 직접투표에 의한 직접민주주의의 요구가 일어나는 것이고, 그 참여의 숫자가 너무 커서, 규모의 한계를 극복하기 위한 직접민주주의로서 숙의민주주의 기법들이 도입되고 있다. 한국의 공론조사위원회와 같은 방식이 이에 해당한다고 할 것이다.

범, 환경위생, 교통안전, 문화, 체육, 복지, 조사홍보, 시설관리 등의 부회를 지역특성에 따라서 각각 구성한다.

〈표1〉 미타카시 오사와하라 정회(chokai)의 임원

임원	인원	직무내용
회장 회장대리	1 1	대표, 회무총괄
부회장	5	회장의 특명사항담당
회계 부회계	1 3	재무회계
부장 부부장 부회위원	5 5 약간명	각부업무총괄, 업무수행 부장업무 보좌 부회의 담당업무수행
반장	각반 1명	반업무총괄, 업무수행
회계감사	3	재무회계를 감사, 처리의 적정을 확인
상담역	약간명	상담

자치회에는 반이나 조가 있는데, 10세대에서 30세대로 구성되고, 반장을 둔다.

일본의 자치회는 연합회를 구성하여 자치회들간의 연락과 조정업무를 수행하고 시정촌행정과의 연락업무를 수행한다. 연합회의 설치는 소학교구(한국: 초등학교에 해당)를 범위로 하여 조직된다. 소학교구는 시정촌행정의 시설설치단위이고, 커뮤니티행정의 활동단위이기도 하다(권영주, 2008).

정내회의 기능은 이미 쇼와시대를 거치면서 그 기능이 확대되었는데, 제례, 보건위생, 교통, 방범경비, 선행표창, 풍속교정 납세 등으로 확대되었다.

전후의 일본 자치회는 시구정촌의 행정사무를 위탁받아 집행하기도 한다. 홍보지 연락문서 등 인쇄물의 배포, 각종 조사, 행정과 주민간의 연락사무, 세금 등의 통지서배포, 각종 모금협력 등의 사무이다.

1990년대 이후에는 마을만들기(machi zukuri) 사업에 행정과의 공동사업으로 참여하기도 한다.

일본의 주민자치회의 활동은 주로 회원상호간의 교양을 높이고, 복리를 증진하며, 지역생활환경의 정비 및 방재에 노력하는 것이다. 행정과의 협력하고, 주민을 위한 마을만들기에 참여하는 것을 목적으로 한다.

〈표2〉 오사와하라 정회의 사업내용

1. 환경에 관한 것
2. 복지에 관한 것
3. 방재, 소방에 관한 것
4. 방범, 청소년의 건전육성
5. 교통안전
6. 체육, 레크레이션
7. 지역단체의 활동교류
8. 공회당의 관리운영
9. 경조
10 그 외 목적달성에 필요한 것

이를 위해 회원 상호간의 친목도모, 전문부회활동, 자치회내외의 각종단체와의 연락조정, 행정정보의 활용과 연락조정, 소유자산이나 수탁시설의 관리 및 운영, 지역의 장래계획작성 등을 사업으로 수행한다.

일본의 자치회는 회비를 세대별로 거둔다. 조장이나 블록장이 징수한다. 회원의 특별한 사정이 있을 경우에는 감면하기도 한다. 일본의 자치회는 기금을 운영하기도 하는데, 운동회 등이 있을 때, 기부를 받는다.

시정촌행정으로부터 위탁사무를 받을 경우에는 보조금을 받기도 한다. 시구정촌에서는 지역진흥비로서 예산을 편성하여 보조한다.

Ⅲ. 일본 주민자치제도의 계층형성

1. 자치계층 중층화의 기반으로서의 주민자치센타

일본의 주민자치센타는 1970년대 이후부터 시정촌의 지방자치단체를 중심으로 설립되었다. 주민자치센타는 '특정지역 주민들이 사회적 행사, 교육, 또는 오락을 위해 만날 수 있는 장소'로 정의된다[117].

주민자치센타는 회의실, 도서관, 다목적실, 공공행정센타 등으로 구성된 복합시설이다. 주민자치센타는 중앙정부의 보조금을 받아서 설치하기도 한다.

1970년대 후반에 근린지역공동체계획을 수립하게 되는데, 이 과정에서 주민들이 주도적으로 참여하는 경우가 많아졌다. 그리고 시정촌의 기초지방자치단체에서도 주민자치센타의 행정관리와 운영을 커뮤니티조직에게 맡기게 된 것이다.

구체적인 주민자치센타의 예를 살펴봄으로써 자치회와 주민자치센타의 관계를 살펴보도록 하자. 미타카시의 주민자치센타를 예로 들어서 살펴보자.

미타카시는 인구 18만명의 동경도의 기초자치단체이다(2014). 인근에 동경도의 23개구의 하나인 세타가야구가 있다. 미타카시는 7개의 커뮤니티구획이 있고, 98개의 근린공동체조직(정회, 자치회)가 있다(미타카시, 2010).

미타카시의 커뮤니티정책은 1971년 중기재정계획의 일환으로서 주민자치센타 설계안이 수립되었다. 7개의 구획을 나누고 각 구획에 '주민자치위원회'를 도입하였다. 1973년에 오사와(Osawa)구획에서 최초로 주민협의회가 형성되었다. 1978년까지 각각 주민자치센타를 만들고, 강당을 32개 지었다.

---

117) 옥스퍼드 영어사전. 미쭈히코 오카모토(2012:18)

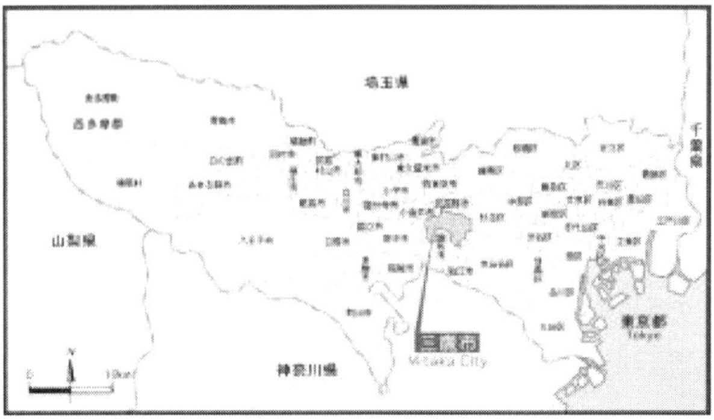

〈그림1〉 미타카시의 위치

주민자치센타의 운영은 공개지원을 통하여 선출한다. 정회, 자치회, 교사학부모협의회(PTA) 등의 지역공동체가 참여하여 주민자치위원회를 구성한다. 주민자치위원회에는 주민만이 아니라, 기관이나 단체의 대표도 참여한다. 운영에 관해서는 1974년에 제정된 주민자치센타 조례에 의한다.

주민협의회는 일본의 지방자치법[118]상의 지정관리자가 되어서 주민자치센타를 운영한다. 주민협의회의 사무로서는 첫째, 시의 안내문 작성 및 배포 둘째, 지역의 정보수집 셋째, 지역축제, 스포츠축제, 콘서트개최, 범죄예방훈련 등의 행사개최 넷째, 사회교육과정, 취미클럽, 벼룩시장 등 운영 등이다.

주민자치센타의 운영비로서 5억엔 정도를 지원받고 있다. 주민협의회의 운영자금은 미타카시에서 지급하는 운영비와 자선바자회 등에서 얻은 자체수입이 있다. 각 주민자치위원회별로 8400만엔(한화, 8-9억원)을 지원한 셈이다.

7개의 구획은 각각 미타카시의 동부지구, 서부지구, 이노가시라지구, 아라가와나가하라지구, 랜챠크지구, 에키슈헨, 오사와 주민협의회이다.

일본에서는 시정촌통합으로 인하여 합병지역의 공동체를 활성화할 목적으로 지역 커뮤니티 협의회를 구성하기도 한다.

118) 일본지방자치법 224-2조 참고.

주민자치위원회의 구체적인 예로서 오사와하라 구획의 커뮤니티센타를 살펴보자. 주민자치위원회라는 이름대신에 '주민협의회'라는 이름을 공식적으로는 사용하고 있는 것을 볼 수 있다.

〈그림2〉 오사와 커뮤니티 센타의 위치

오사와 커뮤니티센타의 관리운영주체는 오사와주민협의회이다. 커뮤니티센타의 개관시간은 오전 10시에서 오후 9시까지이다. 일요일은 오후 5시까지이다. 휴관일은 화요일이다. 커뮤니티센타에는 레스토랑, 풀장, 체육관, 도서실, 영유아실, 커뮤니티홀, 회의실, 다목적실, 탕비실, 감상실 등이 있고, 요리강습실, 사무실 등이 있다. 각 층별로의 시설배치를 보면 다음과 같다.

〈표3〉 커뮤니티홀의 시설배치

층	시설내용
1층	레스토랑, 풀장, 어린이실, 체력회복실, 요리강습실, 사무실, 로커, 샤워실
2층	커뮤니티홀, 체육관, 소회의실, 도서관, 영유아실
3층	감상실, 회의실, 다목적실, 탕비실, 휴게실, 욕실

2. 자치계층 중층화로서 주구(住區)의 제도설계

자치계층을 커뮤니티계층과 근린공동체계층으로 구분할 수 있다. 커뮤니티계층은 기초지방자치단체를 7개정도로 나누고, 인구규모로는 2-3만명정도이다. 이는 한국의 읍면동의 규모에 해당한다.

이보다 작은 규모의 근린공동체를 근린공동체계층이라고 할 수 있다. 일본에서는 근린주구라고 하는데, 이는 인구로는 약 5천에서 1만명정도이다. 바로 이 근린주구에 정회나 자치회 등이 관할구역으로 하는 것이다.

이에 대한 이해를 돕기 위하여 미타카시의 7개의 커뮤니티 구획과 24개의 근린구획에 대해서 살펴보자. 미타가시의 커뮤니티 정책의 형성과정에서 주민자치계층을 명확히 하고 있다.

1975년 3월에 미타가시 기본구상이 의결되어, 드디어 1978년에는 미타가시기본계획이 결정되었는데, 이 2가지의 계획에 의해서 미타카시의 커뮤니티참가의 거점으로서 커뮤니티 센타가 제도화되었다.

시내에 7개의 주구(住區)로 나누고, 각각의 주구마다 커뮤니티 센타를 시민참가에 의하여 건설하고, 관리운영하는 것을 계획하였다. 이와 동시에 커

〈표4〉 주민자치계층의 구분

구분	인구	면적	생활권	그외	목표와 시빌미니멈
근린주구 (24개주구)	약 5000~ 10,000명	30ha~ 167ha	도보권10분 정도, 일상의 구매행동, 지역활동을 배려하여 커뮤니티활동을 통해 설정		가까운 거리에서 서로 만날 수 있는 거점시설로서 지구공회당을 24개소에 설치
커뮤니티주구(7주구)	약 20,000~ 30,000	130ha~ 400ha (2-4개의 근린주구를 합함)	역사성, 주민특성, 지역특성등을 고려하여 설정	구역설정은 간선도록, 하천등을 기준으로 설정	커뮤니티활동의 거점시설로서 커뮤니티센타를 7개소설치

뮤니티의 계층화와 지구구분(커뮤니티 조닝 이라고 함)이 시도되었다.

즉, 커뮤니티 센타의 대상범위를 커뮤니티 주구(住區)(7지구, 2만에서 3만의 인구)로 하고, 그 하위에 근린주구(후래아이구라고 부름, 5천에서 1만의 인구규모단위, 시내전체에서 24개의 구역)의 2층제에 의해서 권역구성을 하였던 것이다. 이에 따라 미타카시는 근린주구-커뮤니티주구-시전체라고 하는 3층의 지역이 설정되었던 것이다. 이러한 세팅을 커뮤니티 조닝이라고 부르는데, 미타카시라고 하는 도시를 대상으로 한 커뮤니티형성의 예상구역을 명시한 셈이다.

커뮤니티주구에는 활동거점인 커뮤니티 센타가 설치되고, 근린주구에는 지구구민회관(지구공회당)이 설치되게 되었다.

즉, 주구의 계층에 대응한 집회시설을 설치하고, 지역주민이 주민협의회

〈표5〉 미타카시의 커뮤니티정책과 7개의 커뮤니티 구획

지구	인구	면적(㎢)	지역성	주민협의회(설립)	코뮤니티센타
오자와	12,000	2.62	대학입지	1973.11	풀, 체육관, 도서관
히가시부	29,000	3.00	공단주택, 상업지역	1978.1	풀, 체육관, 도서관
니시부	22,000	2.57	농지가 많이 남아있음	1978.11	풀, 체육관, 도서관, 광장, 게이트볼, 테니스장
이노가시라	16,000	1.31	녹지와 수변, 목조밀집주택	1979.12	도서관, 조리실습실
아라가와나가하라	25,000	2.76	주택지구, 버스교통이 불편	1981.1	풀, 체육관, 도서관, 솔라시스템
랜사구	38,000	2.90	시내중심지역, 공공시설집중, 주택공장혼재	1984.1	풀, 체육관, 도서실, 트레닝룸
미타카역주변	23,000	1.67	시내에서 인구밀도 가장 높음, 상업활동중심지	1993.7	시립도서관

출처: 미타카시환경부커뮤니티문화부편

를 통해서 참가하고, 완성후에는 센타시설을 지구주민이 포괄적으로 관리 운영하게 한 것이다. 이를 통해 대상지구에 있어서의 커뮤니티 형성과 시민 참가를 진전시킨 것이다.

1993년 12월에는 미타카역앞에 커뮤니티 센타가 시립도서관에 병설되어 개관하였다. 이것으로 미타카시의 7지구 모두에 약 20년에 걸쳐서 커뮤니티 센타가 설치된 것이다.

3. 주민자치체와 지방행정의 거버넌스 시스템

주민자치제도가 지방행정과정에 어떤 관계를 가지는가가 자치제도의 성과를 좌우할 수 있다. 주민자치체나 주민공동체조직이 행정과정에 참여할 수 있는 시스템이 구축되어 있지 않으면, 주민자치제도의 효과는 크게 떨어지게 된다

일본에서는 주민자치체와 주민자치회가 행정과 유기적인 협력관계를 가지면서 참여할 수 있는 시스템을 구축하고 있다.

주민자치가 제대로 되면, 행정에 대한 참여를 실질적으로 할 수 있는 영향력을 가지게 된다. 행정과의 관계가 수평관계와 파트너십을 가질 수 있게 된다. 행정의 입장에서도 작은 정부나 공공조직의 슬림화가 가능하다.

주민자치회가 활성화될 필요가 있는 것은 작은정부론 혹은 글로벌화와 관련이 된다. 작은 정부론은 정부규모를 가능한 줄이고 시장(market)과 사회(society)의 자율조정시스템을 우선하여야 한다는 이론이다. 아담스미스의 국부론이나 영국 대처정부, 미국의 시카코학파를 중심으로 한 통화주의자들의 신자유주의가 주장하는 내용이다.

글로벌화(globalization)는 동시에 지방화(localization)와 같이 진행되었는데, 여기서 국가의 역할을 가능한 슬림화하고, 지역정부의 역할을 확대해야 한다는 주장속에서 주민자치의 역할이 강화되어야 하는 것이다.

주민자치는 지역정부나 국가행정에 대한 참여를 실질적으로 가능하게 하는 기반이고, 주민자치는 주민들의 자발적이고 공동체적인 참여문화가 뿌

리내려져 있어야 가능한 것이다.

작은정부가 되든 정부규모가 슬림화되면서, 필연적으로 주민자치체와의 협력이 필요하고, 파트너십을 가지고 협치(governance)가 되어야 한다.

일본도 NPO에 대한 예산이 확대되었고, 지역사회와의 관계만들기를 제도화해왔다. 70년대 이전의 자치회나 정내회는 지방자치단체와 대등한 관계를 맺을 수 없었다. 지방자치단체는 행정권한과 예산을 가지고 있었기에 행정의존적인 관계였다고 해야 할 것이다.

그런데 70년대이후 지방자치단체만으로서는 '지역공동생활사무'를 대처하기 어렵게 되었고, 이를 주민공동생활사무를 처리하기 위한 지역관리주체가 필요하게 되었다. 이러한 지역관리주체로서 커뮤니티 자치체를 육성해야 할 필요성이 생기게 되었고, 이들의 자립성과 책임성을 가질 수 있도록 법제도화해야 하였던 것이다.

동경도 미타카시의 경에는 커뮤니티구획으로서 커뮤니티 주구(住區)를 만들고, 커뮤니티센타를 건립해주며, 이의 운영을 위한 주민협의회에 대하여 운영비 등의 예산지원을 하게 된 것이다.

또 주민자치와 관련한 행정과의 거버넌스로서 주목받는 것이 마을만들기의 사업과정에 주민들이 참여할 수 있는 시스템을 만든 것이다. 시민협동센타가 그 예이다.

시민협동센타는 마을만들기 추진시설로 만들어졌다. 시민과 NPO, 시민활동단체나 정회, 주민협의회 등이 활동하고, 교류할 수 있도록 지원하는 시설이고, 시민과 행정의 새로운 협동의 비전을 제시하기 위한 것이다. 또 시민의 참가에 의하여 행정과 협동하여 마을만들기를 추진한다.

시민협동센타는 세가지의 운영원칙을 가지고 있는데 그것은 협동(연결), 지원, 참획(참가하여 안을 만들어냄)이다. 개관시간은 오전9시에서 오후9시까지이고, 화요일이 휴관이다.

미타카시의 시민협동센타에는 와쿠와쿠서포트 미타가라고 하는 조직이 있는데, 이곳에는 55세이상의 연령층에 대한 무료구직상담과 구인상담을 해주고 있다.

Ⅳ. 한국 통리 주민자치에 주는 시사점

1. 주민자치의 제도설계

주민자치제도는 두가지의 계보를 가지고 있다. 주민자치는 제도의 기원이란 측면에서 단체자치국가와 주민자치국가라고 하는 역사와 전통이 다른 제도에 의하여 영향을 받는다(김병준, 2011:12). 단체자치국가의 주민자치와 주민자치국가의 주민자치는 제도의 효과와 결과란 측면에서 다르다는 것이다. 단체자치국가는 지방정부가 이중적 지위를 가지고, 지방자치국가는 지방정부가 단일지위를 가진다. 제도기원에 따라서 주민자치의 제도효과가 다르다는 점이다.

단체자치국가는 중앙집권적 경향이 강했거나 중앙정부의 지역단위 종합행정기관이 잘 정비된 나라에서 나타나는 제도이다. 주로 독일, 프랑스에서 나타났고, 일본과 한국도 이 계보에 속한다고 할 수 있다. 단체자치의 제도기원을 가지는 곳에서의 지방정부는 지역단위의 종합지방행정기관이라는 본래의 지위와 중앙정부가 새롭게 부여한 자치정부라고 하는 이중지위를 가진다. 따라서 사무도 자치권을 가지고 처리하는 자치사무와 중앙정부의 지휘감독하에서 처리하는 위임사무로 나누어진다. 자치사무는 자치정부의 자격으로 처리하고, 국가위임사무는 중앙정부의 지역단위 종합행정기관의 자격으로 처리한다.

한편, 주민자치국가에서는 중앙정부의 지방행정체계가 자리 잡지 않은 나라에서 지역주민들이 스스로 자치기구를 만들어 자치를 한 영국과 미국에서 주로 나타났다. 지방정부는 자치정부라고 하는 단일지위를 가지고, 중앙정부의 사무를 처리하기도 하지만, 이것은 어디까지나 지방정부의 자발적 동의에 의하여 계약관계를 통하여 수행하는 것이다(김병준,2011:13). 처리여부자체가 자치권에 속한다.

영국에서는 중앙정부의 지방행정조직이 제대로 구비되지 않았기에 교회를 중심으로 한 패리쉬(parish)단위의 자치가 행해졌고, 도시지역을 중심으로 상공인들의 도시자치가 발달했다. 자치의 특허장이라고 할 수 있는 헌장(charter)을 국왕이 발부하여 자치의 법적 정당성을 확보했다.

미국에서도 지역에 따라 다르긴 하지만, 뉴잉글랜드 등의 지역에서 영국식의 지방자치가 이루어졌고, 주민자치제도의 전통이 미국 지방자치의 흔들릴 수 없는 원칙과 규범이 된다(김병준, 2011:14)

주민자치의 특정한 설계자가 있는 것은 아니지만, 주민자치의 제도설계는 기본적으로 지방정부의 지위를 어떻게 보는가라는 시각에 따라서 달라진다. 따라서 주민자치의 제도설계를 하기 위해서는 중앙정부와의 관계와 주민과의 관계로 나누어서 제도가 설계되어야 한다. 전자를 중앙-지방정부간관계(IGR, intergovernmental relations)라고 하고, 후자는 지방정부-주민간관계 혹은 주민참여제도라고 할 수 있다.

정부간관계도 미국과 같은 주민자치제도의 기원을 가진 나라에서는 상호독립적으로 기능하던 여러 계층의 정부가 상호의존적이 되면서 정부간 관계에 대한 관심이 커졌다고 하면, 한국과 같이 단체자치제도의 계보를 가진 나라에서는 지방정부가 중앙정부에 완전히 종속되어 있다가 민선체제의 출범과 함께 중앙정부와 지방정부의 상호독립성과 자율성을 강화시켜 나가면서 정부간관계에 대한 관심이 높아지고 있다(김병준, 2011:565).

정부간관계는 정태적 측면과 동태적 측면이 있고, 종적관계를 중심으로 볼 것인가 횡적관계로 볼 것인가로 나누어지는데, 대체적으로 정부간관계는 종적관계로 보고, 재정이나 행정 등의 자원을 어떻게 나누어 쓰는가에 대한 동태적 과정으로 보는 경향이 강하다(Anderson, 1960:3;Shafritz, 278; 김병준, 566). 다시 말해 주민자치제도는 정부간관계제도와의 연관 속에서 보아야 할 것이다.

주민참여제도는 정책과정에 영향을 미치기 위해서 행해지는 지역주민 또는 시민의 행위로 정의되고, 정책과정이나 지역주민과 행위의 범위를 어떻게 보는가에 따라서 주민참여제도의 성격이 달라지게 된다.

주민참여는 제도적 참여인가 비제도적 참여까지 포함시키는가에 따라서 협의와 광의로 나눌수 있고, 이 양자의 중간정도로 주민참여의 지역과 행위, 정책과정을 규정할 수도 있다. 제도설계시에 어떤 시각을 선택하는가에 따라서 주민참여의 내용은 크게 달라진다. 즉 버바(Verba)와 나이(Nie)가 정의한 것처럼 공직을 맡을 사람을 선택하는데 영향을 미치거나 공직을 맡은 사람들의 결정에 영향을 미침으로써 정부에 영향력을 행사하는 행위로 정의한다고 하면, 주민참여는 행정참여가 된다.

그러나 주민참여의 범위를 공직선출만이 아니라 구체적인 모든 정치, 정책, 행정과정에서 일어나는 주민들의 지역사회단체활동이나 관습적 행위까지도 포함한다고 하면, 주민참여제도의 설계는 매우 복잡해질 것이다.

이렇게 볼 때, 주민자치의 제도설계에는 정부간관계제도와 주민참여제도에 의하여 영향을 받게 되고, 주민자치제도를 보려고 하면, 정부간관계의 행정계층과 연계속에서 살펴보아야 한다. 행정계층이란 관점에서 주민자치제도를 보면, 주민자치에도 계층이 존재하는 것으로 볼 것인가 그렇지 않은

〈표6〉 주민자치제도관련의 제도들간 관계

<table>
<tr><th colspan="2">정부간관계제도</th><th colspan="2">주민자치제도</th><th colspan="2">주민참여제도</th></tr>
<tr><th rowspan="2">구조</th><th colspan="2">단체자치계보</th><th rowspan="2">주민자치계보
(자치정부
=주민자치체)</th><th rowspan="2">공식
참여</th><th rowspan="2">비공식
참여</th></tr>
<tr><th>행정계층
(자치정부겸임)</th><th>(주민자치체)</th></tr>
<tr><td>중앙정부
(국가/연방
정부)</td><td></td><td></td><td></td><td></td><td></td></tr>
<tr><td>광역정부
(광역시도/
주정부)</td><td>이중지위</td><td></td><td></td><td></td><td></td></tr>
<tr><td>기초정부
(시군구)</td><td>이중지위
〈독,프,일,한〉</td><td>없음
〈일본, 한국〉</td><td>단일지위(시)
〈영,미〉</td><td></td><td></td></tr>
<tr><td>행정말단조직
(읍면동)</td><td>읍면동사무소
통반
〈한국〉</td><td>없음
〈한국:
주민자치회
구상〉</td><td>없음</td><td></td><td></td></tr>
<tr><td>근린공동체</td><td></td><td>자치회,
정내회〈일본〉</td><td>parish,
neighborhood
council 등</td><td>공동체</td><td></td></tr>
<tr><td>개인</td><td></td><td></td><td></td><td></td><td>개인</td></tr>
</table>

것으로 볼 것인가에 따라서 주민자치제도의 구조가 달라지게 된다.

이것은 주민참여제도에서 개인단위로 참여하게 하는 것인가 공동체를 형성하고 공동체단위로 참여하게 하는 것으로 보는가에 따라서 달라지게 된다.

주민자치제도의 설계에서 주민자치의 계층구조를 어떻게 보는가에 따라서 제도설계의 내용과 제도간 관계가 달라지게 된다.

즉 주민자치제도에서 주민자치체의 존재를 인정하는가에 따라서 계층구조가 달라지게 된다. 주민자치계보에서는 주민자치체가 곧 기초정부가 되고, 주민자치체가 된다. 그러나 단체자치계보에서는 주민자치체로서의 주민자치체는 근린공동체로서 인정하는 것이지, 기초정부로서 인정하고 있지 않다. 주민자치계보에서는 자치정부가 곧 주민자치체가 되기에 주민자치제도로서 볼 수 있다는 점이 차이이다.

본 고에서는 논점은 주민자치제도의 계보에 따라서 해외 여러나라들의 현황을 조사하고 비교하는 것이 아니다. 본 고의 논점은 한국의 현재 법제화를 위해 논의하고 있는 주민자치회의 제도적 기원에 대한 부분을 검토하면서 왜 제도설계에서 오류가 생기고 있는가를 제시하려는 것이므로, 주로 주민자치제도의 계층구조란 관점에서의 논의로 한정시키려 한다. 그리고 주된 논의의 영역을 한국과 일본에 초점을 두려고 한다.

2. 주민자치제도의 계층구조

행정에도 계층이 존재하듯이 주민자치에도 계층이 존재한다. 행정은 행정의 효율성을 위하여 국가-지방정부라는 역할분담을 통하여 행정을 수행한다. 또 지방정부도 광역지방정부와 기초지방정부로 나누어서 역할분담을 하고, 행정이 가능한 주민에게 근접하여 집행되도록 함으로써, 주민의 만족도를 높이도록 하고 있다.

자치도 자치의 효율성을 위하여 계층이 생길 수 있다. 행정과 다른 것은 행정은 하향적(top-down)으로 권한과 사무가 위임되고, 통제적 명령과 지휘체계가 형성됨으로서 효율성을 확보하는 것이지만, 자치에서는 상향적(bottom-up)으로 권한과 사무가 이양되고, 참여와 협의를 통하여 효율성을 확보하는 제도적 장치이다.

〈표7〉 행정계층과 자치계층

<table>
<tr><th></th><th>행정계층</th><th>자치계층</th><th colspan="2">일본과 한국비교</th></tr>
<tr><td>국가</td><td>중앙정부</td><td></td><td rowspan="3">일본</td><td rowspan="3">한국</td></tr>
<tr><td>광역시도</td><td>광역정부</td><td></td></tr>
<tr><td>시군구</td><td>기초정부</td><td></td></tr>
<tr><td>읍면동</td><td>(읍면동사무소)</td><td>근린생활 자치체</td><td>주민자치위원회</td><td>주민자치회
(시범실시)</td></tr>
<tr><td>통리</td><td></td><td>근린생활 공동체</td><td>주민자치회</td><td>마을공동체</td></tr>
</table>

마을공동체만들기를 통하여 많은 마을공동체가 형성되고 있지만, 이 공동체 자체를 자치체라고 하기는 어렵다.

자치체는 지역성을 가지고 공공성과 전문성을 가져야 한다(최영훈, 2013: 75). 마을공동체가 자치체가 될 수 없는 것은 공공성을 확보하고 있다고 하기 어렵기 때문이다. 호혜성과 유대감을 가지고 있기는 하지만, 이러한 공동체를 이루는 조건만으로서는 자치체의 필요충분조건을 구비하였다고 하기 어렵다.

마을공동체가 지역주민조직인 것은 분명하다. 지역주민조직은 지역성, 상호작용성, 연결성(혹은 공통의 관계성)을 가지고 있으면 된다(민현정, 2011:424). 마을공동체는 지역성을 가지고 있고, 특정목적을 위하여 상호작용하면서 지속적인 관계성을 가지고 마을만들기 사업을 수행하고 있는 것이다. 마을공동체는 사적인 필요와 선호에 따라서 자유롭게 만들 수 있고, 중복적으로 참여할 수 있다. 마을공동체간에 상호 이해관계의 갈등이 생길 수도 있다. 즉 마을공동체는 사적영역에 속한 조직이다.

자치체는 마을공동체와 같이 지역성을 가지는 것이지만, 공공성을 가진

점에서 차이가 있다. 자치체는 마을공동체와 같은 근린생활 공동체들 간의 이해관계를 조정하거나, 마을공동체들이 속해 있는 지역공간에 대한 종합적인 자치권을 가지고 있는 권위 있는 조직이다. 이 점에서 자치체는 공공성을 가지고 있어야 하고, 자치를 기획할 수 있는 전문성이 있어야 한다. 즉 지역공간 전체에 대한 발전계획을 수립하고, 이를 집행해 나갈 수 있는 역량이 있어야 하는 것이다.

이 점에서 근린생활공동체와 근린생활 자치체는 구분되어야 한다. 바로 이러한 구분을 주민자치영역에 적용해보면, 근린생활공동체에 해당하는 것이 일본의 경우에는 자치회이고, 근린생활 '자치체'에 해당하는 것이 주민자치위원회이다. 그런데, 일본의 경우 단체자치의 제도적 계보를 가지고 있기에 '이중지위'를 가지고 있고 시설은 지방정부가 제공하고, 운영은 주민자치체를 구성하는 것이다.

반면, 한국에서는 주민자치위원회가 근린생활공동체의 성격으로 설계되었고, 시범실시 주민자치회는 근린생활'자치체'를 지향하는 것으로 설계되어 있는 것으로 보인다.

V. 결론 : 한국의 주민자치회 제도설계에 대한 시사점

일본의 주민자치에서 정회 혹은 자치회와 같은 근린생활공동체로서의 기반이 튼튼하다. 다시 말해 풀뿌리 주민자치의 역사와 전통이 깊고, 이들의 조직기반이나 운영이 튼튼하다고 할 것이다. 즉 정회의 임원들이 10-20여명이 있고, 이들은 해당 세대들로부터 회비를 받고 있다. 또 시정촌 기초지방자치단체로부터 사무를 위탁받아서 처리하기도 하고, 지정관리자로 지정되어 있는 지방자치법상의 법률적 위상을 가진다.

이렇게 주민자치의 풀뿌리로서의 기반위에 근린생활자치체로서 주민협의회가 있다. 주민협의회는 주민자치센타에 그 사무국을 두고 있다. 사무국도

사무국장 1명과 직원 약간명으로 되어 있다. 재원은 조성금과 기부금으로 운영된다. 위원구성은 일반공모, 주구주민이 조직한 단체나 커뮤니티센타이용서클의 회원이 선출한자 등으로 구성된다. 회원의 임기는 2년으로 하고, 재임할 수 있다. 회장은 매년 6월에 있는 총회에서 선출된다. 회장, 부회장, 회계, 감사는 연속해서 3기 6년을 넘어서 재임할 수 없다. 임원에는 회장, 부회장, 회계, 감사, 부회장, 부부회장 등 20명정도로 구성된다.

조직은 7개의 부회가 있는데, 총무부회, 환경부회, 후생부회, 홍보부회, 문화부회, 체육부회, 방재부회 등으로 구성된다.

주민협의회는 총회, 임원회, 부회, 커뮤니티센타운영위원회 등을 조직한다. 사업을 위하여 사업실행위원회를 구성하기도 한다.

주목할 것은 일본에는 한국의 동주민센타나 동장과 같은 조직은 존재하지 않는다. 즉 일본의 주민자치는 주민주도형으로 이루어지지만, 주민자치를 위한 시설은 시정촌의 기초자치단체가 예산으로 설치하여준다. 주민자치센타의 운영을 주민에게 자치권을 부여하는 것이다.

요컨대, 일본의 정내회와 주구의 제도설계를 보면, 주민자치의 중층적 구조를 가지고 있고, 주구의 커뮤니티 센터를 통하여 행정과 협치를 하는 구조를 가지고 있다. 이 점에서 일본의 정내회는 주민총회형의 마을총회를 실시하고 있는 것으로 본다고 하면, 한국이 최근 융합형 주민총회 모델을 제시하고 있는 것은 보다 풀뿌리의 통리나 단지 혹은 구역별로의 공동체자치가 이루어져야, 읍면동의 주민자치회도 제대로 기능할 수 있을 것이라는 발견을 한 것으로 추측할 수 있다.

참고문헌

강창민. 2010. 제주특별자치도주민자치위원회 활성화 방안. 제주발전연구원.

곽도. 2006. 주민중심형 아파트 공동체 활성화 방안 연구:아파트입주자대표회의를 중심으로. 중앙대학교.

권영주. 2008. 일본 정내회의 주민자치. 자치행정 2008.6.
김병준. 2011. 지방자치론. 법문사.
김순은. 2012. 한국의 주민자치센터의 구성과 운영. 자치행정연구 제4권 제1호. 한양대학교.
김은미. 2011. “통장이장 나이제한 직권조사배경과 위원회 결정예” 국가인원위원회 토론회 자료집.
김필두. 2011. “통리장의 기능과 역할변화에 따른 위촉제도의 개선방안”. 국가인권위원회 토론회자료집.
김찬동. 2012. 마을공동체복원을 통한 주민자치실현방안. 서울시정개발연구원.
김찬동 박은철. 2010. 아파트관리의 공공성제고방안. 서울시정개발연구원.
김환표. 2011. 반상회의 역사: 주민동원과 통제의 수단에서 이익집단화하기까지. 인문과사상.
대통령소속자치분권위원회, 2022. 자치분권백서.
대통령소속지방자치발전위원회. 2014. 자치현장토크 종합토론회자료. 지방자치발전위원회, 2014.2.18.
미쭈히코 오카모토. 2012. 일본의 근린조직과 주민자치센타: 실제적 참여인가 단순한 행정적 개입인가? 자치행정연구 제4권 제1호.
민현정. 2011. 일본지역주민조직의 유형과 특성에 관한 연구. 민주주의와 인권 제11권 2호.
이승종. 2008. 지역사회에서의 주민자치 기반구축. 자치행정 2008.6.
정진헌. 2014. ‘읍면동주민자치회의 발전과제’. 읍면동주민자치회의 발전전략. 제1회 생활자치포럼. 한국생활자치연구원.
하연섭. 2004. 제도분석: 이론과 쟁점. 다산출판사.
최영훈. 2013. 외국의 주민자치회 운영사례와 시사점. 자치행정연구 제5권 제1호.

小滝敏之。2007 . 市民社会と近隣自治。公人社.
小滝敏之。2006 . 住民自治の視点と道程。公人社.
片山義博。2007 . 市民社会と地方自治。慶應大学出版会.

Anderson, William. 1960. Intergovernmental Relations in Review. Minneapolis: University of Minnesota Press.

Goodin, Robert E. 1996. Instituion and Design. in Robert E. Goodin(ed.) The Theory of Institutional Design, 1-53. New York: Cambridge University Press.

Ostrom, Elinor. 1990. Governing the Commons: The Evolution of Institutions for Collective Action. New York: Cambridge University Press.

Pierson, Paul. 2000. The Limit of Design: Explaining Institutional Origins and Change. Governance 13(4). 475-499.

Shafritz, M. 2008. The Facts on File. Dictionary of Public Administration. New York: Facts on File Publication.

Yokomichi, Kiyotaka. 2009. Recent Community in Japan. CLAIR.

http://www.city.mitaka.tokyo.jp

http://www.osawacc.jp

http://www.collabo-mitaka.jp

제10장

주민자치 제도화와 지방의회 : 참여제도의 혁신과 풀뿌리민주주의[119)]

I. 문제제기

주민자치와 지방의회는 어떤 관계에 있는 것일까? 주민자치는 주민들이 자기입법과 자기통제를 통하여 지역의 문제를 스스로 결정하고 집행하는 제도를 의미한다. 자치의 가장 기본개념에 자기입법이 들어가 있기에 법을 제정하는 의회제도를 반드시 포함하여야 '자치'라고 할 수 있는 셈이다.

그렇다면, 주민자치는 곧 지방의회제도를 포함하는 것으로서 지방의회보다 포괄적인 개념이라고 할 수 있다. 즉 주민자치를 한다고 하면 지방의회제도가 반드시 있어야 하고 지방의회제도 없이는 주민자치라고 할 수 없다.

---

119) 이 글은 민관학포럼에서 발제한 원고로서 한국행정학회 2021 동계학술대회의 발제한 것을 추가한 것임.

그런데 한국의 경우, 주민자치라고 하면, 지방의회제도와는 전혀 관련 없는 것으로 인식하는 경향이 강하다. 왜냐하면, 주민자치를 행정에 대한 참여로서 인식하면서, 행정사무의 일부를 주민에게 넘겨주어서, 주민들이 그 행정사무에 대하여 의사결정하는 것으로 제도를 운영하였기 때문이다.

즉 주민자치를 한다고 하면서 주민자치위원회를 만들었는데, 그 주민자치위원회는 취미 여가 프로그램의 강사를 결정하고, 수강료를 결정하며 주민자치센터의 공간사용에 대한 계획을 승인하는 정도의 역할을 수행하는 것이었다. 그러면서 이것을 주민자치라고 한 것인데, 이러한 주민자치센터의 운영은 사실 동장의 행정사무의 일부에 불과하였던 것이다. 그리고 주민들은 행정사무의 일부에 동원되어 참여하는 정도였던 것이다.

그러다가, 주민자치센터와 주민자치위원회가 읍면동 행정관료제에 관변화된 주민조직에 불과하다는 비판에 직면하면서, 주민자치회 시범실시라는 제도를 도입하게 되었다. 주민자치회 시범실시는 주민자치에 관한 기능을 동장과 협력하여 읍면동을 운영하도록 한다고 하는 협력형 모델만을 채택하고, 주민조직형이나 통합형의 모형은 시범실시할 수 없도록 하였다.

결과적으로 협력형의 주민자치회 시범실시는 주민자치의 기능을 주민자치위원회보다는 확대한 것이지만, 여전히 동장의 행정사무에 대한 의견제시나 읍면동 행정사무의 일부를 위탁받아 운영하는 정도로서 '자치'라고 하기는 어려운 것이었다.

다시 말해, 주민자치에 대한 인식을 주민자치위원회나 주민자치회 시범실시 정도로 본다면, 지방의회와 주민자치는 전혀 관계가 없는 것이다. 오히려 지방의회는 시군구 계층에 설치되어 있기에, 읍면동의 행정은 지방의회의 사무감사를 받는 수감기관에 불과한 것이고, 그러한 읍면동 행정에 부속되어 있는 주민자치회도 역시 지방의회의 사무감사의 대상에 해당된다고 할 것이다.

이렇게 주민자치의 개념이 지방의회의 통제를 받는 대상으로 전락하게 된 것에는 주민자치를 주민들이 주권자로서 지방정부를 구성하는 지방자치 개념으로 인식하지 못한 오류에서 비롯된 것이다.

즉 자치라 함은 지방정부를 구성하는 것이고, 자치이려면 첫째, 입법권을 가지고 있어야 하고, 둘째 재정권을 가지고 있어야 하며, 셋째, 자치를 위한 인적자원개발이 있어야 하며, 넷째, 시민참여가 활성화되어야 하는 것이다[120]. 다시 말해 자치의 개념에는 지방의회의 핵심 기능의 하나인 입법기능을 가지고 있는 것이다. 물론 자치를 위한 입법기능이 지방의회만을 통해서 가능한 것은 아니고, 공동의회나 총회를 통해서 직접 주민투표를 통해서도 가능하다. 즉 풀뿌리 민주주의를 제도화하는 방식에는 총회를 통하여 주민주권을 구현하는 직접민주주의 방식과 주민투표를 통하여 대의자를 선출하여 지방의회를 구성하는 간접민주주의 방식이 있는 것이다.

그런데, 한국에서 민주주의에 대한 인식에서 지방의회를 구성하는 대의제 방식만으로 한정함으로써, 총회제 방식에 의한 민주주의의 구현방식을 제도적으로는 수용하지 않고 있다. 이렇게 된 데에는 헌법에서 제 8장 지방자치 장에서 지방의회를 구성하는 것으로서 지방자치를 규정하고 있는데, 지방자치를 대의제 민주주의로만 한정하고 있는 것에서 유래하는 것이다.

그러나 민주주의는 대의제 민주주의만 있는 것이 아니라, 직접 민주주의 방식도 있는 것이고, 고대 도시국가 아테네의 민주주의는 직접 민주주의 방식이었던 것이다. 즉 민주주의의 원형은 직접 민주주의이고, 근대에 들어와서 국가단위의 민주주의를 제도화하면서 대의제 민주주의를 헌법적 제도로 채택한 것이다.

여기서 다시 한 번 기억할 것은 주민자치제도는 풀뿌리 민주주의를 구현하기 위한 제도라는 것이고, 풀뿌리 민주주의는 총회형 의사결정방식과 대의제 의사결정방식의 두가지가 있다는 점이다.

요컨대, 풀뿌리 민주주의는 지방자치제도의 보충성의 원칙에 따른 제도설계에서 반드시 구현해야 하는 목표라고 할 때, 주민자치는 총회형 의사결정방식과 대의제 의사결정방식을 선택적으로 도입할 수 있는 제도여야 한다. 이것이 빠져있는 것은 주민자치라고 하기 어렵고, 풀뿌리 민주주의의 구현에 기여하기도 어렵다.

정리하면, 한국의 주민자치제도는 사실은 '자치'제도가 아니라, 행정에

120) UN보고서(1999)에서 자치라 함은 주권재민 혹은 주민주권의 개념에 입각하여 지방정부를 구성할 수 있어야 한다고 하면서, 4가지의 전제조건을 제시하고 있음.

대한 '참여'제도에 불과하다. 참여제도에 불과한 한국의 주민자치제도는 참여 민주주의의 진전을 위하여 다양한 참여제도를 복합하는 제도혁신 노력을 하였고, 이를 통하여 풀뿌리 민주주의라는 푯대를 향하여 나아가고자 한 것이다.

그러나 아무리 참여제도의 복합을 통한 '제도혁신'을 하여도 '자치'제도로의 형질전환이 이루어질 수는 없는 것이다. 주민자치회가 '자치제도'로 형질전환을 하면서 풀뿌리 민주주의로 나아가기 위해서는 주민총회를 실질적으로 도입하든가, 읍면동 계층에 근린의회를 구성하여야 할 것이다. 이렇게 되면, 주민자치는 읍면[121] 지방의회를 구성하게 되는 것이고, 주민자치와 지방의회는 매우 밀접한 관련성을 가지게 되는 것이다.

만일 여기서 지방의회제도를 주민들이 직접 선거를 통해 투표하여, 주민들의 대표자를 선출하고 그 대의자들에게 일정한 기간(예를 들어, 한국의 경우 4년) 그 지역의 주민을 대신하여 입법하고, 지방정부의 예산을 심의의결하며, 사무감사를 하기도 하는 기능을 부여하는 것이라고 한다면, 읍면 계층을 자치계층화하는 것과 동일하다. 이 때 지방정부의 구성을 대립형이 아니라, 통합형으로 하게 되면, 읍면 계층의 읍면장을 근린의회에서 선출할 수 있다. 또 읍면의회에서 시티매니저를 스카웃하여 임용할 수도 있다. 혹은 근린의원을 3-7인 이내로 한다면, 위원회제로서 읍면 지방정부를 운영할 수도 있는 것이다.

즉 주민자치제도의 혁신 여하에 따라서는 지방정부구성의 다양화를 적용해 볼 수 있는 공간이 읍면 계층이 될 수도 있는 것이다.

문제는 현재의 한국의 주민자치제도를 참여제도의 복합을 통해 제도혁신을 지속할 것이냐, 제도변혁을 통해 자치제도로 형질변환을 하는 제도개혁을 할 것이냐 이다. 한국의 주민자치, 과연 어디로 가야 할까?

---

121) 여기서 동을 제외하였음. 이것은 도시형 주민자치와 농촌형 주민자치를 구분하는 것이 필요하고, 도시지역에는 원자화된 개인들의 거주공간에 대한 자치관리가 필요한 것이지, 공동체기반의 근린의회를 구성할 필요성은 낮다고 할 수도 있음.

Ⅱ. 주민자치제도의 혁신과 풀뿌리민주주의 구현

1. 참여제도의 혁신

참여는 시민이 주인인 민주사회에서 가능한 것이다. 시민이 주인이 아닌 사회에서는 권리로서 인정되는 것이 아니라, 권력자로부터의 은전의 하나로 주어지는 것으로서 제한된 범위내에서만 허락되는 것이다.

따라서 시민사회의 참여를 논의하려면, 민주주의가 무엇인가에 대한 이해를 전제해야 한다. 민주주의는demos와 kratia의 합성어로서 데모스에 의한 통치를 의미한다. 민주주의는 하나의 정치형태이고 정치원리라고 할 것이다. 즉 민주주의는 시민에 의한 정치, 주권이 시민에게 있고, 시민에 의해 직접 행사되어지거나 자유로운 선거에 의하여 선출된 시민의 대표에 의해서 행사되어지는 정치형태이다(이승종외,2015:3).

또 민주주의를 반드시 정치형태만이 아니라 공동생활의 한 양식이고, 상호간에 교섭하는 경험의 한 양식이라고 하면서, 인간의 존엄성의 신념을 구현하기 위한 사회생활의 원리이고 정부형태라고 하였다(한국국민윤리학회, 1990:330).

참여의 개념을 이렇게 시민주권의 관점에서 보면, 참여는 민주주의 그 자체이라고 할 수 있고, 참여제도의 지향해야 할 푯대는 민주주의라고 할 것이다. 그런데 민주주의의 표현제도방식이 직접민주주의 이거나 대의제 민주주의라고 하는 두 종류가 있는 것을 알 수 있고, 참여제도가 직접민주주의 표현제도로 발전시켜 나갈 것이냐, 아니면, 참여제도가 대의민주주의 표현제도로 발전해 나갈 것인가라는 표현제도 방식도 선택의 갈림길이 있는 것을 알 수 있다.

또 민주주의라는 것이 공동생활 혹은 사회생활의 양식이기도 하고, 정부형태라고 하는 두 가지의 양식으로 전개될 수 있는 것이기에 참여제도가 생활양식으로서 운영해 갈 것이냐, 아니면, 참여제도를 정부형태의 하나로 운영해 갈 것이냐 도 참여제도의 혁신을 전개시켜나가는데 유의하여 살펴볼 논점이다. 그런데 여기서 참여라는 개념은 거의 '자치'의 개념과 동의어로 사용되는 듯하다.

일반적으로 참여는 행정의 우월적인 영향력을 전제하면서, 이러한 행정에 대해 시민과의 관계정도를 가지고 분류한다. 즉 행정이 가진 우월한 영향력과 정보를 가지고, 시민에게 정보(information)를 제공하고, 시민은 수동적으로 정보에 접근하는 정도의 참여이다(정보제공단계).

다음으로 행정과 시민이 대등한 관계에서 행정은 시민과의 협의를 위해 이슈를 정의하고 질문 안을 수립하며, 과정을 관리하는 한편, 시민은 자신의 견해나 여론을 제기하는데 초대받는 정도의 참여로서 협의(consultation)를 이야기하기도 한다(협의단계).

마지막으로 행정에 대한 시민이 적극적인 참여(active participation)를 하는 것으로서 정책형성의 최종책임은 정부에 있지만, 의제설정이나 정책수단 탐색과 정책형성에 있어 시민에게 동등한 지위를 제공하는 것이다(적극적 참여단계).

이와 같은 OECD의 분류는 행정에 대한 시민의 권한수준과 정책적 영향력에 따라서 참여를 세단계로 나눈 것이다. 참여제도의 혁신은 정보제공단계에서 협의단계로의 전환, 협의단계에서 적극적 참여단계로의 전환을 의미한다.

한편, Krumar의 경우도 정부와 시민간의 영향력 관계에 따라서 정부의 통제력이 압도적인 상태에서 지역주민의 통제력이 강화되는 방향으로 참여의 스펙트럼이 나타난다고 한다. 그리하여 수동적 참여에서 시작하여, 물질적 보상을 바라고 참여하는 단계를 거쳐서 기능적 참여, 상호작용적 참여를 지나, 마지막 단계인 시민 중심적 참여로 혁신하여 간다는 것이다. 이러한 참여의 스펙트럼을 단계적으로 정리하면, 1 수동적 참여 〉 2 정보제공 〉 3 자문 〉 4 물질적 보상을 위한 참여 〉 5 기능적 참여 〉 6 상호작용 참여 〉 7 자기동기화(self-mobilization)의 단계로 참여제도가 혁신하여 간다는 것이다.

이렇게 볼 때, 한국의 주민자치제도는 행정의 우월한 지위를 전제하면서 주민에게 기능적 참여를 부분적으로 제시한 것으로 볼 수 있고, 주민자치회 시범실시의 개량형에서 보여 지는 사례에서는 상호작용 참여 정도의 단계로 참여제도의 혁신을 도모하고 있는 것으로 볼 수 있다.

2. 풀뿌리민주주의의 구현방안 : 자치 의회제도의 도입

한편 시민사회의 정치방식에는 크게 두 가지의 방식을 생각할 수 있다. 즉 시민 자신의 직접적인 통치를 의미하는 직접 민주제가 하나이고, 다른 하나는 시민의 대표에 의한 대의민주제의 방식이다[122].

직접 민주제는 시민의 의사는 시민자신이 직접 통치과정에 참여할 때, 가장 잘 반영되는 것이라는 믿음을 가지고 있어, 민주주의의 이상은 직접 민주제여야 하고, 불가피한 차선책으로서 대의민주주의를 도입하는 것이고, 시민참여의 증대를 통하여 지속적으로 개선되어야 한다는 전제를 달고 있다.

직접 민주제의 원형으로서는 그리스 아테네의 직접민주주의를 제시하고 있는데, 고대 그리스의 아테네에서는 직접 민회(ecclesia)에 나가서 토론을 통하여 공동의 의사결정을 함으로써 모든 시민에 의한 정치를 추구한 것이다. 이와 같이 시민이 직접 정치에 참여함으로서 개개인의 시민성(citizenship)이 개발된다는 것이다. 이러한 시민의 직접 민주제에 대한 참여는 시민으로서의 권리이자 의무이다.

이외에도 현대에서 스위스의 캔톤이나 미국의 타운십이나 타운 등 소규모의 지역단위에서 주민총회의 형식으로 직접 민주주의가 운영되고 있다. 그러나 대규모의 지역단위에서 주민총회에 의한 직접 민주주의 방식으로 운영하기는 쉽지 않을 수 있고, 결과적으로 지역단위의 제한된 범위의 의제

122) 직접 민주제의 방식은 고전적 민주주의 이론가들이 지지하는 것으로서, 루소, 밀, 토크빌, 바버, 페이트만 등이 이에 해당한다. 대의민주제의 방식은 수정주의자 혹은 엘리트주의자들이 그 장점을 지지하는 것인데, 슘페터, 다알, 사르토리, 벤담 등이 이에 속한다.

에 대해서만 주민이 직접 참여하여 영향력을 행사하게 되는 셈이다.

그렇다면, 직접민주제의 적절한 규모가 어느 정도인가가 관건이다. 왜냐하면 적절한 규모를 넘는 현대사회에서는 주민총회 방식으로 지역단위의 의사결정을 진행하기가 물리적으로 어려울 것이기 때문이다.

이에 따라 아리스토텔레스도 직접 민주제는 소규모의 정치공동체의 경우에만 가능하다고 하였고, 플라톤도 직접 민주정을 위한 적정 인구규모가 5,040명이라고 산정하기도 하였다. 그러나 현대에는 정보통신의 발달로, 온라인 비대면 투표가 가능하여지고, 블록체인을 활용하여 익명성을 보장하면서 온라인 주민총회도 가능하게 되었다.

그렇다면, 직접민주주의의 물리적 한계를 넘어서 주민총회형식으로 온라인상에서 혹은 메타버스방식으로 주민들의 직접적인 의사결정이 가능하다고 할 때, 과연, 충실한 토론과 숙의적(deliberative) 토론이 가능할 것인가가 관건이 될 것이다.

한편, 근대 이후 국가단위에서는 대의민주제가 보편적인 민주정치의 형태로 운영되고 있다고 할 것이다. 민주주의의 시민에 의한 정치는 직접 시민이 정치를 하기보다는 시민의 대표에 의한 정치가 일반화되었다. 이 점에서 대의제 민주주의는 대표라는 매개체를 통하여 이루어지므로, 시민에 의한 정치라고 하는 민주주의 이념에는 부합하지 않는 측면이 있다. 의회라고 하는 대의자들(representatives)의 모임인 매개체는 자칫하면 엘리트(elite)화되거나, 정당의 이기적 목적을 위하여 권력을 사용함으로써, 시민을 위한 정치를 하지 않을 위험성이 있다. 문제는 대의자들에 대해 시민들이 권력을 행사하도록 이들을 통제할 수 있는 제도적 장치를 구비할 것인가이다.

한국의 대의민주주의로서의 의회제도의 운영을 보면, 정당이 공천권을 가지고 과두정(oligarchy)으로 혹은 독재정(dictatorship)과 같이 운영되고 있어, 의회제도도 정당의 이익을 위하여 포획되어 버리는 문제점이 나타나고 있다. 그래서 지방의회제도가 주민을 위한 정치제도가 되는 것이 아니라, 공천권을 가진 정당을 위한 제도, 국회의원을 위한 제도가 되어버림으로써, 주민을 위한 정치제도여야 할 대의제도가 위기에 처해 있는 것이다.

이에 한국의 대의민주주의로서의 지방의회제도는 대의제도의 한계를 극복하면서 주민을 위한 정치제도를 어떻게 도입할 것인가를 모색하다가 풀뿌리민주주의를 위한 제도를 새롭게 도입해야 한다는 논의를 제시하게 된 것이다. 즉 광역시도와 시군구 계층의 지방의회제도는 정당의 공천권에 의하여, 과두정으로 운영되고 있어, 주민이 주인이 되는 민주정으로 개혁하기 위해서는 읍면동 계층이나 통리계층에서 직접 민주정에 의한 풀뿌리 민주주의를 구축하거나, 읍면동 계층에 정당이 개입하지 않는 근린의회제도를 새롭게 설계하여야 한다는 논의를 하게 되는 것이다.

최근 한국에서는 지방자치법의 전부개정을 통하여 주민주권구현을 제시하고 있고, 주민들이 근린정부를 구성할 수 있는 자치권을 부여하자는 논의가 있다. 주민주권의 개념은 근린계층에서부터 공유 혹은 공공필요를 위하여 공동체 자치 및 공유제자치를 구성할 수 있는 권리라고 할 수 있다.

이 점에서 주민주권을 가진 시민사회는 총회형 자치를 통하여 풀뿌리 자치를 운영할 수 있어야 하고, 이것이 민주주의의 학교가 되는 것이다. 또 자치체의 연대를 통하여, 공공체 운영의 자치에 협치하거나 통제할 수 있어야 한다.

총회형 자치와 자치체의 연대협의체는 시민사회의 자치역량을 표현해 내는 풀뿌리의 제도적 틀이라고 할 것이고, 지방의회는 풀뿌리 민주주의의 근린자치체들의 연대하는 계층에서 자연발생적으로 나타날 제도적 틀이라고 할 수 있을 것이다.

3. 참여제도의 자치제도로의 전환가능성

참여제도를 주민주권의 관점에서 보면 위에서 살펴보았듯이 민주주의 그 자체라고 할 것이다. 그러나 참여제도의 참여자를 행정의 대상자로서 혹은 공공서비스의 소비자로서 보면, 행정이 주민에 대해서 우월한 영향력을 가지고 있고, 행정에 의한 공공서비스의 생산과정에 주민은 소극적으로 반응하거나, 행정이 사무를 위탁하여 주거나, 행정이 은혜를 베풀어주는 한도

내에서 협의하거나 자문하는 정도의 참여이다. 문제는 주민의 위상이 주인이냐 고객이냐는 점이다.

이 점에서 읍면동 계층에 도입되었던 주민자치위원회나 주민자치회의 시범실시는 읍면동 계층에 설치된 행정이 행정사무로서 예산과 권한을 가지고 공공서비스를 제공하는 우월적 위상에서 전개되는 주민참여였다.

이 점에서 주민자치는 주민참여제도가 그 본질이라고 할 것이다. 그런데 주민참여제도에는 다양한 제도가 이미 존재한다. 주민참여제도로서 주민참여예산제도, 참여형 마을계획, 공청회, 자문위원회 등 다양한 제도가 있지만, 이것은 어디까지나 행정의 우월적 위상을 전제하면서 주민들의 행정과정에 대한 영향력을 일정부분 부여한 것에 불과하다.

그러나 주민주권에 입각한 주민자치는 주민이 지역사회의 주인으로서 그 지역문제의 해결에 관련된 의사결정과 집행을 책임지는 풀뿌리 민주주의여야 하는 것이다. 즉 근린지역에서의 시민에 의한(by the people) 정치형태여야 하는 것이지, 정치가 배제된 행정만의 참여여선 주민주권에 입각한 주민자치라고 하기 어렵다.

이 점에서 참여제도가 아무리 다양한 형태의 참여제도를 복합하더라도 그것이 자치제도로 승화하기는 어려운 것이다. 즉 행정이 우월한 지위에서 주민에게 아무리 영향력을 부여하더라도 지주-마름모형의 관계와 같이 행정이 어느 순간이라도 마름의 지위와 영향력을 박탈할 수 있는 권한을 가지고 있기 때문이다.

이 점에서 주민자치를 참여제도로 볼 것인가 자치제도로 볼 것인가라는 관점의 차이는 제도의 경로를 발전시켜나가는데 있어 결정적인 선택이 될 수 있다. 주민자치는 자치제도이지 참여제도가 아니다. 이 점에서 주민자치는 주민주권이 전제된 상태에서 제도선택과 제도설계의 길을 가는 것이지, 주민주권 없는 주민자치는 참여제도에 불과하다.

4. 풀뿌리자치제도 구축을 위한 전제조건 : 읍면동계층의 민주화

읍면동 행정은 종합행정기관으로서 그 지역사회의 발전에 필요한 여러 가지 시책을 종합적으로 세울 수 있어야 한다. 그러나 한국에서 읍면동 행정은 시군구행정이 종합행정기관[123]이 되어 있고, 읍면동행정은 하부행정기관으로서 특정부분행정만을 담당하는 특별행정기관화되어 있는 셈이다. 즉 시군구 자치사무 중에서 극히 일부에 해당하는 민원사무와 복지사무를 담당하는 지역거점의 특별행정기관에 불과한 것이다.

언제부터 이렇게 되었는가? 가깝게는 김대중 정부의 읍면동 축소로 인하여, 지역에서의 종합행정기능을 담당하던 조직이 민원과 복지사무만 일부 담당하는 '한정된 특별행정기관화'된 셈이다.

멀리는 읍면자치체가 폐지되고 군자치제가 도입되면서 주민들의 자치역량 자체가 무너지기 시작한 것은 아닌가 한다. 즉 읍면자치에서 군자치가 되면서 자치구역이 확대되고 주민구성이 다양화되면서 동일목적 단체에 대한 공동연대 의식이 희박해지게 되고, 이로 인해, 주민들의 지방행정에 대한 관심도가 저하되고, 각 읍면의 개별성이 인정되지 않는 획일적 시책으로 인해, 읍면행정의 장점이 사라지게 되었던 것은 아닌가 한다.

또 군 자치로 인하여, 읍면행정은 물량적인 실적에만 치우치게 됨으로써, 주민들의 자주, 자조, 협동정신을 소홀히 하게 되어, 자율적인 사업추진이 되지 못하게 된 것이다.

군 자치로 인하여 지역개발사업이 주민들의 공동연대의식 하에 자조와 협동정신을 바탕으로 자조 자발적인 노력과 부담으로 추진하는 것을 기본으로 삼아온 것이 무너지게 되었다는 것이다.

이렇게 됨으로써, 읍면동행정에 대한 주민의 참여와 관심이 낮아지게 되었고, 일부 읍면동 지역의 지민(志民)들이 지역문제에 방관적이게 되었고, 소구역을 단위로 하는 전통적 애향심이 식어가게 되었다는 것이다.

그래서 이러한 읍면행정의 문제를 해결하기 위해서는 첫째, 주민과의 대

---

123) 김태옹(1971), 읍면동행정의 혁신방안: 읍면행정혁신의 요체는 무엇인가: 도지사의 관점에서. 지방행정 20(216호), 1971.10에서 참조 인용.

화와 설득을 기초로 하는 대화 행정을 구현하는 풀뿌리 있는 읍면행정을 수행해야 하고 실질적인 대화 행정을 구현하기 위해서는 마을리더(혹은 부락지도자)[124]들을 발굴 육성해야 한다.

둘째, 읍면동 주민의 공동 연대의식을 고양시킬 수 있는 노력이 있어야 한다. 그것이 서울시 등에서는 마을공동체 만들기 사업으로 표현되었지만, 사업으로 할 수 있는 공동체가 있을 것이고, 취미나 여가, 스포츠 혹은 보람 있는 공익 혹은 공유 활동을 통하여 공동체를 만들 수 있을 것이다. 주민자치센터의 문화 여가 프로그램은 이러한 공동체를 만들기 위한 노력의 일환으로 볼 수도 있다.

그리고 이들 공동체들이 소구역에서의 지역개발사업을 자력개발 사업으로 할 수 있도록 하고, 그에 대한 부분을 공공이 포상하는 자력개발상(가칭)으로 표창하거나 최근 도입하고 있는 사회성과보상사업(SIB[125])과 같이 시민사회에서 자력투자를 하면서 자치적인 지역사회문제해결을 지원하는 것이다.

셋째, 읍면동의 봉사행정체제를 구축하는 것이다. 읍면동은 지역시민사회의 자치적 운영을 가능하도록 지원하는 행정기능으로 전환하고, 통리(혹은 아파트단지구역 혹은 블록구역단위)별로 지역문제를 스스로 자치할 수 있는 시스템과 소통하고, 연계하여, 행정의 기능과 자치의 기능을 명확히 구분하면서, 진정한 거버넌스(governance)를 구축한 민관협치가 가능하게 하여야 한다.

현재의 읍면동행정과 주민자치회의 관계는 수직적 행정지원관계라고 해

---

124) 부락지도자는 주민대다수와 영합할 수 있는 정신적 지주인 동시에 모든 지역 활동을 선도해 나가는 위치에 있는 사람으로서, 지도자의 주민에 대한 영향력은 이질 다양한 주민의사를 통일시키는데 결정적인 작용을 하고, 주민의 의사를 실질적으로 대변할 수 있는 잠재적인 지도자의 발굴과 육성에도 관심을 가지는 사람이다.

125) social impact bond로서 민간이 먼저 사업에 대한 투자를 하고, 그 성과에 따라 사후 정부예산집행을 하는 것으로서 민관협치의 실현사업으로 최근 실시하고 있는 곳으로, 부여의 치매예방 SIB사업이 있음. 이는 경도 인지장애자 300명에 대해서 개인별 그룹별 프로그램을 운영하여 치매의 진전을 예방하고, 이 사업의 성과를 평가하여, 행안부의 정부예산을 투입하게 되는 것이다. 민간의 투자로서는 행복나눔재단(SK텔리콤 출연) 등이 5억원을 선투자하였다고 함.

야 할 것이다. 주민자치회가 주민총회나 주민참여예산, 마을계획수립, 주민세환원, 주민자치회사무국 간사 등의 구조적 시스템을 구축하여 자치로서의 얼개를 구축하고 있지만, 이 모든 과정이 행정의 지원으로 이루어지고 있고, 그 파이프가 되는 것이 주민자치지원단(혹은 동자치지원관)이라고 하는 관설민영 조직이라고 하는 것이어서, 결국 행정사무로서 상위정부의 행정통제와 감사를 받는 구조란 것이다.

이 미로를 빠져나오려면, 지역시민사회가 스스로 자력으로 지역문제를 풀어나갈 수 있는 시스템이 구축되어 있어야 하고, 이를 주민자치를 위한 시스템이라고 할 수 있을 것이다. 그리고 이것이 민주공화정의 가치와 이상을 실현할 수 있을 때, 한국의 민주주의는 성장하고 진전할 수 있을 것이다.

요컨대 읍면동 행정을 민주화하기 위해서는 먼저 행정과 자치의 영역을 명확히 구분하는 것에서부터 시작해야 할 것이다. 현재처럼 읍면동행정의 주민센터(동사무소, 시군구의 하부행정기관, 국가의 하부행정기관)를 그대로 두고서 민주화할 것이냐 읍면동행정의 주민센터를 폐지하고 읍면동의 민주화를 할 것이냐의 제도경로의 선택이 우선되어야 한다.

〈표2〉 읍면동 민주화를 위한 제도경로

<table>
<tr><td>1단계</td><td colspan="3">행정과 자치의 영역을 구분</td></tr>
<tr><td>2단계</td><td>읍면동행정의 주민센터를 그대로 두는 경로</td><td colspan="2">읍면동행정의 주민센터를 폐지하는 경로</td></tr>
<tr><td>3단계</td><td>읍면동 행정계층에 참여를 강화하고 활성화</td><td>읍면을 자치계층화</td><td>도시지역에 아파트단지의 자치관리시스템에 민주공화정적 활성화</td></tr>
<tr><td>4단계</td><td colspan="2">자치시스템은 리단위에서</td><td>자치시스템을 블록구역단위에도 구축</td></tr>
</table>

그리하여, 전자를 택하는 경우에는 결국 읍면동계층의 민주화는 읍면동 이하의 계층에서 '자치' 시스템에 대한 논의를 해야 하는 것이고, 읍면동계층에서는 '(행정)참여'의 수준과 내용을 보다 강화하고 활성화하는 혁신이 필요한 것이다. 이러한 행정참여의 활성화를 통한 민주화는 현재의 주민자

치회의 시범실시 혹은 서울형 주민자치회를 통하여 어느 정도 구현할 수 있을 것이다. 단 이 경우는 '자치'란 용어를 사용하지 말고, '주민참여'라고 하는 용어를 사용해야 할 것이다.

후자를 택하는 경우라고 하면, 읍면의 경우는 읍면자치계층화하는 제도경로[126]를 택하게 될 것이고, 도시지역의 동의 경우에는 동주민센터를 폐지하고 그 기능을 자치구로 통합할 수 있을 것이다. 이 경우 도시지역의 경우는 아파트단지구역단위의 자치관리시스템에 투명성과 공개성, 민주성과 공공성을 가지도록 해야 할 것이고, 블록구역(도로와 도로로 구성되는 일정한 자치관리단위)에서도 공유생활서비스에 대한 자치관리시스템이 구축되도록 해야 할 것이다. 그리고 이들 구역단위의 자치에서는 주민총회를 통한 거주자대표선정과 관리주체의 임명, 관리규약의 입법, 구역단위 계획입안과 의결 등이 이루어지도록 하여, 직접민주주의에 의한 구역단위 관리의 자치를 주민들이 경험하도록 해야 할 것이다.

이 과정에서 주민들 간에 서로 소통하고, 대화하고 토론하면서 지역문제와 지역발전을 위한 혁신적인 아이디어가 도출되어야 하고, 주민들 간에 호혜성과 상호유대감을 형성할 수 있도록 해야 할 것이다. 이러한 지역거주공간에서의 시민자치가 이루어질 수 있도록 교육하고, 인재를 발굴하고, 리더를 육성하는 노력을 지역대학의 자원을 활용하여 이루어낼 수 있어야 할 것이다.

126) 이 경우 군자치계층에 대한 제도를 개혁하는 것이 필요하고, 군계층은 도의 하부행정구로서의 역할과 읍면자치의 상위 자치연합으로서의 역할을 겸하는 것이 될 것임. 이 경우는 행정위원회제로서 그 위원의 구성을 도지사 추천2인과 읍면자치연합 추천2인, 행정안전부 추천1인으로 하여, 5인으로 구성할 수 있을 것임.

Ⅲ. 결론

주민자치도 민주주의를 풋대로 하고 있는 것이고 지방의회제도는 지방자치의 본질적인 제도이다. 또 지방자치는 민주주의의 학교라고 하는 것으로서, 국정차원의 민주주의를 보다 진화한 민주주의로 가기 위해서는 지방자치를 필수적으로 도입하게 된다. 이 점에서 지방의회는 민주주의를 구현하는 제도적 장치라고 할 것이다.

그렇다면, 주민자치는 풀뿌리민주주의를 구현하기 위한 제도적 장치로서 총회형이나 근린정부를 구성할 수 있어야 하고, 이것은 주민이 지역사회의 주인으로서 살아가는 생활양식이고 정치형태이다. 즉 주민자치 속에는 민주주의를 대의제로 할 경우, 지방의회를 제도적으로 구성하는 것을 당연히 내포하고 있는 것으로 볼 수 있다.

이 점에서 주민자치와 지방의회가 서로 대립할 것이 아니라, 지방의회도 주민자치를 보다 진화시키고, 주민자치답게 제도적 혁신을 해 나가도록 도와야 할 것이다. 그렇지 않으면, 주민자치는 행정의 우월한 지위에 부속하여 의존하는 참여제도로서 남아있게 될 것이다. 이것은 행정의 영향력을 보다 확대시키고 행정의 권력을 정당화시키는 제도적 장치가 될 가능성도 있다.

즉 생각의 전환이 필요하다. 지방의회는 그 제도적 태생이 민주주의를 지방단위에서 구현하는데 필수적인 제도였기에, 풀뿌리 민주주의로의 확산을 위하여 적극적으로 노력하고 주민자치를 지원하는 입장에 서야한다. 풀뿌리 민주주의의 양식으로서 총회형의 의사결정이나 대의제적 민주주의 표현양식에 대해서 지원하고 협력하는 관계형성이 필요하다고 할 것이다. 만일 주민자치라고 해서 총회에 의한 대표성이나 대의제에 의한 대표성을 확보하지 않고, 성별이나 연령 등에 의한 비례적 구성에 의한 대표성을 민주주의의 또 하나의 양식이라고 한다면, 이것은 자치권을 부여할 정당성을 법제도적으로는 확보하기 어려울 것이다.

참고문헌

김병준. 2011. 지방자치론. 법문사.

김순은. 2020. 우리나라의 지방자치와 지방분권: 자치분권으로 가는 길. 조명문화사.

김주원 외 . 2019. 한국주민자치이론과 실제. 대영문화사.

김찬동. 2015. 주민자치의 이해. 충남대학교출판문화원.

김찬동. 2017. 주민자치제도의 재설계. 궁미디어.

김찬동. 2019. 주민자치정책론. 충남대학교출판문화원.

남재걸 외. 2013. 생활자치합시다: 생활자치의 이론과 실제. 대영문화사.

심익섭. 2012. 주민자치회의 제도화방안과 발전방향에 관한 연구. 지방행정연구 26(4) pp.57-84, 한국지방행정연구원.

안광현 김필두 박철. 2018. 주민의 자치: 지방자치와 주민자치. 도서출판 소망.

월간주민자치(한국자치학회) 각 월호.

육동일. 2017. 한국지방자치행정론. 충남대학교출판문화원.

이달곤. 2004. 지방정부론. 박영사.

이승종 김혜정. 2015. 시민참여론. 박영사.

이승종. 2014. 지방자치론: 정치와 정책. 박영사.

한국국민윤리학회. 1990. 사상과 윤리. 형설출판사.